HUBERT DE GIVENCHY

JEAN-NOËL LIAUT

HUBERT DE GIVENCHY
Entre Vies et Légendes

BERNARD GRASSET

PARIS

ISBN 978-2-246-57991-5

Tous droits de traduction, de reproduction et d'adaptation
réservés pour tous pays.

© Éditions Grasset & Fasquelle, 2000.

A mes frères Frédéric-Ariel et Ludovic.

« Givenchy. Pour moi, c'est un nom blanc et vert. Une grande étendue d'herbes et de neige où l'on s'attarde. Baudelaire a très bien parlé de Givenchy : là tout n'est qu'ordre et beauté, luxe, calme et volupté. »

Patrick MODIANO.

Avant-propos

« Pour distinguer notre vie par de l'élégance, (...) il faut encore avoir été doué de cet indéfinissable faculté (l'esprit de nos sens peut-être !) qui nous porte toujours à choisir les choses vraiment belles ou bonnes, les choses dont l'ensemble concorde avec notre physionomie, avec notre destinée. C'est un tact exquis, dont le constant exercice peut seul faire découvrir soudain les rapports, prévoir les conséquences, deviner la place ou la portée des objets, des mots, des idées et des personnes ; car, pour nous résumer, le principe de la vie élégante est une haute pensée d'ordre et d'harmonie, destinée à donner de la poésie aux choses. »

Honoré DE BALZAC (*Traité de la vie élégante*).

Hubert de Givenchy est bien entendu l'un des couturiers les plus importants du XXe siècle, mais son talent est pluridisciplinaire, son esprit de curiosité sans frontières et son goût légendaire. Mode, décoration, collections d'art, création de jardins... autant d'indicateurs de ses préoccupations intimes et des valeurs qu'il défend depuis toujours. Un artiste contemporain dans l'esprit Renaissance dont le seul but est de trouver l'accord idéal. Personne ne s'étonnera que cet esthète de réputation internationale soit président du conseil de surveillance de Christie's à Paris. Une existence qui justifie pleinement cette première biographie.

Ce portrait, qui a toutes les caractéristiques – possibilités et limites – de la « biographie autorisée », n'est bien sûr en rien un règlement de compte subversif où les amateurs de scandale s'épanouiront d'aise. Il est avant tout l'évocation d'une carrière unique, d'une vie intense où se mêlent luttes, surprises, rêves réalisés et hommages. J'ai tenté d'apprécier son œuvre et de faire découvrir au lecteur un homme pour qui la beauté n'est pas seulement le fondement d'un métier mais bien une quête de chaque instant. J'ai remonté le temps, ressuscité les lieux et les êtres afin de souligner sa singularité : fièvre inventive, exigence incessante de perfection, liberté caractérisant le moindre de ses gestes depuis l'âge de dix-sept ans... « Toutes les fées, sans exception, se sont bousculées pour se pencher sur son berceau, s'exclame en riant son amie Sylvia de Waldner. Personne au monde ne peut lui être comparé, de près ou de loin. »

Pendant plus de deux ans, j'ai enquêté, passant au crible les archives privées du couturier, ainsi que diverses bibliothèques. En analysant son parcours pas à pas, j'ai vu très clairement se dessiner des orientations ; au fil des mois, ses choix, professionnels et privés, délivraient leur signification avec une cohérence implacable. Classer près de cinquante ans d'articles venus du monde entier, de dossiers de presse, d'albums de photographies, de carnets de croquis et de cassettes vidéo – films, documentaires et défilés –, ne fut guère aisé. Bien entendu, j'ai aussi interrogé des dizaines de témoins. Ses plus fidèles amis, divers membres de sa famille – dont Jean-Claude de Givenchy qui, bien que très souffrant, a eu la patience de me recevoir –, mais aussi ses collaborateurs les plus représentatifs ont ainsi accepté de se livrer. Parmi ses intimes, personne n'a été plus compréhensif et plus disponible à mon égard que Marie-Charlotte Vidal-Quadras et Walter Lees. Je ne les en remercierai jamais assez.

Il fut également très révélateur, et passionnant, de pouvoir m'entretenir avec des femmes pour qui s'habiller en haute couture était aussi naturel que l'oxygène pour d'autres. Clientes et amies, elles ont joué un rôle déterminant dans l'existence d'Hubert de Givenchy : citons Hélène Rochas, désormais aussi inaccessible que Greta Garbo jadis, Liliane de Rothschild, Sao Schlumberger, rencontrée chez elle au pied de la tour Eiffel, dans un lieu – où vécut longtemps Paul Morand – que Bob

Colacello a judicieusement comparé à « la cour des Bourbons à Naples revue et corrigée par David Hockney » ou bien encore l'exquise Diana Mosley, qui m'invita à déjeuner *at home*, au Temple de la Gloire. Toutes m'ont éclairé sur un style de vie à jamais révolu dont Givenchy fut l'un des phares. La qualité et la diversité des témoignages ont véritablement contribué à créer un climat de travail des plus stimulants. Lorsque le courrier arrivait, quand le téléphone ou le fax sonnait, je ne savais jamais quelle nouvelle surprise m'attendait. René Gruau, la duchesse de Devonshire, Alexandre, Ludmilla Tcherina, la duchesse de Cadaval m'appelant du Portugal ou Lynn Wyatt du Texas... sans oublier des antiquaires de renom, des journalistes de référence et jusqu'à un conservateur de musée.

Pendant trois mois, j'ai vu Hubert de Givenchy deux fois par semaine, le matin, entre neuf et onze heures. Nous avons beaucoup ri – il a un talent inné pour imiter les voix de ses proches –, et pleuré parfois, au souvenir d'épisodes éprouvants. Disert et spontané, Givenchy a accepté de répondre à toutes mes questions, y compris les plus délicates, un supplice pour un être aussi naturellement discret. De temps à autre, mais rarement, il me demandait de couper le magnétophone, persuadé que je devais être le seul bénéficiaire de telle ou telle révélation. Mais même si elles n'apparaissent pas dans ce récit, ces données ont fortifié un climat de confiance qui fut essentiel à l'écriture de ce livre, car selon ce qui était dit, ou à l'inverse tu, la perception que j'avais de l'homme et de ses priorités, dans tous les domaines, ne cessait de s'affiner.

Ces tête-à-tête me permirent aussi de saisir Hubert de Givenchy dans son quotidien, chez lui, et de découvrir chaque fois un peu plus le clan de la rue de Grenelle, de Simone Valette, Nanny cordon-bleu à Janette Mahler, secrétaire depuis près d'un demi-siècle et membre à part entière de la famille. Lorsque j'arrivais, Paul, le majordome, m'accueillait toujours avec sa gentillesse coutumière. Une tasse de café près de la cheminée et soudain le monde extérieur n'existait plus alors que nous évoquions Elsa Schiaparelli, Christian Bérard, Cristobal Balenciaga – « Mes véritables richesses ne sont pas ce que vous voyez autour de nous, mais bien mes conversations avec Cristobal » –, Audrey Hepburn, Jeanne Toussaint, la duchesse de Windsor, les excentricités de la comtesse Camargo ou de Nina Khan, Rory Cameron, Barbara Hutton ou les irrésistibles sœurs Mitford. Enfin, je pus me retirer pour plusieurs mois de solitude et d'écriture.

I

Album de famille

« Les cœurs chaleureux valent plus que les diadèmes. » Cet aphorisme du poète Alfred Tennyson aurait pu être la devise de Béatrice de Givenchy en matière d'éducation. « Ma mère a toujours refusé de porter son titre de marquise, se rappelle le couturier. Elle nous répétait souvent que les seuls mérites d'un être humain découlent de ses propres agissements et non pas de ceux d'un ancêtre. A ses yeux, la tendresse et le dévouement envers les autres étaient primordiaux, ainsi que le fait de se réaliser par soi-même. Les quartiers de noblesse importaient peu, et d'ailleurs nous ne parlions jamais de notre lignage. J'avais confiance en elle car sa vie était à l'image de ses principes. » Les cyniques, et ils pullulent, railleront tant de vertueuse modestie. Néanmoins, les divers témoignages corroborent les souvenirs de l'artiste. Héroïsme, naïveté ou simple bon sens ? Au vu des résultats ultérieurs, ces exigences au parfum d'honneur suranné furent pour le moins salutaires. Et pourtant, Hubert de Givenchy aurait eu toutes les raisons du monde d'être fier de sa généalogie.

*   *
*

Les Taffin de Givenchy – « un nom-à-chasser-à-courre »[1], comme l'écrit le romancier François-Olivier Rousseau –, sont d'extraction à la fois française et italienne. Originaires d'Artois

– Givenchy-le-Noble est un village proche d'Arras –, ils descendent d'une très ancienne maison vénitienne, les Taffini. Dans *Les Rois maudits*[2], Maurice Druon évoque dès le XIVe siècle un « Sire de Givenchy », membre d'un groupe de barons en révolte contre Mahaut de Bourgogne, comtesse-pair d'Artois, dont la fille Jeanne épousa Philippe de Poitiers, futur Philippe V. Selon une autre piste, les Givenchy auraient été anoblis sous Henri IV pour avoir découvert les mines de charbon d'Anzin dans le Pas-de-Calais, l'un des fleurons du bassin houiller du Nord, et propriété familiale jusqu'à leur nationalisation en 1945. Cependant, la source officielle n'est autre que le très incorruptible *Dictionnaire de la noblesse française*[3], véritable bible en la matière. Il nous apprend que les Taffin de Givenchy – dont les armoiries sont *de gueules au pairle d'hermines* – ont été anoblis par Louis XIV le 20 août 1713, par Charge de Secrétaire du Roi, tous les éléments mâles ayant automatiquement le titre de marquis. Le père du couturier, Lucien de Givenchy, né le 8 novembre 1888, ne faisait pas exception à cette règle.

Son épouse, née Béatrice Badin de Châtel-Censoir, appartenait à la noblesse d'Empire de l'Yonne. Issue d'une famille d'artistes, elle approuvait le choix de son aïeul Pierre-Adolphe – peintre ayant eu son heure de gloire mais surtout administrateur des manufactures des Gobelins et de Beauvais – de renoncer à l'usage de leur particule. Les hommes du clan s'imposèrent par leur seul talent sous le simple nom de Badin. Citons l'exemple de son fils Jules, grand-père d'Hubert de Givenchy qui, après avoir été l'un des plus brillants élèves de Cabanel et de Baudry à l'école des Beaux-Arts de Paris, devint à son tour un peintre de renom avant de prendre, lui aussi, la direction des deux manufactures citées. Il créa à Beauvais, où il demeura en poste pendant plus de trente ans, ce qui a été baptisé « le Musée Badin » où, pour la première fois, furent réunis et préservés les plus précieux modèles de tapisseries signés Oudry ou Boucher. Ne négligeant pas pour autant palettes et pinceaux, l'insatiable Jules Badin, qui fut très influencé par son ami Camille Corot, n'aimait rien tant que faire poser sa progéniture – Emilie, Pierre, Aimée, Edmée, Jacques et Béatrice –, dans des tenues aussi variées que des vêtements d'enfants remontant au règne d'Henri III ou des costumes folkloriques en provenance des cinq continents, appartenant tous à ses collections personnelles. Comme son petit-fils Hubert, bien des décennies plus tard, il avait toujours un carnet de croquis à portée de main. Mais loin de se limiter au seul portrait d'agrément, Jules Badin mit également son art au service de ses convictions politiques et sociales. Ainsi, indigné par l'affaire Dreyfus, il transforma sa fille Aimée en allégorie de la justice bafouée par les autorités.

« Dès l'enfance, ma mère fut rebaptisée Sissi par ses proches, se souvient Givenchy. Non seulement sa beauté rappelait celle de l'impératrice, mais de plus elle était libre et excentrique. On ne pouvait rien lui refuser. Sa chèvre Pomponette avait même le droit de la suivre dans la maison. Toujours entourée de ses animaux, maman montait à cheval et adorait l'escrime ainsi que la natation. » Ce qui, pour une femme née le 8 février 1888, ne manquait pas de passer pour le comble de l'*anticonventionnalité*, et qui plus est dans une ville de province comme Beauvais. Elevée au sein d'une famille unie et originale, Béatrice connut dès son plus jeune âge les amis artistes de ses parents, tels que le peintre Jean-Paul Laurens – on peut voir au Louvre son *Excommunication de Robert le Pieux* –, ou bien encore son parrain, Paul Baudry, à qui l'on doit le foyer de l'Opéra de Paris et le château de Chantilly. Son quotidien échappait définitivement à la banalité. A commencer par l'atelier de son père où elle se glissait furtivement, à la fois captivée et craintive. Amateur d'art et collectionneur invétéré dans l'esprit de la fin du XIXe siècle, Jules Badin y rassemblait ses propres acquisitions, mais aussi de nombreux présents, car son rôle d'administrateur de la manufacture de tapisseries de Beauvais le mettait en contact avec le monde entier, de la Birmanie aux plus grandes cours européennes. Cette immense pièce, où trônait son chevalet, ressemblait à un véritable caravansérail, où une selle mongole côtoyait une Vierge gothique et un sabre de samouraï.

« Des années après, ma mère me racontait qu'elle n'y entrait qu'en tremblant, se souvient Givenchy. Elle craignait de découvrir des intrus dissimulés dans les armures japonaises, mais bien sûr ne pouvait s'empêcher de s'y risquer ! Malheureusement, je n'ai jamais connu cette ambiance magique. A la mort de mon grand-père, en 1919, ses collections furent dispersées à jamais. Dix-huit camions partirent pour la salle des ventes, et le reste fut partagé entre ses héritiers.» Seules les photographies de l'époque nous donnent aujourd'hui un aperçu de l'éclectisme flamboyant de Jules Badin.

Après la disparition tragique de son premier fiancé dans un accident d'avion, Béatrice devint plus grave. La jeune femme éprouvait désormais le désir de donner une nouvelle orientation à son existence jusqu'alors si préservée. Elle révéla toute sa détermination à l'annonce de la Première Guerre mondiale, en devenant infirmière à l'hôpital Jeanne-Hachette de Beauvais, où son père l'accompagnait chaque matin en voiture à cheval. C'est là, dans une atmosphère de désolation et de mort, qu'elle fit la connaissance de Lucien de Givenchy, resté trois jours avec une jambe cassée immobilisé sous son cheval mort, avant de recevoir les premiers soins. Béatrice s'occupa personnellement du séduisant blessé, l'un des pionniers de l'aviation civile aux côtés de Guynemer. « Mes parents étaient très épris l'un de l'autre, déclare Givenchy. J'ai toujours pensé que les circonstances de leur rencontre, si romantiques, avaient donné une intensité particulière à leur couple.» Le mariage fut célébré en 1918 à « La Ferme des Roses », une propriété appartenant à l'un des oncles de Béatrice. Peu après, Lucien, enfin démobilisé, créa « l'Union des pilotes civils de France », afin de se consacrer exclusivement à sa passion, et ce malgré les réticences de son épouse. « Pour tous, tante Sissi avait épousé un héros, commente André Alavoine, cousin germain d'Hubert de Givenchy. Oncle Lucien, c'était l'escadrille des Cigognes, Guynemer... On était en pleine mythologie ! » Il y a peu à dire sur l'existence de ce jeune couple si bien assorti. Vivant entre Paris – ils habitèrent boulevard Saint-Germain puis rue Belliard – et Beauvais, Lucien et Béatrice de Givenchy aspiraient à la quiétude familiale, ainsi que l'ensemble de leurs contemporains en cette après-guerre. Leur premier fils, Jean-Claude, né le 5 mai 1925, suivit très vite les traces de son père. « A quatre ans, il m'emmenait déjà avec lui à Orly pour ses séances d'entraînement. Je n'ai jamais oublié ces heures ensemble. Quelle excitation ! Maman, qui se souvenait de la mort de son premier fiancé, était terrifiée, je m'en suis rendu compte beaucoup plus tard. Et pourtant, ces moments comptent parmi les plus heureux de mon existence et dès lors j'ai voulu devenir pilote. »

1927 vit la création du « couloir de Dantzig », la projection du *Chanteur de jazz* – premier film chantant –, le triomphe des Mousquetaires – Borotra, Brugnon, Cochet et Lacoste – à la coupe Davis, le premier vol transatlantique sans escale de Charles Lindbergh et... la naissance d'Hubert Taffin de Givenchy, à Beauvais, dans la maison de sa tante Aimée Alavoine, au numéro 24 de la rue Saint-Louis, le 20 février, un dimanche à midi. « " Mauvais signe, il sera paresseux toute sa vie ! " Des années plus tard, alors que je travaillais quinze heures par jour, ma mère et moi ne pouvions nous empêcher de sourire en repensant à cette prédiction ! »

Le couturier ne garde qu'une image imprécise de son père. Une longue silhouette en tenue de pilote, un avion miniature en bois créé pour Jean-Claude... et pour cause. Lucien de Givenchy est décédé en janvier 1930, emporté par la grippe espagnole, alors que son plus jeune fils n'avait pas encore trois ans. En fait, tous ses souvenirs de jeunesse sont liés aux divers membres de sa famille maternelle, auprès de qui Béatrice, jeune veuve avec deux garçons en bas âge, vint se réfugier définitivement peu après les obsèques. « Bien que privé de père, j'ai eu une enfance très heureuse, précise Hubert. Nous vivions dans la grande maison de ma tante Aimée, que je considérais comme ma seconde mère. »

Luttant entre sa tendance naturelle à l'affection et la discipline que son époux aurait imposée à leurs fils, Béatrice de Givenchy réussit pourtant à maintenir cet équilibre délicat. Interdiction de parler à table avant le dessert, bâton fixé dans le dos afin de se tenir droit, emploi du temps précis pour chaque étape de la journée, goût du travail bien fait... mais tendresse de tous les instants. « " Sissi est folle ! " s'indignaient ses proches lorsque l'été, en Bretagne, elle partait nager alors que nous la suivions comme des petits canards, dévoile Givenchy avec émotion. Sa passion pour nous ne connaissait aucune limite. Elle ne désirait que notre joie. " Regarde ", lui faisait-on remarquer en riant, " à force de les embrasser, tu leur enlèves la couleur des joues ! " Elle nous couvrait de baisers. »

Autre lien intense entre mère et fils, la religion. « Je suis protestant. J'ai reçu ce sens de la rigueur de ma mère, qui était très croyante, et je revendique cette exactitude. Faire son lit avant de quitter sa chambre le matin, ranger ses affaires, être ponctuel, se tenir correctement en société... Ces principes inculqués dès le plus jeune âge ne s'oublient pas. Ils sont un cadeau, pour soi-même et pour les autres, une vie entière. » Givenchy précise que la seule faveur jamais demandée par sa mère concerne la foi protestante. « " Promets-moi de ne jamais y renoncer ", m'implorait-elle alors que les siens se convertissaient au catholicisme. J'ai tenu parole, et je crois bien être actuellement le seul protestant de la famille. » Le couturier se félicite de ne pas avoir été élevé comme ces aristocrates sans autre ambition que de jouir du prestige de leur naissance. D'autant plus que lorsqu'il songe au passé, le bonheur domine sa mémoire. Le souvenir de cette mère lumineuse, attentionnée, désireuse de les rendre responsables de leur destin, et toujours si ludique, prête à se mettre au piano pour interpréter un de ses airs favoris, ne l'a jamais quitté. « Maman avait d'autant plus de mérite, tient à souligner Jean-Claude de Givenchy, que sa situation personnelle était douloureuse à plusieurs titres. Elle avait confié la gestion de son portefeuille à l'un de ses neveux mais difficile de faire des miracles avec le peu d'argent laissé par mon père. Selon l'expression consacrée, nous étions les parents pauvres de la tribu. Bien plus préoccupant, notre mère s'était gravement blessée à la jambe et avait dû être opérée d'urgence. Jusqu'à la fin de ses jours, elle ne put se déplacer sans prothèse. Néanmoins, nous ne l'avons jamais entendue se plaindre un seul instant. » Ce qui, ajouté au fardeau de son veuvage, donne toute la mesure de la force de caractère de cette femme qui, refusant l'idée de se remarier, partagea son existence entre ses fils et des œuvres caritatives. « Dieu merci, le soutien de son frère, dont elle était inséparable depuis l'enfance, fut un soulagement pour maman. Toujours disponible, il lui portait sans cesse secours, tant psychologiquement que financièrement. Oncle Jacques – qui était un saint – devint alors notre tuteur, accordant une vigilance extrême à notre éducation, rappelle le couturier. J'éprouvais une profonde tendresse pour lui et admirais particulièrement ses talents de peintre. »

Si Givenchy n'a pas connu Jules Badin, son grand-père, Marguerite, sa grand-mère, a tenu une place prépondérante dans son existence. Elle-même était la fille de Jules Diéterle qui fut l'un des décorateurs de théâtre et architectes d'intérieur les plus fameux – il avait à ce titre participé à la construction du château de Monte-Cristo, édifié pour Alexandre Dumas –, puis lié, lui aussi, son destin aux manufactures de Sèvres et de Beauvais avant de devenir président de l'Union centrale des arts décoratifs. Ajoutons que les amis de ses parents n'étaient autres que Louis-François Bertin, fondateur du *Journal des débats* – Ingres fit de lui un portrait célèbre –, le physicien et chimiste Henri Regnault, l'économiste et homme politique Léon Say, qui fut ministre des Finances à diverses reprises, sans oublier Camille Corot, un intime. « Peintre de bonne facture », selon les termes d'André Alavoine, cousin préféré des frères Givenchy, Marguerite privilégia pourtant l'équilibre de sa famille à toute possibilité de carrière. Femme généreuse et sensible, esprit libre, elle était adulée par les siens, à commencer par sa fille Béatrice. Un sentiment partagé de façon inconditionnelle par Hubert. « J'étais très proche de *Maman-Guite*, ainsi que nous l'appelions. A ma demande, elle racontait des histoires merveilleuses sur notre passé, de véritables contes de fées. » De toutes les nombreuses légendes familiales, le petit garçon aimait particulièrement l'évocation de son arrière-arrière-grand-père, *Papa Séchan*, décorateur d'opéra renommé sous Napoléon III, qui avait eu Juliette Drouet pour maîtresse avant de la présenter à Victor Hugo. Parmi les personnalités qu'elle se plaisait à faire revivre, Marguerite lui décrivait encore avec luxe de détails l'impératrice Eugénie en toilette d'apparat, si souvent admirée dans sa loge à l'Opéra, ou Camille Corot que Pierre-Adolphe Badin avait rencontré à Rome, en 1835. Très proches, les deux hommes se voyaient et s'écrivaient régulièrement, et le peintre aimait séjourner chez eux à Beauvais. Corot s'attacha durablement à la campagne beauvaisienne et rechercha l'inspiration au cours de longues marches avec le jeune fils de son hôte, Jules

Badin, témoin privilégié et studieux, qui assista à la composition de *L'Eglise de Marissel*, un paysage que l'on peut redécouvrir au Louvre. Marguerite fut la première des « conteuses » si proches du couturier sa vie durant. Pour autant, la vie quotidienne avec elle n'était pas toujours des plus aisées. « Depuis la disparition de son époux, Maman Guite vivait avec nous rue Saint-Louis, commente André Alavoine. Avec l'âge, elle était devenue fragile et angoissée dès que la nuit tombait. Insomniaque, elle souffrait de terribles terreurs nocturnes et, à tour de rôle, l'un de ses petits-enfants dormait à ses côtés. La veilleuse allumée, elle chantonnait pendant des heures et relisait sans fin les lettres que son fils Jacques lui avait envoyées du front en 14-18. Elle ne s'assoupissait qu'au matin, lorsque la maisonnée se réveillait. C'était saisissant, et j'imagine qu'Hubert, plus sensible que les autres, devait être particulièrement impressionné. »

« Beauvais, c'était une famille nombreuse, de grandes réunions animées, chacun chantait ou jouait d'un instrument... » Hubert de Givenchy fut particulièrement proche de sa tante Aimée et de ses dix enfants. Les Alavoine, très fortunés, possédaient depuis plusieurs générations l'usine à gaz de la ville, ainsi qu'une vaste propriété avec courts de tennis et golf, lieu de bien des retrouvailles. Les cousins, qui avaient de nombreux terrains de jeux, s'amusaient beaucoup ensemble et aimaient partir en pèlerinage dans le jardin de la manufacture, sur la tombe d'Oudry, découverte par leur grand-père en débroussaillant, et près de la table en pierre où Louis XIV s'était assis lors d'une visite. Le jeune Hubert prenait surtout plaisir à rejoindre sa marraine, la douce Eliane Alavoine, qui avait un jardin regorgeant de pivoines, de delphiniums, de petits pois et de rosiers grimpants. Le jeune garçon adorait y ramasser des groseilles à maquereau avant de disputer une partie de tennis. « Mon premier souvenir de jardin... je ne l'ai jamais oublié », avoue-t-il aujourd'hui, nostalgique. Dans *Impressions et Paysages*, Garcia Lorca n'a-t-il pas écrit qu'« un jardin, c'est quelque chose qui vous étreint avec amour, c'est une paisible amphore de mélancolies » ?

Autre joie, les fêtes de l'Assaut, organisées en l'honneur de Jeanne Hachette, l'héroïne locale qui, en 1472, avait contribué à repousser les troupes de Charles le Téméraire en assénant un coup de hache au porte-étendard bourguignon. Depuis lors, chaque dernier dimanche de juin, la population rendit hommage à son courage. Rues agrémentées de drapeaux rouge et blanc, les couleurs de la ville, trompettes des hérauts d'armes, femmes de la haute société beauvaisienne coiffées de hennins, bailli, canonniers, apothicaires, drapiers, leurs ciseaux d'argent en main, soyeux-passementiers, huchiers-bahutiers, lanterniers... autant d'images impérissables. « Participer à cet événement était un honneur, déclare André Alavoine, et je me souviens encore de tante Sissi, accompagnée de ses pages, Jean-Claude et Hubert. J'ai conservé des documents très attachants. »

Mais, la joie suprême de sa prime jeunesse, le couturier la doit à sa grand-mère. « A l'époque, nous n'allions pas au cinéma, alors, si j'avais été sage, Maman Guite ouvrait les vastes placards où elle conservait précieusement les collections de costumes de mon grand-père. D'un baluchon surgissait un sari brodé ou un uniforme du Premier Empire, d'un autre une coiffe bretonne en dentelle, se souvient-il. J'exultais, et caresser ces tissus, reconnaître les différentes textures m'enchantaient déjà. Inutile de dire que les autres trouvaient mes goûts bizarres, sauf Maman Guite et ma mère. » A l'exception de ces *récompenses*, les effets rassemblés par Jules Badin n'étaient sortis que deux fois par an, afin de les aérer tout en renouvelant les réserves de naphtaline. Une fois étalés sur la pelouse, chacun était libre de se déguiser avant de poser pour une photographie avec Marguerite. « Enfin, conclut André Alavoine, ces tenues étaient également tirées de leur housse pour les bals costumés donnés à la maison. Seuls les adultes étaient invités, et les enfants, à commencer par Hubert, s'installaient en haut de l'escalier pour admirer le spectacle sans être vus. »

De sa scolarité au lycée Félix-Faure, le couturier ne garde aucun plaisir particulier. « Je n'étais pas un élève très brillant, sauf en histoire – j'aimais déjà passionnément l'architecture –, et en dessin, ma matière de prédilection. Après avoir découvert dans les magazines le travail de l'illustrateur espagnol Fernando Bosc, j'ai été si fasciné par ses silhouettes sophistiquées que, pendant les cours, je couvrais mes cahiers d'esquisses, essayant d'imiter son coup de crayon. Mes professeurs finissaient toujours par les confisquer mais rien n'aurait pu m'empêcher de continuer, c'était plus fort que moi.» Allié à sa prédilection pour les tissus, ce goût du croquis de mode joua un rôle déterminant dans sa vocation de couturier, ainsi que les attitudes des femmes de son entourage. Maman Guite, assise le matin dans son fauteuil crapaud Directoire alors que sa femme de chambre laçait ses bottines... Béatrice qui, en dépit de revenus modestes, s'habillait à la perfection, à tel point que Jacqueline Janet, une amie de la famille, la décrit comme «une marquise du XVIIIe siècle, pâle, fragile, soignée»... mais aussi, plus simplement, les patrons *Marie-Claire* de ses cousines, qu'il accompagnait au magasin Gamet où elles choisissaient leurs coupons, avant de suivre attentivement la confection de leurs dernières toilettes... L'entourage masculin du jeune Hubert était moins compréhensif. «Nous avions des préoccupations opposées, constate Jean-Claude de Givenchy, ce qui fait que nous étions peu complices. A l'inverse, plus le temps passait, plus Hubert devenait proche de notre mère. Je reconnais qu'au milieu des années trente, cela paraissait étrange de voir son petit frère en train d'habiller les poupées de nos cousines. J'avais des jeux plus guerriers.» Leur cousin André Alavoine est encore plus précis. «Beaucoup étaient contrariés de le voir dessiner des vêtements féminins à longueur de journée. " Fais comme ton grand-père, peins plutôt des paysages ! " Combien de fois Hubert n'a-t-il pas entendu cette phrase ? Il lui a fallu beaucoup de courage pour s'affirmer.»

Dans cette paisible vie de province, où aucun bouleversement particulier ne venait apporter de fausse note, le départ pour les vacances d'été, en Bretagne, était un événement. La famille au grand complet rejoignait Kermaria, la propriété des Alavoine, située à Tréboule, sur la baie de Douarnenez. Trois mois d'évasion. Un parfum de Bibliothèque Rose. «Quel périple ! Plusieurs compartiments étaient loués pour le voyage de nuit, se souvient André Alavoine, et les plus jeunes, très excités, dormaient dans les filets à bagages. Nous nous disputions cet honneur, alors que Maman Guite, qui ne quittait pas sa paire de gants, par peur des microbes et de la poussière, tentait de calmer les esprits. » Une fois sur place, une procession de voitures les attendait à la gare, et dès leur arrivée, les enfants partaient pêcher la crevette sans perdre une minute. Les frères Givenchy rayonnent dès qu'ils évoquent ces instants. « Kermaria restera à jamais synonyme d'insouciance, affirme Jean-Claude. Entre juillet et septembre, nous étions une trentaine à table et j'entends encore nos éclats de rire. » Le déchirement du retour prenait fin dès que les cousins retrouvaient la maison de Beauvais. « Nous nous précipitions dans les salons recouverts de housses et nous jouions tous ensemble aux fantômes, raconte André Alavoine. La vie reprenait calmement son cours. »

Cependant, aux yeux de Givenchy, rien ne comptait plus que les excursions régulières à Paris avec sa mère. « Sachant combien j'aimais la mode, elle m'emmenait partout, dans les magasins ou faire les vitrines des couturiers. C'est ainsi que je suis venu une fois chez Raphaël, avenue George-V, dans l'immeuble même où je devais installer mes ateliers à partir de 1959. Mais mon plus beau souvenir reste la façade de Robert Piguet, au rond-point des Champs-Elysées. Quoi de plus chic sur terre ! Je me souviens encore m'être exclamé, tandis que nous passions devant en autobus : " Comme ce serait merveilleux d'avoir une maison de couture à cet endroit-là ! " J'ignorais que j'y travaillerais un jour. » De retour à Beauvais, le jeune Hubert, alors âgé de neuf ans, construisit une maquette reproduisant des salons de haute couture – « synthèse de mes deux passions, la mode et l'architecture » –, au milieu desquels évoluaient des robes créées par lui pour une femme imaginaire. « Cela aurait pu être l'épouse d'Albert Lebrun, alors président de la République. La presse commentait à longueur de pages la somptueuse garde-robe qu'elle emportait lors de ses voyages officiels. J'étais subjugué. Bien sûr, mon logo était GIVENCHY, ROND-POINT DES CHAMPS-ÉLYSÉES ! » Le couturier reconnaît souvent l'influence déterminante de sa mère sur son avenir. « J'admirais tant son allure, ce sentiment a contribué à éveiller ma vocation. » Devenus inséparables, car se comprenant mutuellement mieux que personne, elle lui enseigna sa propre philosophie de l'élégance. « Tu peux te rendre n'importe où dans le monde avec des mains et des chaussures impeccables. Ne l'oublie jamais. » Il va sans dire que Béatrice appliquait ces préceptes à ses deux fils. « Elle se sacrifiait pour nous. Souliers, gants... rien ne nous était refusé. Combien de fois ne lui a-t-on pas reproché ces dépenses trop élevées par rapport à ses revenus ? »

Au fil des mois, Givenchy consacra de plus en plus de temps à étudier croquis et photographies dans les revues féminines. A partir de 1937, son attention fut sans cesse retenue par un même nom, Cristobal Balenciaga. « Il venait, en août, de présenter sa première collection parisienne. Quel choc ! La pureté des lignes, la force des volumes... à chaque fois que je m'attardais longuement devant une nouvelle robe, elle portait sa griffe. Là encore, pouvais-je imaginer qu'un jour, il deviendrait mon meilleur ami. Ma vie a été jalonnée de signes. »

1937 demeure une année apothéose dans la mémoire d'Hubert de Givenchy. Le 24 mai, fut inaugurée à Paris l'Exposition universelle des arts et techniques. Point d'orgue pour le jeune garçon, les huit sites consacrés à la mode. Créé par Aillaud et Kohlmann, le pavillon de la haute couture, placé sous la présidence de Jeanne Lanvin, regroupait trente des plus illustres maisons de couture. « Je ne savais plus où donner de la tête ! Lelong, Molyneux, Chanel, Mainbocher... Leurs créations, délicatement mises en valeur sur les mannequins en plâtre du sculpteur Couturier, me donnaient des frissons de plaisir. J'ai surtout apprécié les extravagances de Schiaparelli et les drapés grecs d'Alix, future madame Grès. Cette nouvelle expérience n'a fait que confirmer ma vocation. » Parmi les nombreuses personnalités présentes, Givenchy a-t-il croisé, sans même s'en rendre compte, mademoiselle Chanel et le peintre Bérard, dont il avait si souvent admiré le talent dans les magazines, et qui allaient, eux aussi, jouer un rôle important dans sa vie ? « On ne revit jamais Gabrielle plus jolie qu'un soir à l'Expo au bras de Christian Bérard, écrit Edmonde Charles-Roux. Sa robe était si légère que l'on se demandait ce qui, autour des hanches de Gabrielle, faisait cette écume pâle, ce nuage de fleurs. C'était l'un de ses secrets, la légèreté [4]. » Plus gravement, cette manifestation reflétait surtout la dégradation de la situation politique internationale. Le pavillon soviétique, avec ses tracteurs dernier cri et ses ouvriers modèles en uniformes de comédie musicale, comme pour mieux faire oublier la sauvagerie des purges staliniennes... Le pavillon espagnol, où Picasso présentait son *Guernica,* en hommage aux victimes de la guerre civile... Le pavillon nazi et ses croix gammées, où l'on vendait l'effigie d'Adolf Hitler sous forme de carte postale... « J'avais dix ans, et venant d'un univers très préservé, je ne mesurais pas la gravité de la situation. Pour moi, l'Allemagne était avant tout représentée par la beauté des statues d'Arno Breker ! Bien sûr, il y avait des rumeurs inquiétantes. On disait par exemple que les visiteurs qui se rendraient dans le pavillon soviétique seraient victimes d'un mystérieux attentat. Par prudence, maman préféra nous emmener savourer une quiche au pavillon de l'Alsace. »

Lorsque la Seconde Guerre mondiale fut déclarée, le 3 septembre 1939, Givenchy était âgé de douze ans. « Comme tout le monde ou presque, nos proches pensaient que cette situation ne durerait que huit jours. Par ailleurs, la ligne Maginot était censée nous protéger, nous rendre invulnérables ! » Les Français, optimistes, chantaient alors : « Nous irons pendre notre linge sur la ligne Siegfried... » Mais, peu après l'invasion de la Hollande, de la Belgique et du Luxembourg par les troupes allemandes, de nombreux réfugiés, poursuivis dans leur fuite par l'aviation nazie, ne tardèrent pas à affluer sur Beauvais. Automobiles, voitures à cheval, tracteurs, bicyclettes... la confusion qui régnait dans les rues virait au chaos. « Quel cauchemar, se souvient Givenchy. Maman avait repris son poste d'infirmière à l'hôpital Jeanne-Hachette, où l'on opérait jour et nuit. Nous ne faisions plus que l'apercevoir entre deux gardes. Etant scouts, mon frère et moi participions activement à l'accueil des nouveaux arrivants, à la mairie. Il fallait distribuer de la soupe, préparée dans de grandes bassines en cuivre, et surtout allonger les malades – parmi lesquels se trouvaient des bébés et des vieillards, plus démunis que jamais –, leur apporter un mot de réconfort. Nous entendions des récits effrayants. J'étais d'autant plus terrifié que nous étions seuls, l'essentiel de la famille étant déjà partie pour la Bretagne. » Selon son cousin

André Alavoine, la ville entière était devenue « un immense hôpital militaire, comme en 1918. Ecoles, collèges et lycées furent transformés en auxiliaires de santé militaire. D'immenses croix rouges couvraient leurs toits pour signaler à l'ennemi le rôle humanitaire de Beauvais dans cette guerre. »

Alors que ses concitoyens prenaient à leur tour le chemin de l'exode, Béatrice refusa d'abandonner les blessés à leur sort ; elle ne consentit à s'éloigner qu'à l'annonce officielle du déplacement de son unité à Concarneau. « On se serait cru dans une version moderne d'*Autant en emporte le vent*. Nous avons pris tous les trois le dernier train quittant Beauvais, dans une atmosphère de panique indescriptible, car l'ennemi arrivait, raconte Givenchy. Maman était en tenue d'infirmière et nous avons laissé tous nos biens derrière nous. »

Après un arrêt bref chez des amis à Paris, Béatrice confia ses enfants à sa sœur Aimée, avant de rejoindre son groupe. « Quel déchirement de la voir partir. Elle voulait que nous restions à Kermaria, et j'ai vécu des semaines d'occupation allemande sans nouvelles de notre mère. Entre-temps, nous avons appris avec effarement que Beauvais avait brûlé pendant dix-huit jours consécutifs. » En effet, les Français ayant, soi-disant, bombardé Fribourg, les stukas attaquèrent, dès le 5 juin 1940, la ville-hôpital placée sous la protection de la Croix-Rouge. Bombes incendiaires et torpilles ravagèrent ce joyau de l'architecture médiévale, où le bois dominait, ce qui permit aux flammes de se propager partout en quelques heures. « Mais la destruction par l'aviation ne leur a pas suffi, s'indigne André Alavoine. Le 9 juin, torches à la main, les soldats allemands réactivèrent les foyers d'incendie. » N'y tenant plus, Hubert – alors seulement âgé de treize ans – tint à constater par lui-même l'ampleur du désastre, et repartit en camion avec *Oncle Jean*, l'époux de sa marraine. « Un amas de ruines. Quelle désolation... Par miracle, la maison des Alavoine, ainsi que quelques rares édifices, comme la cathédrale, avaient échappé au désastre. » Autre tragédie, plus intime, le décès de Maman Guite en 1940, à Kermaria. Givenchy, qui souffrait déjà cruellement d'être séparé de Béatrice, perdait celle qui avait enchanté son enfance. Une leçon de maturité en accéléré.

A partir de 1943, Béatrice s'installa avec ses fils auprès d'une nièce, dans la proche banlieue parisienne. Hubert reprit alors ses études dans la capitale, au collège Montalembert, mais sans grande conviction. A seize ans, il ne rêvait que de haute couture, et la perspective de rester enfermé dans une salle de classe jusqu'au baccalauréat ne le ravissait guère. Sa mère accepta enfin de le voir renoncer à un futur universitaire, mais à une seule condition... qu'il devînt, ne serait-ce qu'un temps, clerc de notaire afin de perfectionner son droit. Durant une très courte période, l'adolescent travailla donc pour l'étude Chardon. « Quel ennui, déclare-t-il en souriant de soulagement. J'allais au Palais de Justice, je classais des piles de dossiers poussiéreux... » Le S.T.O. mit fin à sa brève carrière de juriste. Pour y échapper, Givenchy, qui mesurait déjà deux mètres de haut et passait pour plus âgé, fut envoyé chez des amis – les Bernolin –, en Normandie, à côté de Verneuil, afin de travailler dans une fromagerie. « Au moment de la Libération, le quotidien dans cette région devint dramatique. Les villages étaient successivement occupés par les Allemands, qui fusillaient les habitants au hasard, et les Américains. Sans même parler des règlements de comptes personnels, et des femmes rasées, avec des croix gammées peintes sur le crâne. La brutalité ne connaissait plus de limites. Je n'oublierai jamais ces images terribles. On disait aussi que Paris allait être détruit. Maman, toujours infatigable, était restée là-bas afin d'aider le Secours national. » Jean-Claude ayant rejoint la Résistance, Hubert, angoissé à l'idée de la savoir seule dans un climat aussi mortifère, vint la chercher de force, en camion. « Non sans peine, je l'ai convaincue de me suivre, avec les deux chats siamois. Après l'avoir installée chez des paysans normands, je suis tranquillement retourné pointer à la fromagerie. Nous avons passé quelques semaines plus ou moins tranquilles, non loin du peintre Vlaminck et de ses filles, nos voisins. »

Une fois la capitale libérée, Béatrice et son fils cadet retrouvèrent le domicile de leur parente, à Bécon-les-Bruyères. Pour la première fois depuis des mois, ils eurent également des nouvelles de Jean-Claude. « Trop jeune pour m'engager dans la division Leclerc, et inapte physiquement à piloter un avion, mon rêve d'enfant, j'ai été engagé par le ministère de l'Air comme reporter-photographe, relate ce dernier. En novembre 1944, j'ai raccompagné des soldats blessés aux U.S.A., tout en couvrant l'événement pour l'armée, puis une fois libéré de mes obligations militaires, j'ai exercé la même fonction pour une société de transports aériens, d'abord en France, puis au quartier général de Wiesbaden. C'est là que, très romantiquement, j'ai enlevé ma première femme, Patricia, fille d'un colonel américain. Nous avons fui l'Allemagne pour New York. A peine retrouvais-je maman et Hubert, que je repartais déjà. » Rassurée sur le sort de « l'aventurier de la famille », comme il se définit lui-même avec humour, Béatrice put se concentrer sur un autre sujet crucial, l'avenir de son fils Hubert.

« Pas question d'un retour à l'étude Chardon. J'étais farouchement décidé à devenir couturier, surtout après avoir vécu tant d'horreurs. » Ce choix provoqua une tempête dans leur entourage, la mode et le cinéma étant des carrières inenvisageables dans son milieu, si artistique fût-il. « La famille pensait à l'époque que devenir peintre était une chose – un noble but –, créer des robes en était une autre, résume André Alavoine, réservée à des gens douteux. » De plus, Jacques Badin, son tuteur, pensait qu'il s'agissait d'un « métier de crève-la-faim ». Se sentant responsable de l'adolescent, il tenta de le raisonner, lui répétant sans cesse : « Ton père ne l'aurait jamais accepté ! Lucien aurait préféré te tuer ! » Nullement impressionné par tant de violence, Givenchy avoue aujourd'hui que seul le verdict de sa mère importait réellement. Il n'avait alors que dix-sept ans. « Nous avons eu une longue conversation. Maman, qui avait le clan contre elle, m'a dit : " Si tu ne regrettes rien fais-le, mais fais-le bien. Je serai toujours là pour t'encourager et te soutenir. " Ce qu'elle fit, et ce ne fut guère facile alors que j'étais critiqué de toutes parts, y compris par mon frère, qui, au début, ne trouvait pas mes aspirations très dignes. » Béatrice de Givenchy avait accepté qu'Hubert n'ait pas un destin ordinaire. L'obliger à renoncer à sa passion, à perdre sa propre estime, aurait été supprimer la lumière de l'existence de son fils.

Fort du consentement de sa mère, Givenchy se rendit avenue George-V, chez Cristobal Balenciaga – « Mon idole, la référence absolue depuis mes dix ans », une série de croquis sous le bras. Peine perdue. Mademoiselle Renée, sa directrice-dragon, protégeait la tranquillité du Maître qui ne recevait jamais personne, a fortiori un inconnu. Le salut vint d'une amie de Beauvais, Jacqueline Janet. Sa famille possédait *Voisinlieu*, une propriété où les cousins venaient s'amuser l'été. « Jacqueline était non seulement ravissante mais résolument *avant-garde*, se moquant de ce que pouvaient penser les autres. Je l'adorais, commente-t-il. Grâce à elle, j'ai vu et touché mes premières robes haute couture. Ce n'était pas à Beauvais que je pouvais admirer des vêtements aussi raffinés ! Quand nous venions retrouver ses frères pour jouer dans le parc, je demandais toujours à la voir. Si Jacqueline était là, elle acceptait de me montrer sa nouvelle garde-robe. Il y avait comme un mystère autour d'elle. Paris, les soirées, et jusqu'à ses flacons de parfum – *Mitsouko* de Guerlain –, qu'elle m'offrait une fois vides et que je collectionnais amoureusement... » Aujourd'hui encore sa protectrice évoque l'adolescent avec émotion. « Hubert, si différent, si sensible, avec le physique d'un Prince Charmant, passait des heures avec moi. Je m'habillais alors chez Jacques Fath, et il pouvait consacrer un après-midi entier à dessiner robes et chapeaux. A douze ou treize ans, il avait déjà un talent fou. » Dès qu'elle apprit sa résolution de devenir couturier, et le *non-recevoir* de la maison Balenciaga, Jacqueline Janet décida de contacter Fath. « Jacques était un intime, je lui ai immédiatement téléphoné afin d'organiser un rendez-vous avec Hubert. Une date fut très vite fixée, se rappelle-t-elle. Croyez-moi, je n'ai eu aucun mérite. Tôt ou tard, quelqu'un aurait réalisé la qualité exceptionnelle de ses dons. Question de logique. » Hubert de Givenchy n'a jamais oublié son soutien. « Elle a été ma bonne fée, déclare-t-il avec reconnaissance. Sans Jacqueline, ma vie aurait été certainement très différente. »

II

Vif-argent, cygne noir et tribunal

En 1945, l'*esprit parisien*, alchimie indéfinissable mêlant culture et frivolité, renaissait peu à peu, loin des accords de Yalta, de la charte des Nations unies et des balbutiements de la guerre froide. André Roussin réjouissait les foules avec *Une grande fille toute simple*, et pour les plus élitistes, Raymond Rouleau, qui montait *Virage dangereux* au théâtre de l'Œuvre, Maria Casarès, l'étoile Janine Charrat, Roland Petit ou bien encore Simone de Beauvoir – dont on allait jouer la première pièce, *Les Bouches inutiles,* au théâtre des Carrefours –, offraient des plaisirs plus subtils. Avide de rattraper le temps perdu, le public de la capitale se précipitait non seulement dans les salles de spectacle, mais aussi au cinéma, dans les expositions – qui, cette année-là, rendirent hommage à Bonnard, Dufy ou Matisse – et sur les champs de courses. Les coquettes, qui, rationnement de tissu oblige, avaient dû renoncer au faste des tenues de soirée, devaient se contenter de robes plus fonctionnelles, que les clientes fortunées commandaient chez Balenciaga, Lelong, Paquin ou Rochas. Les autres pouvaient combler leur frustration de luxe en se vaporisant de parfum, les plus prisés étant *Alambic* de Jacques Heim, *Fumée* de Lubin, le *N" 46* de Chanel, *Vœu de Noël* de Caron ou *Risque-Tout* de Lenthéric. Au cours de l'hiver 1945, Louise de Vilmorin prit la plume pour voler, dans les pages de *Vogue*, au secours de l'élégance, si violentée pendant les années d'occupation. « L'élégance nous pare d'un secret. Ceux qu'elle distingue à leur naissance auront toute leur vie cette compagne intime, plus fidèle que leur ombre, plus constante et jalousée que la beauté elle-même, notait la romancière. Pour ces personnes-là (...), cet accord discret, cette connivence et, peut-être surtout, cette simplicité de relations entre elles et ce qu'elles touchent, crée un ton poétique, répand un charme qui défie l'analyse et dont nous reconnaissons le mystère et la souveraineté [1]. »

C'est au début de l'année 1945 qu'Hubert de Givenchy obtint un rendez-vous chez Jacques Fath. Il se rendit au n° 39 de l'avenue Pierre-Ier-de-Serbie – un hôtel particulier du XIXe siècle où le couturier avait définitivement installé salons de présentation et ateliers depuis le mois d'avril 1944. « J'étais ponctuel, bien sûr, mais on m'a fait patienter plus d'une heure dans l'entrée. Une épreuve interminable. Pendant cette attente, je suis passé par tous les stades de la peur. Remise en question de cette décision, doutes sur mes capacités, angoisse de décevoir... l'atmosphère autour de moi n'a pas contribué à apaiser mes craintes. » L'insolite décoration du lieu, où l'on découvrait des statues de saints et un lutrin d'église, les mannequins qui passaient à moitié nus en criant « Chérie ! », les vendeuses qui s'interpellaient d'un ton hautain – « La duchesse de la Rochefoucauld vient d'arriver, sa cabine d'essayage est-elle libre ? » – sans un regard pour lui, l'air saturé du parfum *Chasuble*... « Il y avait quelque chose de sacrilège et d'oppressant dans ce mélange, surtout pour un provincial comme moi. Je m'apprêtais à prendre la fuite, quand Jacques Fath est arrivé. Soudain ma vie a basculé. Il s'est gentiment excusé de son retard, m'a fait monter au studio, a regardé rapidement mes croquis et m'a annoncé que j'étais engagé pour relever les modèles des collections. Le tout en moins de cinq minutes. Je faisais désormais partie de l'une des maisons de couture les plus en vue de Paris, alors qu'il était très difficile de pénétrer dans le sérail.

" Vous commencez demain.

— A quelle heure dois-je me présenter ? Huit heures ?

— Non, quelle idée ! Onze heures et demie, ce sera parfait ", a répondu Fath en riant. »

Jacques Fath incarnait à lui seul les espoirs de la France d'après-guerre. Beauté, jeunesse – il avait trente-trois ans en 1945 –, énergie, légèreté, goût des excès... sa santé n'y résista d'ailleurs pas longtemps. Véritable *pin-up boy* de la mode, il transforma son métier en point de mire pour toute une nouvelle génération. Collections à sensation, fêtes somptueuses, flirt avec les médias... « On ne comprend rien à la haute couture aujourd'hui si l'on ne conçoit pas d'abord qu'elle est fondée sur la publicité, déclarait-il alors. Nous sommes au siècle de la publicité, et la publicité a changé radicalement nos conditions de travail. [2] » Une leçon que ses successeurs – songeons de nos jours à des créateurs comme Jean-Paul Gaultier ou Vivienne Westwood – n'oublieront pas. Selon lui, le plus infime détail avait son importance, et relevait de la même stratégie, jusqu'à sa propre apparence physique. « Jacques soignait particulièrement sa façon de s'habiller, rappelle Givenchy. Je me souviens encore de lui vêtu de jodhpurs en flanelle grise, d'un col roulé en cachemire et d'un long manteau de loup, ce qui, en 1945, était très osé. » Geneviève, son épouse et image de marque – qu'il définissait comme « un cocktail de Greta Garbo, de Carole Lombard et de Marlène Dietrich » –, joua un rôle déterminant dans la fascination exercée par leur nom. Ce couple, en apparence si parfait, semblait invulnérable et le Tout-Paris se l'arrachait. Jacques Fath organisait sa vie comme un roman à épisodes pour la presse.

Pendant un temps, Hubert de Givenchy, qui venait d'avoir dix-huit ans, fit l'aller-retour entre la maison de l'avenue Pierre-Ier-de-Serbie et l'école des Beaux-Arts, où il s'était inscrit afin d'approfondir des techniques apprises dans la solitude à Beauvais. La liberté de peindre et de dessiner le plongeait dans l'euphorie. « Malheureusement, au bout de six mois, j'ai dû renoncer car mon travail chez Fath devenait de plus en plus absorbant. » Non seulement le jeune homme inventoriait l'ensemble des modèles de la collection, mais il allait également se documenter dans les musées et les bibliothèques, afin de rechercher des détails de vêtements. Ses carnets de croquis étaient couverts d'une profusion de cols, poches et autres emmanchures. Parfois, il était accompagné dans ses escapades par Nicolas-Roger Bauer, un jeune stagiaire fraîchement arrivé d'un village de Meurthe-et-Moselle, et qui devint par la suite modéliste en titre de Jacques Griffe. « Fath avait confié à Hubert le soin de m'initier aux arcanes de la maison, ce dont il s'est acquitté avec chaleur et sollicitude alors qu'il aurait pu être si désagréable, comme tant d'autres personnes dans ce métier. Après tout, m'instruire n'avait rien de bien exaltant ! Je l'ai souvent suivi quand il était en quête d'inspiration pour un nouveau défilé, raconte-t-il aujourd'hui avec un bonheur visible. Je l'ai ainsi accompagné à l'Opéra Garnier, pour ne citer qu'un des lieux où nous nous sommes rendus. Le regarder travailler était une expérience riche d'enseignement. Je n'ai d'ailleurs pas tardé à m'imprégner de son trait, qui avait l'élégance d'Helleu. Fath attendait toujours impatiemment ses nouvelles *moissons* de suggestions. »

De retour, Hubert de Givenchy proposait ses idées, toujours reçues avec enthousiasme. Fath faisait une première sélection puis lui demandait de retravailler un ou plusieurs éléments. D'un point de départ précis, Givenchy faisait des dizaines d'esquisses. C'est ainsi que, peu à peu, le couturier, heureux de voir son élève si motivé, le fit participer à chaque étape de la collection. « Au studio, l'équipe était très réduite puisqu'elle se composait de Jacques, de Dolorès Carda, sa dessinatrice attitrée, et de moi-même, ce qui fait que Fath déléguait sans cesse telle ou telle tâche. J'étais à bonne école, raconte-t-il. Dolorès, l'épouse de Pierre Sabbagh, m'a appris tous les *trucs*, comment passer un lavis sur un dessin ou *croquer* les mannequins, comme Louise, star de la cabine, ou Janine, adorable fille d'un antiquaire grec, qui venait aux séances de pose nue sous son vison. Parfois, Fath, pour nous récompenser, distribuait des biscuits vitaminés, denrée rare en cette période de privation alimentaire. »

Givenchy reconnaît que des quatre couturiers pour lesquels il travailla, Jacques Fath fut incontestablement le plus humain, toujours bienveillant et enjoué. « On riait du matin au soir, en écoutant de la musique à la radio. C'était un peu comme dans un château, si on s'amuse aux cuisines, la gaieté est présente dans les étages. Personne ne sait qu'en raison de ma grande

taille et de mon âge, il disait que j'étais son " autruchon " !
" Mon autruchon, que penses-tu de cette couleur ? Mon autruchon, apporte-moi ce rouleau de soie... " Cela donne une idée exacte de nos rapports.» Anecdote savoureuse, Fath créait souvent les robes sur lui-même. Torse nu, filiforme, il drapait les tissus autour de son buste, et les premières d'atelier, charmées, épinglaient. « Cela n'avait rien de ridicule, bien au contraire, car il était très spontané. " Bon enfant " est la première expression qui me vienne à l'esprit pour traduire cette atmosphère.»

Les créations de Jacques Fath, très théâtrales, furent portées par des femmes aussi célèbres qu'Eva Peron, Rita Hayworth, la princesse Liliane de Belgique, Evangeline Bruce, mesdames Auriol et Coty, Suzy Delair – qu'il habilla pour la postérité dans *Quai des Orfèvres* (1947) – ou bien encore Marie-Laure de Noailles. Aucune collection n'était d'ailleurs présentée aux journalistes sans l'approbation de cette dernière. Allongée sur une bergère, la vicomtesse de Noailles, sulfureuse égérie de l'avant-garde parisienne depuis les années vingt, donnait son avis sur chaque passage avec l'esprit acéré qui la caractérisait. Plus les années passaient, plus cette odalisque aux formes plantureuses ressemblait à Louis XIV, tant physiquement que par l'étendue de ses pouvoirs. D'un simple regard, la versatile Marie-Laure reconnaissait ou condamnait, sans appel, qu'il s'agît d'un livre, d'un film, d'un tableau, d'une robe ou d'un être humain. « Nous étions muets et craintifs quand elle était là, déclare Givenchy. Comme si le sort de la présentation dépendait de son bon vouloir. Elle incarnait ce qu'il y avait de plus despotique dans une certaine société internationale. Des années après, Marie-Laure m'a reçu chez elle, place des Etats-Unis, et je repensais toujours avec amusement à son rôle auprès de Jacques en franchissant le seuil.» Si le temps le permettait, les défilés Fath, véritables événements mondains, étaient organisés dans les jardins, comme s'en souviendront les cinéphiles qui ont en mémoire *Les Chaussons rouges* (1948*)*, chef-d'œuvre de Michael Powell et Emeric Pressburger. Ce film – Fath avait conçu la garde-robe de l'héroïne principale, incarnée par la diaphane Moira Shearer – est peut-être le seul témoignage en couleurs, aussi fugitif soit-il, de ces manifestations de plein air.

En 1945, la mode de Jacques Fath était à la fois inspirée par les courbes sensuelles des sirènes d'Hollywood – telles Mae West, Betty Grable ou Rita Hayworth –, mais aussi par la Belle Epoque. Tournures et fourreaux aux décolletés audacieux étaient réinterprétés selon le goût du couturier aux couleurs de la victoire des Alliés : *Gris Jeep, Tabac Anglais* ou *Rouge Spahi*. Un style qui s'adressait à ce « type de femme gaie, légère, inventive, mutine, piquante, effrontée, aguicheuse, certainement frivole et surtout pleinement consciente des atouts de son image[3] » qu'était ce cliché de *La Parisienne,* idéal féminin si cher à Fath. « Quelles que fussent l'affection et la reconnaissance que j'ai toujours éprouvées pour Jacques, je dois bien reconnaître que ses vêtements me paraissaient charmants mais très anecdotiques. Trop de tulle, trop de falbalas, trop d'oiseaux sur les chapeaux... On était loin de Balenciaga ou de madame Grès, dont les recherches rigoureuses, à l'abri de toute médiatisation, étaient autrement plus essentielles. Cela étant, Jacques m'a permis de débuter dans les meilleures conditions, chaque seconde fut instructive, et je ne l'ai jamais oublié. »

Fath, du vif-argent dans les veines, pouvait à la fois superviser un essayage, mener une conversation au téléphone et répondre à une interview. Le succès aidant, il était chaque jour plus accaparé par de nouvelles activités. Ce qui explique certainement sa décision de confier au jeune Hubert la responsabilité de l'exposition devenue légendaire, *Le Théâtre de la Mode*. Inaugurée le 27 mars 1945 au pavillon de Marsan, sur une musique d'Henri Sauguet, cette manifestation regroupait en treize tableaux conçus par les grands peintres et décorateurs de l'époque, deux cent trente-sept poupées habillées par les maisons de couture les plus illustres. Ces étonnantes créatures de fil de fer, sorties de l'imagination d'Eliane Bonabel – à qui Céline, alors qu'elle n'avait que treize ans, avait demandé une série d'illustrations pour son *Voyage au bout de la nuit* –, permirent aux Parisiens d'oublier privations alimentaires, représailles sanglantes entre résistants et collaborateurs, coupures de gaz et d'électricité, sans oublier le froid intense qui, en l'absence de chauffage, avait fait des ravages au cours de l'hiver. « L'histoire du Théâtre de la Mode nous parle de (...) la haute couture reprenant sa place dans le monde. C'est aussi l'histoire d'un phénomène typiquement français : l'alliance de la couture et de l'art pour donner naissance avec grâce et poésie à un symbole d'espoir et de renouveau [4] », peut-on lire dans l'album consacré à cet épisode. Destinée à récolter des fonds pour venir en aide aux victimes de guerre, l'exposition connut un succès financier sans précédent, car les nombreux participants, désireux de montrer combien le monde de la mode était concerné par le quotidien des plus affligés, se surpassèrent dans un même élan bénévole. Les vêtements présentés, et reproduits à une échelle de soixante-dix centimètres – jusqu'aux plus minuscules boutons, recouverts de tissus à la main –, illustraient les tendances des collections printemps-été 1945. Rien n'avait été laissé au hasard. Doublures des sacs, lingerie, chapeaux, fourrures, gants, bijoux... ainsi ce plastron *L'oiseau en cage* créé par Cartier pour Worth. Jacques Fath avait chargé Hubert de présenter cinq modèles – baptisés de noms aussi évocateurs que *Poudre d'Iris*, *Longchamp Fleuri* ou *Caran d'Ache*, comme le voulait alors la tradition –, dans des mises en scène signées Georges Wakhevitch, Louis Touchagues ou Emilio Terry, l'architecte préféré de Carlos de Beistegui. « Quel souvenir extraordinaire ! L'un des meilleurs de cette période, affirme Givenchy. Travailler sous la férule de mon ami Christian Bérard, qui était directeur artistique de l'exposition, était un cadeau du ciel. Jacques a été très fier du résultat. »

Si, professionnellement, l'apprenti couturier se sentait comblé, il n'en était rien de sa vie privée. « Par manque d'argent, nous étions contraints de continuer à vivre auprès de notre parente, hors de Paris. Chez Fath, je percevais un salaire de misère... lorsque j'étais payé car cela fluctuait selon les mois. De son côté, ma mère avait des revenus de plus en plus limités. Notre indépendance financière était souvent chancelante. Ce qui fait que nous nous réfugiions dans le travail. Maman, infatigable, se consacrait au Secours national, quant à moi, je n'avais qu'une envie, partir le matin pour l'avenue Pierre-Ier-de-Serbie. Même le voyage en métro ne me pesait pas tant j'étais soulagé. Dieu merci, mes amis manifestaient sans cesse leur affection. »

En quelques mois, Givenchy s'était lié avec un groupe de garçons aussi créatifs que séduisants, comme l'illustrateur René Gruau, le décorateur grec Christos Bellos, ou encore Jean-Claude Pascal qui, bien avant de devenir acteur et chanteur, dessinait des accessoires pour la haute couture. « A l'exception de René, dont le talent était déjà reconnu, nous débutions tous, confie Christos Bellos. Hubert a vraiment été à la hauteur des espoirs que nous placions en lui, avec ce mélange très typique de volonté et de discrétion qui l'a toujours caractérisé. Il savait parfaitement ce qui était important pour lui mais progressait dans la vie avec une extrême pudeur. Rien à voir avec ces jeunes ambitieux que l'on trouve à chaque coin de rue... Hubert n'était pas Rastignac. Sans idéaliser le passé, je me souviens aussi que dans notre bande la jalousie n'existait pas. Nous nous épaulions mutuellement et assistions, ravis, à la réussite des uns et des autres. »

« René organisait des dîners chez lui, rue Galilée, et nous aimions nous y retrouver ensemble. Parfois, Christian Bérard se joignait à nous. Je l'avais rencontré lors d'un cocktail puis revu chez Fath, où il accompagnait souvent Marie-Laure de Noailles. Nous sommes devenus très proches », précise Givenchy. Bérard, qui venait d'achever les costumes de *La Belle et la Bête*, film de son éternel complice Jean Cocteau, jouissait d'une notoriété incomparable dans le Paris de l'époque. A tel point que Louis Jouvet en personne avait un jour déclaré : « Avec Bérard, je mettrais n'importe quoi en scène, même les maximes de La Rochefoucauld. » D'une aisance déconcertante, *Bébé* exprimait son talent au théâtre et au cinéma, entre les pages des revues de mode, mais aussi dans le domaine de l'architecture intérieure. Ses intimes lui reprochaient de ne pas se vouer corps et âme à la peinture, mais l'émouvant Bébé barbu, singulier, poétique jusque dans son indescriptible laisser-aller – n'essuyait-il pas ses pinceaux sur le pelage de sa chienne Jacinthe, véritable arc-en-ciel à quatre pattes ? –, était opiomane et engloutissait des fortunes pour obtenir ses doses. Impossible de vivre de la seule vente de ses tableaux, qui nécessitaient des mois interminables d'exécution. « Un soir, j'ai confié ma détresse à Bébé, raconte Givenchy. Je lui ai parlé très naturellement de mes difficultés matérielles. Or Christos Bellos venait d'annoncer que Robert Piguet cherchait un assistant et Bébé, confirmant le fait, m'a conseillé de le contacter. " Je connais bien Piguet, le salaire sera plus élevé. Recommande-toi de moi. Je suis certain que Jacques comprendra ", m'a-t-il assuré.» Bien entendu, la réaction de Fath ne fut pas aussi compatissante.

Grâce à Bérard, Hubert de Givenchy fut reçu, le 11 novembre 1945, par Robert Piguet, à son domicile de l'avenue Montaigne. Comme l'avait prédit le peintre, les émoluments proposés étaient infiniment supérieurs à ce que le jeune homme percevait chez Fath. Cruel dilemme. « Je ne peux pas rire toute ma vie, me suis-je dit. Je dois soutenir ma mère.» Inévitablement, Jacques Fath, en apprenant la nouvelle de son départ, fut déçu, et plus encore, blessé. « Il avait la sensation d'avoir été trahi, déplore Givenchy. Bien que ne pouvant pas m'augmenter, il m'avait donné ma première chance, m'avait formé, et soudain, au bout d'un an, je le quittais. J'avais beau lui expliquer la précarité de ma situation, il ne voulait rien entendre. Un temps, nous ne nous sommes plus vus, mais très vite notre amitié a resurgi, intacte. Par la suite, j'ai été invité à toutes ses fêtes costumées à Corbeville, et nous sommes même partis en vacances ensemble. De mon côté, j'ai suivi attentivement son fils Philippe.»

Son rêve d'enfance se réalisait : travailler chez Piguet, au n° 3 du rond-point des Champs-Elysées. Le jeune Hubert découvrait enfin le monumental escalier à double révolution, orné de passementerie rouge en trompe-l'œil, mais aussi les salons de présentation bleu lavande, rose et vert. Plafond peint par Drian, canapés de satin cerise, profusion de miroirs dorés...

Au début de l'année 1946, date à laquelle il fut engagé, la maison était réputée pour ses vêtements d'une élégance sobre, et même austère, réalisés à la perfection. «Tout était bleu marine, col blanc, droit-fil, surtout jamais de biais», résume techniquement Givenchy. Les défilés Piguet étaient alors bien éloignés de l'inventivité qui avait caractérisé le travail du couturier au début des années vingt. N'avait-il pas lancé chez Lanvin, dès 1921, les premiers modèles en batik ? Quoi qu'il en soit, sa clientèle, très choisie, lui était fidèle. Parmi ses inconditionnelles, on comptait la marquise de Cuevas, Momo Marriott, mélancolique héritière du richissime Otto Kahn, et surtout la cour d'Egypte, à commencer par la reine et la princesse Fawzia, qui commandaient des collections entières.

En entrant chez Piguet, le jeune homme faisait désormais partie intégrante de ce Paris éternel, qui, selon le photographe et chroniqueur André Ostier, retrouvait enfin son plumage d'antan. « Tandis que nos chefs-d'œuvre ont repris place tout le long des cimaises, les chevaux de Marly ont galopé sans bruit hors de leur cachette, écrivait-il à l'époque. Ils n'étaient pas loin, enfouis à même le sol, dans une fosse profonde au cœur même des Tuileries [5]. »

Fils d'un banquier suisse prospère, Robert Piguet était protestant, ce qui rassurait la famille du jeune homme. « De ce fait, il paraissait plus digne de confiance que Fath, ce qui bien sûr était ridicule. En tout cas, il en avait l'apparence extérieure. Très grand seigneur, Piguet était la distinction même, avec ses cheveux gris ondulés, dont le coiffeur Antoine s'occupait en personne. Tout paraissait sévère autour de lui. Nous étions loin des crises de fou rire de l'avenue Pierre-Ier-de-Serbie. Ainsi, pour pénétrer dans son bureau, le Saint des saints, je devais appuyer sur un bouton, et un panneau lumineux affichait ATTENDEZ. Cela avait un petit air de film d'espionnage, s'amuse à raconter Givenchy. A défaut de folie et de jeunesse, il était éperdument mondain, très susceptible, et très compliqué. » Piguet pensait être la réincarnation d'un cygne noir, ce qui en dit long sur son profil psychologique. Christian Dior, qui fut également son assistant, écrit d'ailleurs dans ses Mémoires que « son goût pour les intrigues – seules capables d'allumer une étincelle de gaieté dans son œil d'oriental blasé – compliquait beaucoup les rapports de service [6] ». Pourtant, sa versatilité pouvait parfois se révéler agréable. Ainsi, Piguet possédait *Narcisse*, un des premiers lévriers afghans que l'on pouvait admirer à Paris. Son maître d'hôtel polonais le brossait à longueur de journée, afin qu'il pût être montré à n'importe quel moment, mais le couturier se lassa vite de cet « accessoire » pour le moins encombrant. L'animal s'étant pris d'affection pour Hubert de Givenchy, il le lui offrit. Ce dernier, qui le garda jusqu'à sa mort, conçut une passion pour cette race de chiens.

Le nouveau travail du jeune Givenchy consistait à dessiner de nombreux modèles parmi lesquels Piguet faisait un choix, et Hubert pouvait alors suivre la réalisation des robes avec les premières d'atelier. « Le mannequin le plus ravissant était Sylvie – quarante-huit centimètres de tour de taille –, qui nous a quittés pour présenter le *New-Look* de Dior avant d'épouser Daniel Gélin. J'adorais créer sur elle. Toute l'équipe m'a d'ailleurs laissé un souvenir formidable; du directeur, qui avait commencé avec Paul Poiret, au comptable, qui par la suite a intégré ma maison, sans oublier Marc Bohan, qui débutait. Mais ma collaboratrice favorite était l'exquise Solange d'Ayen. » La duchesse d'Ayen – qui fut, avant la dernière guerre, l'une des rédactrices les plus réputées de l'édition française de *Vogue* – était alors auréolée de tragédie. Son fils unique avait été assassiné pendant l'occupation, son mari déporté à Bergen-Belsen, et elle-même retenue prisonnière par la Gestapo à Fresnes pendant des mois. « Toujours en deuil, elle m'évoquait une grande-duchesse russe en exil, avec des yeux superbes et tristes, une voix aristocratique mais très spontanée, et un sens rare de l'élégance, même à Paris. A la demande de Piguet, Solange effectuait une première sélection parmi mes dessins avant de les lui présenter. Elle m'encourageait constamment. »

Chaque nouvelle présentation de collection donnait lieu à un rituel précis. Piguet organisait deux ou trois répétitions auxquelles assistaient Christian Bérard et son compagnon Boris Kochno. « Allongé par terre, Bébé enlevait ceci, arrachait cela, ajoutait une étole de dentelle, se souvient Givenchy. Les conversations étaient amusantes car ils utilisaient un langage très snob de salons. Pour Bérard, Piguet était *Bob*, car tout le monde avait un surnom dans ce milieu, et il ne fallait pas se tromper. » Johnny et Baba de Faucigny-Lucinge, leur fille Zozo de Ravenel, Mimi Pecci-Blunt, Toto D'Albe, Loulou de Vilmorin, Momo Marriott, Bunny Mellon ou Bébé Bérard, bien sûr, pour ne citer qu'eux... Un jeu de piste pour initiés épris d'exclusivité. Malheur à ceux qui confondraient les règles de ce rituel tribal !

Dans le même ordre d'idée, Robert Piguet donnait chaque semaine un thé somptueux, d'autant plus en cette époque de pénurie, pour quelques invitées de marque comme l'hôtesse Marie-Louise Bousquet, célèbre pour ses *jeudis*, l'actrice Gabrielle Dorziat – qui s'illustra au théâtre et au cinéma, dans des films comme *Mayerling, La Fin du jour, Falbalas, Les Parents terribles* ou *Manon* –, Solange d'Ayen, la plus racée des employées de la maison, ou bien encore l'égérie de Louis Cartier, Jeanne Toussaint, qui révolutionna l'art de la joaillerie au xxe siècle. « Parfois, il m'invitait, disant que ce serait excellent pour mon éducation, rappelle Givenchy, enchanté. Et Dieu sait que je n'ai jamais eu à le regretter, d'autant plus que par la suite, je suis devenu très proche de Marie-Louise et de Jeanne.» Les échanges de vues entre ces *conversationalists* professionnelles allaient bon train. « Piguet, toujours en retard sur la préparation du défilé en cours, n'aurait renoncé pour rien au monde à cette cérémonie minutieusement préparée. Argenterie, linge brodé, porcelaine fine, savoureuses pâtisseries... rien n'était trop beau pour ses amies.» Au cours de ces réunions, le couturier, qui avait une passion pour la gemmologie, faisait souvent appel à la maison Cartier qui lui présentait des « pierres à papier », dont il faisait l'acquisition après les avoir soumises à Jeanne Toussaint, autorité suprême en la matière. « Quelle atmosphère ! Les gardes du corps, les mallettes cadenassées... c'est ainsi qu'entre une gorgée de thé et une bouchée de tarte aux pommes, j'ai appris à reconnaître au premier coup d'œil un saphir de Ceylan ou un rubis birman!» Un épisode digne de la leçon de bijoux donnée par tante Alicia dans *Gigi*.

Souvent, entre deux séances de pose, Hubert de Givenchy discutait avec l'un des mannequins de la cabine, Billy Bibikoff, fille d'un général russe renommé. « " Tu sais, me disait-elle de son irrésistible voix de fumeuse, je connais quelqu'un qui a travaillé chez Piguet, et qui aimerait beaucoup te rencontrer. Il s'appelle Christian Dior. " Billy me répétait souvent son nom, qui ne me disait rien, et voulait absolument organiser une entrevue. Or mon salaire, bien que plus important, ne me permettait toujours pas de m'installer à Paris. Dès la fermeture, je me précipitais dans le métro car le voyage de retour était très long. Je n'avais guère de loisirs. Parfois, je rejoignais mes amis pour dîner, rien de plus. » Finalement, après beaucoup d'insistance, rendez-vous fut pris chez Dior, rue Royale. « Une Martiniquaise, coiffée d'un turban en madras, qui était sa cuisinière, m'a ouvert la porte, et je me suis senti immédiatement en confiance. Très aimable, Christian Dior m'a annoncé que, financé par Marcel Boussac, il s'apprêtait à ouvrir sa propre maison de couture et recherchait un modéliste pour le seconder. Il disait avoir apprécié mon travail sur la collection *Bandit.* » Dior faisait allusion à un défilé conçu en clin d'œil au parfum éponyme, l'une des fragrances à succès, avec *Fracas,* de la maison Piguet. Dans cette perspective, Givenchy avait créé des accessoires spirituels sur le même thème – bijoux *poignards* ou *revolvers,* chapeaux de cow-boy avec foulards de soie dissimulant le visage... –, ainsi que la robe *Bandit,* en jersey gris, plébiscitée par le public. « Cependant, Christian, qui n'avait pas encore ouvert l'avenue Montaigne, m'a conseillé, en attendant, de rejoindre Lucien Lelong, qu'il venait lui-même de quitter. Cette maison était fameuse pour la technicité de ses ateliers, et je pensais qu'après un an chez Piguet, un changement me ferait le plus grand bien, souligne-t-il. Lelong avait eu Dior et Balmain dans son équipe, et on assurait qu'ils étaient les étoiles montantes de la haute couture. Je me suis dit en riant " Jamais deux sans trois " ! Enfin, ultime motivation, le salaire était plus élevé que chez Piguet, et à court terme, je devais rejoindre Dior. »

Ayant encore en mémoire la réaction de Jacques Fath, Givenchy craignait d'annoncer sa décision de partir à Robert Piguet. Le *débauchage,* tant redouté, était alors strictement interdit, et sévèrement sanctionné par la Chambre syndicale de la haute couture. Comme par miracle, la conscription vint à son secours. « Etant en âge de faire mon service militaire, je lui ai dit que l'armée devait me faire passer une série de tests, la stricte vérité. L'honneur était sauf. Piguet s'est montré très magnanime. " Partez, et revenez quand vous le pourrez. " En fait, j'ai été immédiatement réformé à cause de ma taille. " Celui-là est tellement grand, qu'on ne pourrait l'habiller qu'avec les uniformes du général de Gaulle ! " Bien sûr, j'ai attendu prudemment deux mois de plus, le seuil de décence acceptable, avant d'entrer chez Lelong. »

Dans un premier temps, Hubert de Givenchy avait été convoqué au domicile privé de Lucien Lelong, place Vauban. Ce dernier et sa fille Nicole avaient procédé à un véritable interrogatoire, mais Christian Dior ayant loué les mérites de son protégé, Hubert fut engagé sans plus attendre. A l'automne 1946, la maison Lelong, située au n° 16 de l'avenue Matignon, était une puissante machinerie aux rouages parfaitement huilés, qui regroupait deux mille ouvrières. La griffe avait connu son âge d'or entre 1927 et 1937, alors que la princesse russe Natalie Paley, deuxième épouse du couturier, en était l'ambassadrice dans le monde entier. Lelong, qui n'avait aucun don particulier pour ce métier, était avant tout un chef d'entreprise perspicace, et particulièrement ingénieux dès qu'il s'agissait de découvrir de talentueux modélistes. « Cela n'avait plus rien à voir avec l'époque légendaire de la princesse Paley, rappelle Givenchy. C'était désormais une immense structure qui favorisait la rentabilité et l'anonymat. On avait l'impression de travailler dans une usine de très grand luxe. » Seule note de poésie subsistant encore, les campagnes de publicité des parfums, *Indiscret* ou *N*, confiées au peintre Lila de Nobili, dont la virtuosité trouva son expression ultime aux côtés de Luchino Visconti à la Scala de Milan.

A son arrivée, Givenchy fut très vite confronté à un problème d'ordre diplomatique, car deux stylistes étaient déjà en place. Si Serge Kogan fut toujours un collaborateur agréable et un ami fidèle, il n'en était rien de Serge Guérin, furieux de voir arriver un nouveau concurrent. « L'atmosphère pâtissait de sa jalousie, au demeurant injustifiée, déplore-t-il. Chacun travaillait dans son propre studio, sans communiquer beaucoup. J'étais très mal à l'aise. D'autant plus que nous devions ensuite passer l'un après l'autre devant ce que j'appelais *Le Tribunal*, composé de Lucien et Nicole Lelong, et de leur directrice, la baronne d'Avilliers. Un moment très désagréable. Ils choisissaient les croquis et nous pouvions alors commencer les *toiles*. Ce fut d'ailleurs ma seule consolation car les vêtements sortis des ateliers étaient d'une perfection éblouissante, dans la plus pure tradition de la haute couture d'avant-guerre. Accessoires et chapeaux étaient également réalisés sur place par des artisans aux doigts de fées. On ne peut imaginer aujourd'hui le luxe que cela représentait. Autre élément que je n'ai jamais oublié, la dernière phase de la collection. Peu avant la présentation à la presse, une répétition était organisée jusqu'à trois heures du matin, et un grand buffet dressé toute la nuit afin que nous pussions reprendre des forces. Efficacité était le mot d'ordre. »

Découragé par le climat environnant, Givenchy confia son désenchantement à René Gruau, ami fidèle et confident. « Je ne savais plus que faire. Christian Dior n'avait pas encore ouvert sa maison, mais d'un autre côté, comme on commençait à parler de moi depuis mon passage chez Piguet, j'avais reçu deux offres, émanant des Etats-Unis, l'une d'Hattie Carnegie, l'autre d'Elizabeth Arden, toutes deux très célèbres à New York. Il me fallait surtout fuir l'avenue Matignon le plus vite possible, se souvient le couturier. J'étais incapable de prendre une décision car il m'était difficile de quitter Paris. Que serait-il advenu de maman, déjà âgée ? Elle ne m'aurait jamais suivi, et je ne pouvais la laisser seule. Jean-Claude étant loin, elle n'avait plus que moi. Et puis je commencais à me faire un nom ici. Fallait-il risquer de ruiner tant d'efforts en m'installant à l'étranger ? Les questions se bousculaient, mais les réponses restaient confuses. Je compris pourtant que j'étais parvenu à un stade essentiel de ma carrière. " Attention au faux pas ", me répétais-je sans cesse... René, dont les avis étaient toujours judicieux, me conseilla de rester en France. " En attendant de rejoindre Christian Dior, pourquoi ne pas aller chez Schiaparelli ? Chanel étant toujours fermée, je crois qu'il s'agit du meilleur choix. " Bien que ne la connaissant pas personnellement, il a pris la peine de lui téléphoner afin qu'elle me reçût. Gruau était déjà un nom de référence. Au bout de quelques mois, je quittais Lucien Lelong. » Après Jacqueline Janet et Bébé Bérard, René Gruau jouait à son tour les anges gardiens pour le jeune homme. Signant ses dessins d'un simple G surmonté d'une étoile, Gruau – un pseudonyme dissimulant le timide Renato Zavagli Ricciardelli, comte delle Carminate – travaillait pour le monde de la couture depuis les années trente, et devenait en cette après-guerre l'un des prodiges de l'illustration de mode. Une recommandation émanant de lui valait tous les passeports. Grâce à René Gruau, Hubert de Givenchy était sur le point d'affronter l'étape la plus déterminante de sa période de formation. L'ère Schiaparelli pouvait débuter.

III

Le gynécée de la place Vendôme

« Blague ou génie ?
En culbutant la mode
Elle l'habille en folie
Et signe Schiaparelli. »

C'est ainsi que, en 1935, le facétieux peintre Drian – son « visage ressemblait à un chien en jade de la dynastie Ming [1] » – saluait Elsa Schiaparelli, complice de toutes les extravagances. A l'époque, la créatrice italienne avait imposé une femme nouvelle, audacieuse, dont la panoplie *surréaliste* faisait les délices d'un cénacle de clientes triées sur le volet. Tailleur rose *Shocking* orné de boutons cadenas, collier *cachets d'aspirine* imaginé pour elle par Aragon, chapeau *côtelette d'agneau*, sac à main *téléphone* d'après une idée de Dali, sillage de *Salut,* l'un des parfums maison, un verre de *pink vodka* à la main, élixir *haute couture* élaboré dans les alambics de la magicienne de la place Vendôme... Cravachant les paramètres traditionnels de l'élégance, la femme *schiaparellisée* pouvait également skier à Saint-Moritz vêtue d'un sweater imprimé *squelette* et coiffée d'une perruque argentée en guise de bonnet, réalisée par le coiffeur Antoine à la demande de l'imprévisible Elsa. Cependant, en 1947, celle qui « immortalisait l'éphémère », selon son ami Jean Cocteau – elle eut la poétique intuition de faire broder certains de ses dessins sur des vestes du soir –, n'avait pas retrouvé la place prédominante qu'elle occupait à la fin des années trente dans le monde de la mode. Pendant la guerre, *Schiap* avait quitté Paris – non sans avoir confié les rênes de sa maison de couture à une directrice zélée –, avant de sillonner les Etats-Unis et l'Amérique latine au nom de la Croix-Rouge. A la Libération, elle avait repris son cheminement artistique là où elle l'avait abandonné, sans tenir compte de l'évolution profonde de la société en cinq ans. Ses innovations, à jamais liées à une période clairement définie de l'histoire, n'enflammaient plus la nouvelle génération. Lui restait son atout principal, René, l'un des meilleurs tailleurs de la capitale, dont les célèbres épaules *paddings* continuaient d'enchanter une clientèle encore nombreuse. On croisait alors, au n° 21 de la place Vendôme, la duchesse de Windsor, la cantatrice Grace Moore ou, selon la plaisanterie qui circulait dans les milieux diplomatiques, Jefferson Caffery, l'ambassadeur des Etats-Unis à Paris. Ce dernier, surnommé *taille de guêpe,* était considéré comme l'homme le plus élégant du monde. On murmurait qu'il commandait en secret chez Schiap des tenues de sport... rose Shocking.

Hubert de Givenchy, qui se rappelait avoir tant apprécié ses excentricités vestimentaires lors de l'Exposition universelle de 1937, rencontra Elsa Schiaparelli dans son bureau. « Quelle incroyable vision! Elle portait un tailleur noir, des bottines en ocelot, un chapeau en crin qui ressemblait à une coiffe étrusque, et une profusion de somptueux bijoux, dont une Grande Ourse en or et diamants du joaillier Johnny Schlumberger. Elle prétendait que cette constellation était gravée en grains de beauté sur son visage. On retrouvait d'ailleurs ce motif dans le tissu bleu et blanc des salons de présentation décorés par Jean-Michel Frank. » Toujours spectaculaire, le chic de Schiap, sans concessions, à l'image de sa personnalité arrogante, provoquait inévitablement l'inquiétude de ses interlocuteurs. Le premier étonnement dissipé, le jeune homme, après avoir évoqué son parcours, fut convié à voir la collection, afin de s'imprégner du style maison. « Surprenant, se souvient-il. Son style était d'une autre époque, on se serait cru dans un musée. Peu stimulé, j'ai accepté sa proposition n'ayant pas la possibilité de refuser car malheureusement les locaux de Dior avenue Montaigne étaient encore en travaux.» Contrairement à Jacques Fath, Robert Piguet ou Lucien Lelong, Schiap travaillait toujours seule, sans assistant. Givenchy créait l'événement. Dès son arrivée, installé à ses côtés dans le studio où s'amoncelaient des rouleaux de tissus, il se mit à dessiner et à lui soumettre ses croquis, ainsi qu'il l'avait toujours fait de par le passé. Mais la créatrice n'entendait pas bouleverser ses rituels. « Lui suggérer une idée était une lutte de chaque instant car Elsa avait une manière de procéder très personnelle et nul ne pouvait l'influencer, ce qui ne rendait pas ma tâche facile.» Elle ouvrait par exemple un livre selon son inspiration du moment, qui pouvait être l'Egypte, et utilisait un marque-page dès qu'une photographie la séduisait. Une fois son tour d'horizon accompli, Schiap convoquait ses premières d'ateliers et s'exclamait d'une voix impérieuse : « Faites-moi une *toile* d'après ça!» Sidérées devant la reproduction d'une déesse égyptienne de l'Antiquité, elles s'exécutaient pourtant sans mot dire. «Le résultat était souvent une réussite, rappelle Givenchy. La toile ressemblait bien à l'objet désiré mais faisait une robe la plupart du temps importable.» C'est alors que, imperturbable, Schiap intervenait, ajoutant, déchirant, accessoirisant... et sans cesser de conter l'incroyable épopée de sa vie. «J'ignore si ces histoires étaient vraies ou fausses, mais qu'importe. L'entendre dire qu'elle voyait un signe dans le fait qu'un tremblement de terre eût secoué Rome le jour de sa naissance m'enchantait!»

Une fois de plus, Givenchy devait se plier aux exigences d'un couturier, au détriment de sa propre créativité, mais toujours désireux de parfaire ses connaissances, il s'en accommodait tant bien que mal. «J'entretenais d'excellents rapports avec les ateliers, dont les compétences étaient célèbres, et avec Elsa, difficile à l'extrême mais toujours fascinante, j'ai beaucoup appris.» A commencer par de magistrales leçons de détermination, car rien ne devait entraver sa volonté. Si la canicule sévissait, la créatrice, bien avant l'existence de la climatisation en France, faisait livrer d'immenses blocs de glace au milieu des salons, censés rafraîchir les mannequins ensevelis sous les fourrures. Une grève était-elle annoncée que l'indomptable Italienne présentait ses modèles inachevés aux journalistes. « Je n'ai jamais oublié la préparation de la collection automne-hiver 1949-1950. Cet été-là, des grèves paralysaient les maisons de couture, et ses ouvrières avaient arrêté de travailler quinze jours avant le défilé. Les ateliers étaient presque déserts, mais Elsa avait décidé de maintenir la date choisie. Certains ensembles n'avaient ni manches, ni boutons, croquis et échantillons étaient épinglés sur les vêtements, bijoux et chapeaux donnaient une touche de glamour... » Elle ne s'était pas avouée vaincue et la présentation fut très applaudie.

« Plus que jamais, chez Schiaparelli, j'ai découvert l'élégance, omniprésente autour d'elle. Même ses ravissantes petites-filles, Marisa et Berry Berenson, qui venaient souvent l'embrasser, étaient de véritables gravures de mode, très comtesse de Ségur, déclare Givenchy. Quant à sa clientèle, c'était la plus fabuleuse qui fût, et ce depuis les années trente. La duchesse de Windsor, Daisy Fellowes, Patricia Lopez-Willshaw, Gloria Guinness... des légendes vivantes. » A l'instar d'une Marie-Laure de Noailles, ces femmes appartenaient à cette catégorie d'êtres, si convoitée, à qui il suffisait de regarder quelqu'un pour le sortir de l'anonymat, ou, à l'inverse, de l'ignorer pour le transformer en indésirable. Certains, à raison, parleront de terrorisme mondain et de frivolité pathétique... mais leur souveraineté dépassait de très loin les salons de Paris, Londres ou New York, car l'industrie internationale du luxe dans son ensemble dépendait d'elles seules. Dans ses souvenirs, la journaliste américaine Bettina Ballard rapporte une remarque, aussi cynique que juste, faite par l'une de ces privilégiées : « J'appartiens à cette classe superficielle et inutile de la société dont l'importance réside dans le pouvoir d'inspirer le luxe, en fait de l'exiger. C'est pour nous que sont imaginés des bijoux nouveaux et excitants, que sont réalisés vêtements et fourrures d'une beauté extravagante, que des voitures de plus en plus fastueuses et rapides sont fabriquées. Nous donnons des coups de coude aux instincts créatifs des corps de métier du monde entier. [2] » Peut-on être plus explicite ? « J'éprouvais une fascination à leur égard, leur style de vie donnait le vertige. Ma favorite était la comtesse Iderica Gazzoni-Frascara », raconte Givenchy. N'appréciant guère les traits de son visage, elle refusait qu'on la photographiât et posait uniquement de dos, estimant que le raffinement ne concernait que soi-même. Exhiber ses privilèges était un travers nouveau riche impardonnable. Le couturier ne se lasse pas d'évoquer sa discrète somptuosité. « Elle était très réservée, tant dans sa mise que dans ses gestes, et choisissait toujours les modèles les plus classiques, comme les tailleurs de lainage très stricts réalisés par René, qu'elle portait avec des perles remarquables. Puis soudain, elle ouvrait son sac et j'apercevais un face-à-main de Fulco di Verdura, ou un poudrier coquillage de Schlumberger. Son mouchoir brodé, son peigne en écaille gravé à ses armoiries, chaque détail était une perfection mais elle n'en faisait jamais étalage. Peu à peu, Iderica m'a pris sous son aile, et nous sommes devenus très proches. A l'issue des essayages, que je supervisais à sa demande, elle me faisait souvent des cadeaux, toujours très pensés. Connaissant ma passion pour l'argenterie, car nous parlions de nos goûts réciproques très spontanément, elle m'a ainsi offert de précieux bols que j'utilise encore maintenant. »

Place Vendôme, où Schiap régnait depuis 1935, Hubert de Givenchy acheva cette éducation parisienne – commencée deux ans plus tôt chez Fath – indispensable au développement d'un grand couturier. Chaque jour apportait de nouvelles surprises. L'arrivée de Greta Garbo, venue en cliente, ou un rassemblement devant l'hôtel Ritz, situé à quelques mètres. La planète entière s'y donnait rendez-vous. Il était loin le temps où la princesse Radziwill, après avoir été invitée au Ritz par Boni de Castellane, lui écrivait : « Je te remercie de m'avoir menée à l'auberge, où je n'avais jamais dîné. » L'*auberge* accueillait désormais Eva Peron, figure de proue très controversée de la dictature argentine, Charlie Chaplin, acclamé par des sympathisants communistes à la demande du quotidien *L'Humanité*, l'empereur d'Annam Bao-Daï, alors que l'Indochine s'apprêtait à être décolonisée... Il suffisait de se poster aux fenêtres des salons de Schiap pour les apercevoir et vivre en direct l'actualité du moment. C'est au même endroit que le jeune Hubert assista à un épisode particulièrement cocasse. « L'inoubliable Cécile Sorel, alors comtesse Guillaume de Ségur, s'habillait parfois chez Schiaparelli. Ses apparitions ravissaient toujours le personnel, raconte-t-il. Un jour, où elle était arrivée en religieuse, Miss Sorel commanda à Elsa une longue cape rouge pour participer à un concours *Elégance & Automobile*. Or, elle ne la trouvait jamais assez longue, assez ample. Finalement, après plusieurs essayages, elle a décidé de faire un essai, est montée debout à l'arrière de sa voiture, a demandé au chauffeur de démarrer lentement, puis de rouler de plus en plus vite autour de la colonne Vendôme. Miss Sorel, sa cape volant derrière elle, ressemblait à une statue ailée, et les ouvrières, aux fenêtres, applaudissaient à tout rompre. Un spectacle que l'on ne reverra jamais plus.»

Le personnel de la maison joua également un rôle capital dans la formation du jeune homme. Constitué de « conteuses » et d'alliées – comme le furent successivement Maman-Guite, Béatrice de Givenchy, Jacqueline Janet, Dolorès Carda ou Solange d'Ayen –, le gynécée de la place Vendôme mit tout en œuvre pour l'aider. Des vendeuses mondaines – comme Bettina Bergery ou les princesses Cora Caetani et Sonia Magaloff –, à Françoise de Langlade – qui, avant d'épouser le couturier Oscar de la Renta, s'occupait des relations publiques de Schiaparelli –, sans oublier Poppy Kirk ou Maxime de la Falaise. « Elles m'ont accueilli à bras ouverts, encouragé, secouru, fasciné... leur glamour n'avait rien à envier aux clientes, témoigne Givenchy. J'aimais les interroger sur leur vie, les entendre évoquer le passé, encore si proche. Par exemple, Sonia Magaloff me racontait que sa mère, une princesse géorgienne qui vivait dans un palais à Saint-Pétersbourg avant la révolution, avait eu à son service une femme de chambre chargée d'enfiler ses sautoirs de perles qui variaient, selon les circonstances sociales, d'un à dix mètres de longueur. J'avais vingt ans et je rêvais en l'écoutant.»

Très vite, Hubert de Givenchy comprit que travailler dans l'ombre de Schiaparelli n'engendrait que des opportunités créatrices limitées. « Il était impossible de m'exprimer avec elle au studio, regrette-t-il. C'est alors que j'ai eu l'idée d'utiliser les vastes stocks de tissus abandonnés, remontant aux années d'avant-guerre. Mon côté protestant ressortait face à tant de gâchis ! Je lui ai proposé de me confier la boutique, qui sommeillait, afin de créer une ligne plus accessible. La convaincre ne fut pas un jeu d'enfant, mais elle a fini par me donner carte blanche.

» Bien qu'admirant l'allure haute couture de la clientèle traditionnelle, élitiste et cosmopolite, Hubert de Givenchy, témoin et acteur de sa génération, songeait depuis déjà un certain temps à simplifier la garde-robe de ses contemporaines. A l'époque du *New-Look,* que Christian Dior avait fini par présenter en février 1947 avec le succès que l'on sait, une élégante était prisonnière de robes-carcans – aussi séduisantes fussent-elles –, qui nécessitaient d'interminables séances d'essayages et qu'il était impossible d'enfiler sans l'aide d'une camériste. Givenchy eut l'intuition que les femmes de l'après-guerre aspiraient, dans leur majorité, à plus de simplicité, même si personne encore ne leur en offrait la possibilité. C'est alors qu'il inventa les premiers *séparables,* d'un chic fonctionnel, accordant aux clientes une liberté inconnue jusqu'alors, tant sur le plan vestimentaire que financier. En effet, rappelons que la petite robe noire de Chanel, qui remontait aux années vingt, était une réalisation haute couture, inaccessible pour la plupart des bourses. Désormais, les femmes pouvaient – à des prix plus abordables et avec une ou deux retouches seulement – choisir corsage, jupe ou boléro à leur goût, et les combiner au gré de leur imagination. Hubert inventa à leur intention des mélanges modernes et inattendus, mariant organdi et velours côtelé ou satin et jersey, sans oublier le *best-seller* maison, un cardigan décliné simultanément en daim, en lainage écossais ou en lamé. « Avec ce système de blouses et jupes interchangeables, (...) il escamotait l'une des difficultés de la robe, c'est-à-dire la longueur de taille. Une grande partie du succès de l'actuelle industrie du prêt-à-porter vit sur cet acquis [3] », analysait la journaliste Marie-José Lepicard en 1992. Des années plus tard, *L'Express* rappelait qu'à la boutique Schiaparelli, sous la direction artistique du jeune Givenchy, « les idées foisonnaient, et l'ensemble avait un caractère à la fois acide et sophistiqué, très singulier [4] ».

Le lieu, tenu par une Anglaise, Babs Simpson, avait gardé son décor de cage à oiseaux en bambous dorés, création de Jean-Michel Frank. Depuis l'ouverture, ses vitrines faisaient la joie des touristes, qui les photographiaient au même titre que la tour Eiffel ou l'Arc de triomphe. Mises en scène avec le plus grand soin, elles reflétaient l'esprit impertinent de Schiap, laquelle avait d'ailleurs annoncé son retour d'exil, à la Libération, en édifiant une véritable fontaine grandeur nature où se prélassaient des grenouilles de satin vert parées de colliers en diamants. On achetait à la boutique les dernières trouvailles de Givenchy, les parfums maison – *Shocking You*, *Souci*, *Sleeping*, *Snuff*, *Zut* ou *Le Roy-Soleil*, dernière senteur en date dont le flacon avait été dessiné par Dali –, mais aussi la gamme *Schiaparelli Bébé*, conçue par l'excentrique Maxime de la Falaise. Le personnage échappe à toutes les définitions.

Fille de sir Oswald Birley – portraitiste de la cour d'Angleterre et peintre préféré de la reine Mary –, mannequin mondain et styliste de mode chez Schiaparelli et Paquin, inspiration pour Max Ernst et Man Ray, cordon-bleu célèbre et auteur de plusieurs livres de cuisine *cultes*, ainsi que de motifs de porcelaine pour Tiffany's à New York... Maxime, qui était mariée à Alain de la Falaise, beau-frère de Gloria Swanson, avait aussi été caporal dans l'armée de l'air anglaise pendant la Seconde Guerre mondiale. Elevée entre le Sussex – où sa mère, Rhoda, chassait à courre coiffée d'un turban hindou –, la Riviera française et les Indes – on doit à son père, intime de Gandhi, le seul tableau représentant le Mahatma –, Maxime était l'incarnation vivante d'une bohème aristocratique et internationale fuyant les clichés sociaux jusqu'à l'obsession. Jalousée – on murmurait qu'elle devait le magnifique noir *aile de corbeau* de ses cheveux au cirage dont elle les enduisait ! –, imitée, courtisée... la jeune femme ne laissait jamais personne indifférent. « Avant de connaître Audrey Hepburn, Maxime de la Falaise représentait mon idéal féminin, avoue Givenchy. Elle était incroyablement belle et élégante, inattendue, tendre, avec un merveilleux sens de l'humour. J'adorais sa compagnie et lorsque nous sortions danser ensemble, j'inventais à son intention des costumes étonnants, comme cette *robe-chaise,* qu'elle portait avec un chic fou. » C'est ainsi que pour le *Bal de La Lune sur Mer*, donné par Marie-Laure de Noailles en janvier 1951, Givenchy réalisa pour son amie un ensemble et une coiffe entièrement recouverts de fougère. Pour imiter le ruissellement de la pluie, il avait dispersé des éclats de cristal de roche, délicatement fixés sur le vert tendre des feuilles. Certains évoquent encore avec nostalgie cette poétique apparition. Rappelons enfin que pour *Schiaparelli Bébé*, Maxime avait imaginé des robes brodées de champignons vénéneux ou de serpents, ainsi qu'une camisole de force en lapin blanc destinée à punir les enfants qui avaient joué avec des allumettes !

« Peu à peu, Elsa, qui se sentait certainement en confiance, m'a invité chez elle ou à des réceptions, précise Hubert. Bien que jamais très intimes dans nos conversations, nous avons passé de plus en plus de temps ensemble. » Le jeune homme assista souvent à des *spaghetti-parties* dans la cave de son hôtel particulier de la rue de Berry, où il rencontra ses nombreux amis artistes, comme Jean Hugo, Henri Sauguet, Francis Poulenc, Marcel Achard ou les Auric. « Même s'ils sont passionnants, ce qui était le cas, les gens à Paris ne se singularisent guère par leur générosité, constate-t-il. A la fin de ces dîners très animés, je restais jusqu'à ce qu'elle montât se coucher, seule. Elsa, qui était très lucide sur leurs agissements, savait que dès le lendemain, ils la critiqueraient derrière son dos mais qu'à la prochaine occasion, tous reviendraient. Bien que très entourée, son isolement ne connaissait pas de limites, c'était poignant. » Ravi, Givenchy l'accompagnait également au théâtre ou à l'opéra. « Je me souviens qu'un soir, alors que nous nous rendions à un ballet de Roland Petit, je me suis aperçu qu'elle portait un escarpin rouge et un autre violet.

" Pardonnez-moi, mais je crois que vous vous êtes chaussée trop vite, Madame, hasardai-je timidement.

— Mais cher ami, c'est ça le chic ! Il vous faut l'apprendre puisque vous ne l'avez toujours pas compris ", répliqua-t-elle froidement. Je n'ai jamais oublié cette leçon. » Néanmoins enchantée par son jeune compagnon, Schiap le convia au bal costumé qu'elle donna en hommage aux frères Montgolfier. Le dirigeable qui accueillait les convives dans la cour d'honneur rappelait la forme du carton d'invitation. Une nuit féerique, hors du temps, couleur rose Shocking, sa teinte fétiche... Bien plus important, Schiaparelli aida le jeune homme à s'installer enfin à Paris. « Mon salaire, aussi acceptable fût-il, ne suffisait toujours pas, et Elsa a très gentiment proposé de me fournir l'argent nécessaire pour m'aider à prendre un appartement découvert par mon amie Alice Chavannes de Dalmassy, journaliste au magazine *Elle*. Une nouvelle vie commençait. »

L'appartement, situé au n° 4 de la rue Fabert, dans le VIIe arrondissement, était au premier étage d'un immeuble donnant sur l'esplanade des Invalides. « Une atmosphère conviviale régnait entre les différents voisins qui n'étaient autres que James de Coquet, Michèle Morgan, Alexis Weissenberg, mon amie et future cliente Margot Bory ou Marc Bohan, témoigne Givenchy. Bien entendu, maman vivait avec moi, ce qui faisait ma joie. Toujours très occupée à plus de soixante ans, elle continuait inlassablement d'aider le Secours national. Les pièces étaient presque vides, mais j'ai rarement été plus euphorique. Enfin chez moi ! Jacques Fath me conseillait d'aller aux puces, mais je préférais de loin acheter un bel objet de temps à autre, quand mes finances me le permettaient. Ma grande passion était déjà de flâner chez les antiquaires. Du lèche-vitrine, pour l'essentiel ! » Etant désormais parisien à part entière, Givenchy avait la possibilité de jouir pleinement de la vie culturelle de la capitale, plus stimulante que jamais. *L'Aigle à deux têtes* avec Edwige Feuillère et Jean Marais – il se souvient avoir été subjugué par leur couple –, *Le Bal des blanchisseuses,* ballet très original de Boris Kochno au théâtre des Champs-Elysées, *Les Bonnes* de Genet dans une mise en scène de Jouvet et des décors de son ami Bébé Bérard, *Le Procès* avec Jean-Louis Barrault dans le rôle de Joseph K., la toute jeune Jeanne Moreau dans *Un mois à la campagne* au Français, Tamara Toumanova dans *L'Anniversaire de l'infante,* d'après une nouvelle d'Oscar Wilde, Valentine Teissier interprétant la Léa du *Chéri* de Colette, première exposition Henry Moore en France, Arletty en Blanche DuBois dans l'adaptation française d'*Un tramway nommé désir...* Des années fécondes.

Souvent Givenchy retrouvait le soir des amis de la maison Schiaparelli, comme Poppy Kirk, chez qui il aimait dîner et où l'on croisait Garbo, le danseur indien Ram Gopal, Alice B. Toklas et Cecil Beaton. Fille d'un diplomate américain, Poppy ne cachait pas ses amours saphiques. Paulina Terry – dont le père, Duleep Singh, était maharadjah du Penjab – et la princesse Alis Dilkusha de Rohan avaient ainsi partagé son existence, mais quand Hubert devint son ami, Poppy Kirk vivait quai Voltaire avec l'étrange Mercedes de Acosta, rebaptisée « Comtesse Dracula » par Tallulah Bankhead. Un climat de liberté *instructif* pour un jeune homme de vingt ans. On ne pouvait imaginer alliance plus exotique... Poppy, dans ses robes chinoises griffées Schiaparelli, était la quintessence de la féminité, alors que Mercedes, qui descendait des ducs d'Albe et avait été une intime de la Duse, ressemblait à un flibustier, avec monocle et bandeau noir sur l'œil. Nimbée de prestige car elle avait été très *liée à* Greta Garbo et Marlène Dietrich – à qui elle envoyait d'ardentes missives signées « Le Prince Blanc » –, Mercedes, conteuse par essence, fascinait Givenchy. « Elle me retraçait l'histoire de sa sœur, Rita Lydig, qui incarne pour moi le sommet du raffinement en matière d'art de vivre. Mrs Lydig, décédée en 1929, offrait des émeraudes en guise de récompense à ses vendeuses chez Callot Sœurs, où elle s'habillait. Quand elle venait à Paris, cette femme étonnante louait un étage entier du Ritz et, même en hiver, elle exigeait des bouquets de muguet harmonieusement disposés dans des bols en vermeil. Son coffret à chaussures – des merveilles en dentelle de point d'Angleterre – était en cuir de Russie doublé de velours du XVIIe siècle. Elle avait fait fabriquer spécialement des malles de quatre mètres de long, et plates comme des raquettes de tennis, pour ne pas froisser ses robes à traîne. Des années plus tard, à New York, Mercedes m'a fait admirer des bijoux ayant appartenu à cette sœur venue d'une autre planète. »

Désormais, Givenchy pouvait également s'offrir des vacances bien méritées, lui qui travaillait depuis l'âge de dix-sept ans. Il n'aimait rien tant que partir skier à L'Alpe-d'Huez. « Nous nous retrouvions tous dans un petit hôtel appelé La Ménandière, rappelle son ami le célèbre antiquaire Didier Aaron. Hubert, le mannequin Capucine, Jacques Fath, ma femme et moi-même, ainsi que l'adorable Véronique Passani, qui n'avait pas encore épousé Gregory Peck. Notre groupe s'est follement amusé, il ne faut pas oublier que nous avions été privés de tout pendant la guerre, et que nous voulions rattraper le temps perdu. Le soir, après avoir passé la journée sur les pistes, nous organisions des fêtes costumées, dont le but était de créer des tenues désopilantes avec trois fois rien. Le modiste Jean Barthet [5], qui débutait lui aussi, avait un jour imaginé un chapeau extraordinaire en papier hygiénique ! A trois heures du matin, affamés, nous descendions à la cuisine pour piller le réfrigérateur. »

Devenu très proche de Bettina Bergery, Givenchy acceptait bien volontiers de l'accompagner dans sa vie sociale frénétique. « Tout comme Maxime ou Poppy, j'adorais Bettina. Elle pensait que me présenter à ses proches m'éclairerait encore un peu plus sur les mécanismes subtils d'un milieu qui m'était maintenant très familier. » Née dans une famille américaine excentrique – l'une de ses sœurs vivait d'ailleurs dans une église désaffectée près de New York –, Bettina était l'épouse du diplomate et homme politique Gaston Bergery, ambassadeur de Vichy en U.R.S.S. et en Turquie pendant la dernière guerre. Très jalouse de ce mari qui plaisait tant aux femmes, Bettina était réputée pour brûler, avec son fume-cigarette, la robe d'une rivale qui oserait s'approcher d'un peu trop près de Gaston. Comptant parmi ses intimes des personnalités aussi fantasques que Salvador Dali – qui la comparait à une mante religieuse – ou Dolly Wilde, Bettina portait depuis les années trente les créations les plus audacieuses de Schiap, avec un goût affirmé pour la provocation. Après tout, n'avait-elle pas eu pour animal de compagnie un singe qu'elle lâchait sur ceux qui lui déplaisaient ?

« Grâce à Bettina, j'ai rencontré la mythique Misia Sert, déjà aveugle, à son domicile de la rue de Rivoli », dévoile le couturier. Où qu'ils aient vécu, la muse polonaise et son dernier mari, le peintre catalan José-Maria Sert, avaient toujours recréé un décor d'une prodigieuse inventivité. « Un marbre grec pesant une demi-tonne trônait par exemple sur un fragile manteau de cheminée, et de grands vases orientaux semblaient écraser les cabinets de laque noire rehaussés d'incrustations en or sur lesquels ils étaient posés, écrivent les biographes de Misia. Des lustres en cristal de roche illuminaient des tables d'écaille ou de malachite ou des consoles Louis XV sculptées sur lesquelles étaient disposés des animaux en terre cuite de la Chine antique

que Sert avait réussi à sortir en fraude de la Cité interdite [6].» L'émerveillement du jeune Givenchy se conçoit aisément, et Beauvais semblait bien loin. Pouvait-il alors imaginer que la somptueuse armoire Boulle, dite « Au char d'Apollon », qu'il avait sous les yeux serait un jour chez lui ? « C'était la grotte d'Ali-Baba, s'exclame-t-il encore maintenant. Ce mélange a fait la gloire de Chanel en matière de décoration. On oublie trop souvent ce qu'elle doit aux Sert, car même si Coco a su transformer leur influence, elle avait toujours tendance à la passer sous silence. La gratitude n'a jamais été son point fort... C'est d'ailleurs au cours d'un cocktail chez Misia que j'ai rencontré Coco pour la première fois. Bettina nous a présentés, et Chanel s'est écriée : " Je vais revenir, et tous ces garçons qui font de la couture, je vais leur montrer ce qu'est vraiment ce métier ! " On ne pouvait être plus désagréable...» Malheureusement, Givenchy n'eut jamais l'occasion de découvrir vraiment Misia Sert, disparue en 1950. En revanche, il développa une amitié durable avec son secrétaire, Boulos Ristelhueber, que Cocteau avait ironiquement surnommé « les cendres du duc de Reichstadt », tant il était blond et frêle, ravagé par la drogue. « Boulos, qui a joué un rôle particulier dans l'évolution de mon goût, recevait chaque jour à partir de 18 heures 30, chez Misia. Je venais souvent prendre un verre après avoir quitté la boutique, située à une minute à pied. L'atmosphère semblait mystérieuse, car les rideaux étaient tirés, et les feux de cheminée se reflétant dans les chenets, des obélisques en cristal de roche, donnaient une lumière envoûtante. On était toujours certain en arrivant de trouver des gens passionnants ».

Plus les mois se succédaient, plus le triomphe de la ligne boutique était éclatant. En mai 1949, le magazine *Vogue* consacrait Givenchy en déclarant que « dans la boutique Schiaparelli, des idées naissent chaque jour et chaque idée apporte sa nuance imprévue [7] ». Pulls quadrillés noir et blanc, blouses d'organdi à pois, gants en piqué bleu marine garnis de pampilles... La journaliste américaine Susan Train a connu le couturier dès cette époque. « Je n'ai jamais oublié cet immense jeune homme, réservé et très beau, qui a changé notre vie, s'enthousiasme-t-elle. Grâce à lui, nous trouvions des accessoires pour égayer et transformer une garde-robe classique, ainsi que des vêtements jeunes et nouveaux, à des prix raisonnables. A la fin des années quarante, il n'existait pas en France d'intermédiaire entre haute couture et couturière de quartier. Hubert a été le premier à lancer un prêt-à-porter glamour, les fameux *séparables*, et venir découvrir ses dernières créations, sur de ravissants mannequins de paille, était toujours une excitation. L'adresse devenue incontournable, les plus jolies femmes du moment se retrouvaient là-bas. »

De nombreuses inconnues s'y pressaient mais aussi Babe Paley, Zsa Zsa et Eva Gabor, Juliette Gréco, Arlene Dahl ou les spirituelles sœurs Mitford, Diana et Nancy qui, dans son roman *L'Amour dans un climat froid* (1949), fit passer à la postérité une simple veste de drap rouge Schiaparelli. Alors que de son quartier général de la place Vendôme, Givenchy s'ingéniait à simplifier la vie des femmes, la malicieuse et lucide Nancy écrivait à sa mère, lady Redesdale, le 20 octobre 1950 : « Pour la journée, j'ai acheté chez Dior une robe splendide, qui se porte sur une crinoline, mais dès qu'il s'agit d'aller aux toilettes, me voilà transformée en lady de l'époque victorienne – très incommode [8] ! »

Le bouche à oreille étant toujours plus favorable au jeune modéliste, Schiap fut bien contrainte d'admettre que la boutique rapportait désormais plus d'argent que le département haute couture. Les clientes délaissaient de plus en plus le grand escalier menant aux salons et s'attardaient au rez-de-chaussée. « Il fallait absolument s'y précipiter, raconte le coiffeur Alexandre. J'avais appris l'existence de ce jeune aristocrate devenu modéliste de la bouche même de la duchesse de Windsor, à qui rien n'échappait, c'est tout dire. Poussé par la curiosité, j'ai à mon tour franchi le seuil de la boutique, en venant un jour coiffer des mannequins pour une séance de photos. Il y avait foule autour de lui. Néanmoins, Hubert, avec qui j'ai tout de suite sympathisé, était très en retrait, comme pour faire oublier la séduction de son physique. » Les témoins s'attardent tous sur le charme de sa présence. « Il venait travailler au volant d'une petite voiture de sport, et c'était un spectacle magnifique, mélange de jeunesse et de prestance, que de le voir déplier sa longue silhouette », rappelle Janette Mahler, alors seconde vendeuse. Son salaire ayant été augmenté, Givenchy – qui partageait cette passion de la vitesse avec son ami Jean-Pierre Pedrazzini, grand-reporter à *Paris-Match* – avait pu s'offrir une M.G., symbole de joie de vivre et de liberté en cette après-guerre. Lui-même d'une élégance sportive – il était le plus souvent vêtu de pantalons en flanelle grise et d'un blouson coupe-vent en daim –, Givenchy incarnait bien l'esprit d'une génération éprise d'insouciance. « Ce qui ne m'empêchait pas de travailler au moins dix heures par jour, précise-t-il en riant. J'aimais créer de nouveaux modèles, mon transistor miniature autour du cou – je l'avais rapporté d'un voyage pour Schiaparelli aux U.S.A., et il était introuvable en France –, recevoir mes clientes et les familiariser avec de nouveaux mélanges, accueillir des amis comme Bébé Bérard – qui est mort prématurément en 1949 – ou la journaliste Marie-Louise Bousquet, que j'aimais tant... A peine prenais-je le temps de déjeuner. » La plupart du temps, Givenchy, en compagnie de Maxime ou de Babs, avalait une salade à La Quetsch, un restaurant situé derrière le Ritz, le premier *self-service* de luxe à Paris, où l'on choisissait son menu dans les vitrines.

Fort de sa notoriété naissante, Hubert de Givenchy était un invité désormais très convoité. On le vit – un canotier sur la tête – danser le charleston avec Maxime de la Falaise, entre Paulette Goddard et Gene Tierney, au bal *Hollywood 1925*, organisé par Jacques Fath au château de Corbeville. Il fut photographié au bal vénitien donné par Bobsy Carvalo – un jeune Portugais inconnu, mais beau et très fortuné –, à Deligny où, l'espace d'une nuit, une gondole dorée avait été hissée sur les eaux de la piscine. « Je m'étais dessiné à cet effet un spencer de velours noir que je portais avec un manteau rouge rubis, entièrement rebrodé. Notre groupe, pour qui j'avais créé des masques dans l'esprit du carnaval, était composé d'Elsa Schiaparelli, de Maria Friaz, laquelle avait un poste important à l'ambassade du Brésil, et de Michael Loogan, un ami américain, se remémore-t-il. Comme nous nous sommes amusés ce soir-là ! Les arrivées étaient incroyables. Je me souviens encore de Charles de Rohan-Chabot précédé d'un *Blackamoor* portant un coffret à bijoux ouvert, et aussi de la superbe princesse Simone Troubetzkoï... »

Si on ne devait retenir qu'une seule des nombreuses fêtes auxquelles assista le jeune homme, ce serait incontestablement le bal des Oiseaux, donné au cours de l'hiver 1949, dans le palais rose de Boni de Castellane, afin de recueillir des fonds pour reconstruire deux dispensaires détruits par les bombardements. Aristocrates et artistes, mêlant vieille garde et génération montante, furent réunis pour l'une des dernières fois, les décès n'allant pas tarder à éclaircir les rangs. Diana Cooper, Bébé Bérard, Mona Harrison Williams, Joséphine Baker, Marcel et Hélène Rochas, Georges et Nora Auric, Arturo et Patricia Lopez-Willshaw, Jacques et Geneviève Fath, Fred et Daisy de Cabrol... ainsi que des figures plus oubliées de nos jours, mais qui connurent pourtant leur heure de gloire dans certaines sphères, comme le dandy Hamish Saint-Clair Erskine. Les derniers feux d'une époque qui vécut son chant du cygne avec le bal Beistegui, en 1951, à Venise. « Léonor Fini, pour qui je posais alors qu'elle vivait rue Payenne, m'avait demandé de participer à son entrée qu'elle souhaitait inoubliable, comme toujours, raconte le couturier. Elle s'était déguisée en chouette et Stanislao Lepri, Sforzino Sforza – deux Italiens qui partageaient sa vie –, le peintre Alejo Vidal-Quadras et moi-même, étions en corbeaux. Léonor, soucieuse du moindre détail, avait demandé à Stanislao de laisser sa chemise de smoking ouverte au niveau du cou afin que l'on pût voir le plastron en plumes de coq noires qu'elle avait fait réaliser à son intention. Lorsque nous sommes arrivés, la foule hurlait, massée derrière des barrières, et quelqu'un, en apercevant Léonor enfouie dans son plumage, a crié : " Une allumette et ça brûle ! " Nous avons beaucoup ri. » Peu après, Givenchy rejoignit très vite Maxime, à leur table, mais également Hélène Bouilloux-Lafont, une cousine par alliance, qu'il avait connue par hasard, pour des motifs professionnels.

Hélène Bouilloux-Lafont possédait, dans l'ancienne chapelle du duc de Berry, une boutique, Donna Carlotta, qui fabriquait, d'après croquis, la plupart des modèles conçus par Givenchy pour Schiap. « J'ai eu un coup de foudre en le rencontrant, se souvient-elle aujourd'hui. Hubert, qui avait l'âge d'être mon fils, était pour moi un enfant idéal, réussissant tout ce qu'il entreprenait. Il était touché par la grâce. Nous sommes devenus immédiatement très proches, et sortions souvent danser tous les deux. C'était l'époque de Gréco, du jazz à Saint-Germain-des-Prés, Paris était d'une telle créativité! Au cours de longues conversations, je l'encourageais à prendre son envol, à lancer sa propre griffe, il était prêt pour cette nouvelle aventure. Le soir du bal des Oiseaux – il m'avait inventé une robe inouïe, en flanelle noire, trois diamants pour boutons et un cerceau dans l'ourlet qui me donnait l'impression de marcher sur des vagues –, Hubert était triste et perturbé car ses rapports avec Schiaparelli étaient très tendus. Son succès agaçait Elsa, et elle refusait la possibilité d'un partenariat réel. J'ai tenté de le réconforter mais son désarroi était grand.»

Dans un registre bien plus intime, c'est en 1951 qu'Hubert de Givenchy, à l'âge de vingt-quatre ans, rencontra Philippe Venet, l'*âme-frère*, l'être avec qui partager son existence. Compagnon de toute une vie, ce jeune Lyonnais, qui avait alors vingt ans, arriva un jour place Vendôme, en quête d'un emploi. « On m'avait prié de le recevoir, se souvient Givenchy. La porte s'ouvre, et arrive Philippe, le visage illuminé par un sourire, et m'expliquant qu'il cherche du travail. A ce moment-là, René, notre célèbre tailleur, nous quittait, et Philippe avait la même formation. J'ai donc immédiatement proposé sa candidature à Elsa qui, bien que le trouvant trop jeune et inexpérimenté, lui a donné une chance. Elle n'a jamais eu à le regretter.» Philippe Venet avait fait ses classes à Lyon chez Pierre Court, l'établissement le plus réputé de la ville, qui avait l'exclusivité des modèles Balenciaga pour la région. Tout comme Givenchy, il éprouvait depuis toujours une admiration inconditionnelle pour le Maître espagnol. Le parcours des deux garçons comportait d'ailleurs bien des similitudes. « Après mon service militaire, rappelle-t-il, je suis venu à Paris avec une seule idée en tête, entrer chez Cristobal Balenciaga. Je me suis présenté avenue George-V mais ne pouvant être engagé, j'ai passé une semaine chez Jacques Fath, où l'atmosphère ne me plaisait pas. Ma mère m'ayant prévenu que Schiaparelli cherchait quelqu'un, je n'ai pas hésité une seconde. Ce jour-là, Hubert a tout fait pour m'être agréable. »

Après quatre années place Vendôme, Givenchy désirait vraiment donner un nouvel essor à sa carrière. Schiap abordait régulièrement dans la conversation la possibilité d'une association avec lui, puis abandonnait le sujet sans tarder. Chaque fois qu'il lui rappelait sa promesse, elle répondait, invariablement : « Attendez six mois de plus, vous n'êtes pas encore tout à fait prêt. » Une situation d'autant plus éprouvante qu'en raison de son succès à la boutique, Givenchy, courtisé par d'autres firmes, recevait des offres attirantes. Ses proches, les premiers, l'encourageaient à partir. « Claude Taittinger, un ami de jeunesse, m'avait toujours dit que si je montais ma propre structure, il en parlerait à son père, président du Conseil de Paris. Quand je me suis décidé à faire appel à lui, les négociations ont malheureusement échoué. C'est alors qu'un jour, Hélène Bouilloux-Lafont me conseille de donner ma démission. Elle connaissait des Américains prêts à investir. J'exultais ! » Hubert provoqua sans tarder un nouveau tête-à-tête avec Schiap, toujours campée sur ses positions.

« " Je suis désolé, mais les choses étant ce qu'elles sont, j'ai envie de voler de mes propres ailes.

— Si vous me quittez, vous ferez faillite ", répliqua-t-elle, furieuse qu'on pût la défier. » Ce furent ses derniers mots. Elle ne lui adressa plus la parole jusqu'à la fin de ses jours, en 1973.

« Tout s'est alors précipité, note Givenchy. Dans l'affolement qui a suivi l'annonce de mon départ, certaines personnes, horrifiées, me disaient que j'étais fou de lâcher la proie pour l'ombre. J'ai dû cesser sur l'heure mes activités, alors que je travaillais depuis des mois sur les costumes du bal Beistegui. Je devais moi-même apparaître aux côtés de lady Diana Cooper en " Antoine et Cléopâtre " d'après la fresque de Tiepolo du palazzo Labia, réinterprétée par Georges Geffroy. Elsa étant une amie très proche de Charlie Beistegui, j'ai dû renoncer au dernier moment, et Fred de Cabrol a pris ma place. C'est alors qu'Hélène m'appelle des Etats-Unis pour me dire qu'il ne faut surtout pas démissionner car son projet de financement n'a pas abouti. Impossible de revenir en arrière ! Je ne savais plus que faire.» Rétrospectivement, Hélène Bouilloux-Lafont affirme n'avoir jamais eu aucun doute sur l'avenir d'Hubert de Givenchy. « Son talent n'ayant aucune limite, je savais que son destin serait exceptionnel, et que nous finirions par trouver les capitaux nécessaires. Des Hubert de Givenchy, il n'y en a pas beaucoup par siècle.» Elle se tourna alors vers son oncle, Pierre Laguionie, propriétaire du Printemps. Nouvel échec. Pas question pour le grand magasin de soutenir une entreprise aussi aléatoire que le lancement d'une nouvelle griffe, alors que tant de maisons – Lelong, Molyneux, Piguet, et bientôt Lafaurie, Rochas ou Schiaparelli, dès 1954 – étaient contraintes de fermer leurs portes. « Les financiers se méfiaient des couturiers, de leurs sautes d'humeur, de l'esprit *artiste*, comme ils disaient ! Ce fut une époque très difficile, constate-t-elle. Tant de banquiers incrédules ne m'accordaient qu'un sourire excédé... mais j'avais une foi inébranlable en Hubert, j'aurais abattu des montagnes pour lui !» En désespoir de cause, Hélène contacta son beau-frère, Louis Fontaine, à la tête de l'empire Prisunic, qui, par miracle, accepta de participer. Givenchy s'apprêtait à réaliser enfin son rêve, ce pour quoi il luttait depuis l'adolescence, non sans de nouvelles épreuves à surmonter. « Après ma mère, qui avait accepté et soutenu le choix de cette carrière, personne au monde ne m'a plus encouragé qu'Hélène. Sa tendresse, les efforts qu'elle a déployés en vue de créer la maison de couture m'insufflèrent le courage indispensable pour assumer de telles responsabilités.»

IV

La Cathédrale

A l'automne 1951, l'actualité internationale gravitait autour de la charte de l'Organisation des Etats de l'Amérique centrale, du pacte de sécurité Anzus et du traité de paix entre le Japon et quarante-neuf nations. Loin, très loin de ces préoccupations historiques, Paris commentait le dernier film de Bresson, *Journal d'un curé de campagne*, les concerts de Django Reinhardt au Club Saint-Germain-des-Prés, la double exposition Toulouse-Lautrec – à l'Orangerie et à la Bibliothèque nationale –, la décision de confier la direction du théâtre de Chaillot à Jean Vilar et... la rumeur selon laquelle Hubert de Givenchy, le jeune prodige de la boutique Schiaparelli, était sur le point de fonder sa propre maison. « On affirmait dans les couloirs de *Vogue*, où l'on apprenait toutes les dernières nouvelles avec une bonne longueur d'avance, qu'il serait le nouveau couturier vraiment important de la capitale, commente la journaliste Susan Train. Son nom était entouré de mystère et d'enthousiasme, il y avait un événement dans l'air... » La réalité était infiniment plus laborieuse.

Avec les capitaux alloués par Louis Fontaine – une somme permettant le plus strict minimum –, Hélène Bouilloux-Lafont s'était mise en quête d'un lieu susceptible d'accueillir la Société Anonyme Hubert de Givenchy (au capital de 2 000 000 francs). Son choix définitif se porta vers le quartier du parc Monceau, qui n'était en rien associé au monde traditionnel de la haute couture. Hélène y découvrit par hasard que plusieurs pièces de l'ancienne demeure du chocolatier Menier étaient à louer. Cet hôtel particulier, situé au n° 8 de la rue Alfred-de-Vigny, regroupait, pêle-mêle, divers styles architecturaux comme seul le Second Empire en détenait le secret. Cheminées Renaissance, cour médiévale, escalier Louis XIII... et jusqu'à des écuries, pour quarante chevaux, tout droit sorties d'un roman de cape et d'épée. On a tout dit sur cet endroit insolite, que la presse rebaptisa « La Cathédrale ». Salon de musique d'un manoir élisabéthain pour certains... atmosphère de sacristie ou *revival* gothique pour d'autres. Givenchy avait désormais à sa disposition deux chambres – dont l'une au sous-sol –, reconverties en ateliers, ainsi qu'une vaste salle de bal tapissée de chêne, dotée de quinze mètres de hauteur de plafond et d'un vitrail. Pour en dissimuler les fresques – dont un rébarbatif Henri IV à cheval – et l'orgue, sur lequel Menier jouait chaque matin au réveil, le couturier eut l'idée de tapisser les murs d'un simple coton gris, acheté au marché Saint-Pierre, ce qui donnait l'illusion, incroyablement originale avec si peu de moyens, d'une immense tente. Il transforma l'âtre de la cheminée monumentale en portants et divisa l'espace à l'aide de simples paravents. Le tour était joué.

Hélène, très vite nommée directrice, dut déployer des trésors d'imagination – et d'économie – pour obtenir des délais de paiement des fabricants de tissus, tout en constituant une équipe. De la qualité des cinq ouvrières recrutées dépendrait une part importante de la réussite de la future présentation. « La première personne que j'ai engagée a été Janette, se souvient Hélène. Elle fut d'abord standardiste. Qui aurait pu penser que, par la suite, elle occuperait une place aussi essentielle dans l'existence d'Hubert ? » Cette dernière n'a pas oublié les prémices de l'aventure vécue aux côtés de celui qu'elle n'appelle que Monsieur. « Quelques mois plus tôt, Elsa Schiaparelli, chez qui j'étais seconde vendeuse, avait commencé à faire des compressions de personnel, et c'est alors que Monsieur m'avait dit qu'il me prendrait avec lui dès l'ouverture de sa maison. Notre conversation se déroula peu avant son départ, alors qu'il était encore à la boutique. En attendant, pressée par le temps,

je m'étais présentée chez de nombreux couturiers, sans le moindre succès. Je commençais à désespérer quand j'ai été convoquée rue Alfred-de-Vigny. Ces débuts, quelle fièvre ! Tout était à faire. Je n'ai plus jamais quitté Monsieur, à qui j'ai consacré ma vie entière. »
Quand on interroge Hubert de Givenchy sur l'état d'esprit dans lequel il se trouvait en ces heures décisives, il répond spontanément : « Je me sentais comme quelqu'un qui se jette du haut d'une montagne, j'étais certainement inconscient mais je croyais en ce projet et rien n'aurait pu me démotiver. » Très précis quant à ses priorités en termes de création, il confesse avoir eu une foi inébranlable en ses *séparables,* mis au point chez Schiaparelli. « Je ne souhaitais pas une maison de haute couture classique. Que pouvait-on proposer après le luxe de Dior ? Mon rêve était de créer une Grande Boutique, où les femmes pourraient s'habiller vite, avec imagination et simplicité. Des vêtements faciles à porter, même en voyage, et réalisés dans des tissus ravissants mais peu coûteux, comme le shirting ou l'organdi. J'ai travaillé jour et nuit, dans la perspective du lancement. Et je me sentais responsable de ma troupe ! Chacun m'a soutenu sans faiblir, avec gentillesse et courage. Je crois que mon enthousiasme était contagieux car des proches proposaient de venir travailler sans rémunération. Ainsi, mon amie Eliane Orosdi, l'une des plus belles femmes que j'ai connues, et Dieu sait que j'en ai rencontré. Elle fut pour moi, à mon échelle modeste de débutant, ce qu'étaient Cora Caetani ou Sonia Magaloff pour Elsa Schiaparelli. Sa présence et ses relations m'ont considérablement aidé, au tout début de la maison, et personne ne portait mes modèles avec plus de chic. » Eliane, voisine du couturier rue Fabert, avait pour parents les propriétaires des parfums Bourgeois. D'une séduction peu commune, la jeune femme était l'une des muses de René Gruau, et bon nombre de ses silhouettes déliées et élégantes de l'époque furent inspirées par elle. Pour Givenchy, Eliane Orosdi se transforma en vendeuse mondaine. « L'aider fut une joie de chaque instant, car ce mélange de jeunesse, de talent et de force morale était aussi rare qu'émouvant », précise-t-elle aujourd'hui.

Mais aucune collaboratrice ne fut plus dévouée et efficace que Bettina. Mannequin-vedette, hôtesse, responsable des relations publiques et du service de presse... son soutien ne connaissait aucune limite. Bettina, qui avait été façonnée par Jacques Fath, était la cover-girl la plus fêtée de sa génération. « Elle était irrésistible avec ses cheveux courts de page de la Renaissance, sa pâleur et ses lèvres rouge vif qui rappelaient un feu de signalisation routière ! », s'exclame la journaliste Maggi Nolan, représentante du *Herald Tribune* à Paris. A cette époque, Bettina avait renoncé, et ce depuis déjà un certain temps, à participer à des défilés pour se consacrer uniquement à la photographie de mode. Pourtant, charmée par le talent et la fougue du couturier, rencontré à la boutique Schiaparelli, elle n'hésita pas un seul instant à renouer avec le passé pour aider « ce géant très beau », ainsi qu'elle l'évoque dans ses souvenirs [1]. « Son côté androgyne stimulait Hubert, raconte Philippe Venet. Pas de poitrine, mince, les épaules carrées, pouvant tout porter avec un style incroyable, à la fois sophistiqué et sportif... et un rire qui ferait fondre la banquise. Nous avons beaucoup travaillé mais dans la bonne humeur. »

La modernité de Bettina coïncidait à la perfection avec les aspirations du couturier, qui conçut une partie de la collection sur elle, en hommage à son allure. N'arrivait-elle pas le matin, pour les essayages, chaussée d'une paire de mocassins et vêtue d'une veste en tweed créée par Philippe Venet, d'une chemise d'homme Brook Brothers rapportée de New York – ce qui était alors une attitude inédite à Paris –, d'une sobre jupe de flanelle grise, avec une montre pour tout bijou ? Dès la fin des séances de pose, Bettina se précipitait dans les rédactions des magazines pour vanter les mérites de son protégé. « Je la vois encore chez *Vogue*, place du Palais-Bourbon, en train de convaincre le rédacteur en chef, Michel de Brunhoff, d'assister personnellement à la première présentation Givenchy. Finalement, toute l'équipe s'y est rendue. Reçue partout en raison de son prestige, elle était très persuasive », témoigne Susan Train. Enfin, Bettina fit appel à la générosité de ses amies mannequins les plus célèbres pour défiler. Ivy Nicholson, Suzy Parker, Sophie – qui n'était pas encore l'épouse du cinéaste Anatole Litvak –, ou

Dorian Leigh, qui inspira à Truman Capote le personnage d'Holly Golightly dans sa nouvelle *Breakfast at Tiffany's*. Un signe du ciel quand on songe à l'importance tenue, des années plus tard, par l'adaptation cinématographique dans la vie du couturier. « Vu le peu d'argent dont nous disposions, l'idée était d'organiser un seul défilé, et de montrer, au cours des jours suivants, les robes sur des mannequins en plâtre, se souvient Givenchy. Rien ne s'est déroulé comme prévu ! »

Le 3 février 1952, à 21 heures, la rue Alfred-de-Vigny était complètement paralysée par la circulation, taxis et limousines se succédant en une file interminable. A tel point que l'on dut prévenir la police afin de rétablir l'ordre. Alors que les premiers invités se pressaient déjà, les ouvrières finissaient à peine les robes dans une atmosphère d'urgence. Plus le temps s'écoulait, plus l'excitation était perceptible dans l'air. La foule, toujours plus nombreuse, se disputait avec férocité la moindre chaise. Des dizaines de personnes furent obligées de rester debout pour assister au spectacle. « L'air devenait irrespirable et nous étions serrés comme des sardines », se souvient en riant Susan Train. En coulisses, le couturier, bouleversé, était réconforté par ses proches. Béatrice de Givenchy, Philippe – qui, bien que toujours sous contrat avec Schiaparelli, lui avait consacré la moindre heure de temps libre – et tous ses intimes le soutenaient de leur tendresse depuis des semaines, mais des quatre couturiers auprès de qui il avait été formé, seul Jacques Fath lui avait envoyé une lettre d'encouragement, accompagnée d'une simple rose. Enfin, à 22 heures, annoncée par Janette Mahler momentanément promue *aboyeuse*, Bettina ouvrit le défilé, portant la célèbre blouse de coton blanc aux manches volantées de dentelle anglaise qui porte son prénom. Au premier rang, les journalistes les plus puissantes, comme Bettina Ballard, Carmel Snow ou Marie-Louise Bousquet, une alliée indéfectible, notaient les moindres détails. Puis apparurent Caroline, transfuge de la cabine Schiaparelli, et Sophie, corsage d'organdi bleu et jupe fourreau de satin prune, une étole vert Nil sur les épaules... La singularité à la fois *casual* et piquante de son travail – idéal de dépouillement saupoudré de fantaisie – enchanta l'assistance, pourtant blasée. Dominante noir et blanc, accessoires impertinents – ceintures de toréro, foulard plissé *accordéon*, ballerines en paille ornées, à la pointe, d'un ruban dans l'esprit *turban antillais*... –, modestie de la plupart des matériaux comme la popeline ou le shirting, tissu dans lequel on taillait jusqu'alors les soutanes des prêtres et les patrons des petites couturières... un usage inattendu pour des robes de soirée. Une pureté qui fera date, et vieillira prématurément les créations surchargées d'un Balmain ou d'un Dior, qui provoquait l'indignation de Coco Chanel : « Il n'habille pas les femmes, il les tapisse ! » Que d'oxygène à une époque où les confrères du jeune homme présentaient des robes pour le matin, l'après-midi, la fin de journée, le cocktail, les dîners en ville, le grand soir, le gala, sans oublier les toilettes de garden-party, de château ou de sport... Après le dernier passage, le public, debout, ovationna Hubert de Givenchy.

Parmi les personnalités présentes, lady Diana Mosley, une amie des années Schiap, assistait à cette consécration. « La collection était éblouissante de beauté, de fraîcheur et d'originalité, précise lady Diana. Il y avait la simplicité de Chanel, l'architecture de Balenciaga, et l'imagination et le génie de la couture que possédait déjà Givenchy. » De son côté, la presse était unanime, et jamais premier défilé ne fut plus encensé depuis le fameux *New-Look*. Bernadine Morris, du *New York Times*, répétait « *A star is born* », reflétant l'état d'esprit général et la pluie d'articles des jours à venir, louant tous la séduction de ces soixante-dix modèles et de leur créateur. « Le jeune premier de la mode », « L'étoile montante de Paris », « La beauté d'un athlète », « Matinée idol », « Le Tarzan du chic »... La lecture des articles publiés alors est très révélatrice de la fascination exercée par Givenchy. « Il est le seul couturier de sa génération avec l'aura d'une star de cinéma et j'ai d'ailleurs écrit qu'il était le Cary Grant de la haute couture », résume la journaliste Maggi Nolan.

Le soir même, avant que Givenchy et les siens ne partissent fêter leur succès chez Maxim's, Hélène Lazareff, la tsarine de l'hebdomadaire *Elle*, demanda au couturier s'il était possible de revoir le défilé. « Non, malheureusement, lui ai-je répondu. Dès demain, les robes seront présentées sur des mannequins de plâtre. » Les protestations furent telles qu'il dut improviser. Hélène Lazareff et bien d'autres professionnels confirmés lui expliquèrent que, face à un pareil succès, il fallait modifier impérativement ses projets et présenter chaque jour. Adieu Grande Boutique... En quelques heures naissait la plus jeune maison de haute couture parisienne. Le lendemain matin, les robes furent, comme convenu, montrées aux acheteurs internationaux sur les mannequins fixes initialement prévus. « Un cauchemar! s'exclame Janette Mahler, comme si c'était hier. Ils s'arrachaient les vêtements qui volaient en l'air, et entre chaque arrivée, nous devions sans cesse les remettre sur leurs supports. Quelle hystérie! Mais nous étions si heureux pour Monsieur qui avait tant travaillé. » Cependant, dès l'après-midi, les mêmes jeunes femmes revinrent, et ce durant toute la semaine, défiler par amitié pour lui, en attendant qu'il constitue sa propre cabine. Résultat? Les carnets de commande se remplissaient d'heure en heure et la blouse Bettina fut vendue à des centaines d'exemplaires. « Nous étions dépassés, raconte Hélène Bouilloux-Lafont. Ma sœur est même venue nous prêter main-forte car nous manquions d'habilleuses. Mais chacun croyait en Hubert sans la moindre réticence. Une équipe indissociable qui partait avec un cheval de course gagnant. Ce fut une aventure commune. »

Très vite, Hélène dut aussi recruter de nouvelles ouvrières et s'occuper des délais de fabrication. Comble de malchance, le couturier s'était aperçu que le *Hubert de Givenchy* qui figurait sur la griffe était trop long et imprononçable pour beaucoup d'acheteurs américains. Afin de ne pas prendre de risques inutiles, il fit tout refaire en supprimant prénom et particule. Désireuses de rafraîchir leur garde-robe, les premières clientes importantes se précipitèrent également rue Alfred-de-Vigny dès le 4 février. La comtesse Gazzoni, sa bienfaitrice de la place Vendôme, Kitty Lillaz – dont le mari possédait le B.H.V. – ou la très raffinée Patricia Lopez-Willshaw, pour ne citer qu'elles. « N'ayant même pas de bureau, je les recevais entre deux paravents qui n'arrêtaient pas de tomber, car on courait dans tous les sens. C'était Verdun, se rappelle Givenchy. Au même moment, les journalistes se succédaient sans interruption, et je donnais des interviews pour la télévision dans la salle de bains, seul lieu relativement calme, tout en notant mes idées pour la prochaine collection.» A vingt-cinq ans, Givenchy avait réussi son incroyable pari. La victoire du jeune couturier, désormais sollicité de toutes parts, fit l'objet de centaines d'articles, mois après mois. «Paris a retrouvé pour Hubert de Givenchy les adjectifs qu'elle décerne à ceux qui l'étonnent : les Poiret, les Giraudoux, les Cocteau [2]», déclarait *Paris-Presse* en novembre. «Hubert de Givenchy devint en une soirée, avec sa première collection, l'enfant terrible de la mode, put-on lire dans l'*Album du Figaro*. Modéliste de Schiaparelli, ce bébé géant (...) ouvrit sa propre maison, redécouvrit le shirting, dessina les blouses les plus copiées du monde et inventa, entre deux robes, la recette du homard *à la demoiselle de Cherbourg* [3].» Une allusion au fait que, devenu une personnalité recherchée, Hubert avait été convié à l'inauguration des «dîners du mardi» chez Maxim's, dont le menu était composé par trois clients célèbres. Il partagea ce *privilège* avec Jacqueline Delubac (pintade aux truffes) et Jean Marais (moka *Enfants terribles*), avec pour invité d'honneur l'altesse en exil Pierre de Yougoslavie. Dans le même ordre d'idée, aussi *parisiennement* frivole que révélateur d'un véritable triomphe, on lui demanda de participer au bal de charité *April in Paris* à New York, de créer un parfum pour les Ornano qui possédaient Orlane – ce qu'il refusa, estimant n'être pas prêt –, d'assister à des soirées de gala et, fin du fin, *Vogue* publia une analyse graphologique de son écriture : «Nature foncièrement artiste, amie du progrès, ouverte à la vie et qui garde comme qualité personnelle une grande réserve vis-à-vis d'autrui [4]...»

Ce dernier constat résumait parfaitement la situation. Les journalistes eurent beau évoquer son enfance, décrire son quotidien à la Cathédrale, les longues promenades avec ses lévriers, et se perdre en suppositions sur une éventuelle fiancée, Hubert de Givenchy, comme ce fut le cas sa vie durant, ne cessa jamais de protéger farouchement son intimité. Aucune photo le montrant aux côtés de Béatrice ou de Philippe fut jamais publiée. La rue Fabert était son jardin secret, et le couturier, installé sur la terrasse baignée de soleil, aimait s'y délasser en peignant des aquarelles et des portraits de ses intimes. « Mon existence était très simple, car bien qu'ayant créé une maison de couture à mon nom, je n'étais qu'un simple employé de Louis Fontaine, à la fois investisseur et gestionnaire. Mon salaire était bien moins important que chez Schiaparelli, et je me serrais la ceinture, comme on dit familièrement. N'ayant pas les moyens de donner un dîner, mes proches venaient prendre un verre ou passer l'après-midi. Des amis de ma période Saint-Germain-des-Prés, comme Kimpy Baumgartner, Marc Doelnitz, qui s'occupait du Procope, ou Annabel, que j'ai connue lorsqu'elle n'avait pas encore épousé Bernard Buffet. Mannequin chez Schiaparelli, elle partageait alors une chambre avec Juliette Gréco au Montana. On riait comme des fous car Marc était le garçon le plus spirituel qui fût, se souvient Givenchy. J'avais rapporté l'un des premiers magnétophones des U.S.A. et Marc inventait de courtes pièces de théâtre mettant en scène des personnalités du Tout-Paris – dont certaines toujours en activité aujourd'hui – dans des situations pour le moins délicates. Chacun avait un rôle et les séances d'enregistrement étaient hilarantes. Autres joies très accessibles, une exposition, une pièce ou un film. » Gene Kelly dans *Chantons sous la pluie* ou Charlie Chaplin dans *Les Lumières de la ville* faisaient salle comble cette année-là.

Par plaisir, Hubert acceptait également quelques mondanités. Un bal chez les Lopez-Willshaw à Neuilly, une fête costumée donnée par Jacques Fath sur le thème du carnaval de Rio, un dîner en l'honneur d'Héléna Rubinstein auquel il se rendit avec Edmonde Charles-Roux, ou encore un cocktail chez son amie Marie-Louise Bousquet, correspondante d'*Harper's Baazar* en France. Après avoir reçu bon nombre d'*Habits Verts* – l'amant de celle-ci était alors l'académicien Henri de Régnier –, Marie-Louise Bousquet, que Philippe Jullian comparait à la *Dame de pique* revue par Toulouse-Lautrec, s'entourait désormais de Nancy Mitford, Cary Grant, Victoire – mannequin-vedette de Dior –, Jean Cocteau, Truman Capote ou John Huston. Chaque jeudi, elle les recevait chez elle, place du Palais-Bourbon, dans une atmosphère très informelle. « Je l'avais rebaptisée place du

Palais-Bousquet, car elle était vraiment la divinité des lieux », déclare d'un ton mutin son ami l'historien d'art Stuart Preston. Une époque à jamais révolue, celle des salons, aussi différents que complémentaires, des trois Marie. Musical pour Marie-Blanche de Polignac, littéraire pour Marie-Laure de Noailles et *Café-Society* pour Marie-Louise Bousquet... D'une voix croassante aux accents *titi-chic,* Marie-Louise, déjà très âgée, décernait médailles et blâmes avec une intuition rarement démentie. Patrick O'Higgins, témoin de la scène, raconte qu'un jour de 1951, elle s'était écriée, à genoux devant Givenchy : « Mon amour ! Je vous salue, vous êtes le futur de la haute couture française [5] ! » Le créateur n'oublia jamais le soutien qu'elle lui apporta lors du lancement de sa griffe. « Marie-Louise Bousquet, toujours si efficace dans l'amitié qu'elle porte à ceux qui ont besoin d'être aidés et dont elle a flairé les promesses [6] », écrivit Christian Dior dans son second livre de souvenirs... Un hommage qui se passe de commentaires, d'autant plus que la férocité de Marie-Louise était inversement proportionnelle à sa générosité, dès qu'elle décelait la moindre trace de médiocrité.

« Mon rêve s'étant réalisé, on me trouvait du matin au soir rue Alfred-de-Vigny, raconte Givenchy. J'arrivais très tôt pour organiser les essayages, regarder les ateliers travailler, rencontrer les brodeurs, bavarder avec madame Monique, notre manutentionnaire bordelaise qui est restée dans la maison jusqu'à sa retraite, recruter une cabine – qui comptait aussi bien la femme de Jacques Médecin, Caroline Lautner, l'épouse du cinéaste, ou Denise Sarrault –, et surtout peaufiner chaque détail de la nouvelle présentation. » Ce deuxième défilé, que la presse attendait avec impatience pour confirmer, ou renier, son verdict, fut préparé dans la fièvre. « Nous avions l'impression d'avoir une épée de Damoclès au-dessus de nous, précise Hélène Bouilloux-Lafont. Les responsabilités qui pesaient sur Hubert étaient immenses, car rien n'était encore gagné. » La collection automne-hiver 1952-53, qui déclinait le thème des *séparables* tout en développant de nouvelles alliances chromatiques et graphiques, fut un triomphe. Clientes et journalistes s'arrachèrent *Evaporée* – jupe de velours rouge rubis et blouse d'organza blanc –, ou *Volage* – robe de dentelle noire et boléro bleu canard –, mais également les broderies *tapisserie* – inspirées par les roses des fauteuils Napoléon III –, et les imprimés fourrures et bijoux, dont chaque motif avait été dessiné par Givenchy lui-même. *Loutre blonde, Les émeraudes, Vison perle, Les grenats, Renard argenté, Les saphirs, Castor...* Lorsque Bettina apparut dans *Inquisiteuse*, l'épreuve était à nouveau remportée. Cette toilette, souvent photographiée et commentée dans les articles de l'époque, fut décrite comme « un long fourreau sur lequel des ruchés de paille grise et des paillettes posaient le relief de dessins cachemires, l'ensemble évoquant (...) le glacier qui miroite » alors que sa « ceinture de satin bleu de lac semblait avoir été découpée dans les eaux (...) du Léman [7] ». Mais c'est Sophie qui remporta le plus d'acclamations avec *La rose,* tube de crêpe noir et boléro de pétales, véritable millefeuille de mousseline. Enfin, autres points forts de la collection, les pelisses et paletots mêlant agneau et satin ou cuir et jersey, ainsi que la modernité des accessoires, tel cet immense sac en tissu panthère qui, cinquante ans plus tard, ferait toujours l'unanimité auprès des femmes. Pour Susan Train, qui a assisté à tous ses défilés sans exception, entre 1952 et 1995, « Hubert se positionnait d'emblée en tête de file des couturiers, aux côtés des plus grands, ce qui ne s'était jamais vu en une période aussi dérisoirement courte ». L'imagination et le confort de ses vêtements simples et raffinés l'avaient imposé en un temps record. Le succès aidant, Givenchy reçut des propositions émanant d'industriels désireux d'associer leur nom au sien. C'est ainsi que le 25 septembre 1952, dans le cadre du *Sea Nymph Glamour Suit Showing,* le couturier présenta, sur le toit de l'hôtel St Regis à New York, une ligne de maillots de bain créée en exclusivité pour Jordan Manufacturing Corp. Cette démarche préfigurait l'importance capitale que les licences tiendraient dans sa vie professionnelle au fil des ans.

Le 1er novembre 1952, libéré de son contrat chez Schiaparelli, Philippe Venet rejoignait enfin l'équipe de la Cathédrale. Epuisé par le rythme frénétique de ses journées, Givenchy, qui venait de montrer ses modèles en Allemagne et en Hollande, était ravi et soulagé de préparer la collection de demi-saison secondé par Philippe. En effet, à l'époque, les couturiers présentaient encore, à la fin de l'automne et au début de l'été, deux défilés intermédiaires qui, tout en résumant les propositions évoquées quelques mois plus tôt, ouvraient la voie aux nouvelles tendances. Un phénomène inimaginable de nos jours [8]. Dans des teintes dominées par le gris souris et le cannelle, il conçut vingt-cinq modèles, de la simple tenue d'intérieur – blouse de jersey, pantalon-cigarette, ceinture de *maçon* et mules léopard – à une étonnante cape de vison *Soleil* pour l'après-ski. Mais le clou du défilé fut incontestablement *Gibraltar,* un ensemble composé d'une jupe cloche en rubans de satin gaufré et plissé comme un lampion, et d'un jumper noir à manches longues révélant le dos entièrement nu de Bettina. L'assistance retint son souffle devant tant de témérité. Une audace qui, vingt ans plus tard, passera définitivement à la postérité au cinéma grâce à Guy Laroche et Mireille Darc. Enthousiasmée, l'impitoyable Lucie Noël écrivit dans le *New York Herald Tribune* du 20 novembre 1952, que cette collection « réduira au silence les esprits critiques qui ne voient en lui qu'un créateur de boutique [9] ».

Tout en affirmant la vitalité qui faisait sa force, Givenchy avait prouvé par la maîtrise technique de ses créations qu'il était désormais un grand couturier à part entière. Une attitude cohérente par rapport aux choix qu'il avait assumés à l'issue de son premier défilé. Les clientes ne s'y trompèrent pas et affluèrent plus que jamais à la Cathédrale. « Hubert était devenu une sorte de *gourou* de la mode, rappelle en riant Hélène Bouilloux-Lafont. Les femmes lui faisaient une confiance absolue. Je me souviens encore d'une amie italienne, Oprendina Arrivabene, qui n'hésita pas un instant à sacrifier ses superbes cheveux longs car Hubert avait suggéré, à sa demande, qu'une coupe courte lui irait à la perfection. Cette anecdote est représentative de son pouvoir. »

Au dernier étage de la rue Alfred-de-Vigny, dans une simple chambre de bonne, vivait Capucine [10], qui fut l'une des intimes du couturier sa vie durant. Devenue l'un de ses mannequins les plus célèbres dès la deuxième collection de 1952 – en raison de sa beauté hiératique, la presse l'avait surnommée « Le héron hautain » –, Cap, qui aspirait déjà à devenir actrice mais n'avait alors à son actif qu'une apparition dans *Rendez-vous de juillet* (1949) de Jacques Becker, était l'être le plus attachant qui fût. « Hubert l'adorait, souligne Philippe Venet. Sa personnalité le bouleversait. D'un côté, il y avait cette créature somptueuse qui sublimait les robes du soir et posait pour les magazines, de l'autre notre confidente, fragile, toujours entre euphorie et dépression nerveuse, mais faisant tout pour être agréable. En ces temps héroïques, elle n'hésitait pas à transformer la seule pièce dont elle disposait en atelier annexe. On poussait le lit contre le mur, on montait une table avec deux tréteaux, et les ouvrières s'installaient tant bien que mal, cousant même sur le lit. Après une séance de photo pour *Vogue* ou *Elle*, Cap, toujours disponible, venait même aider à repasser les robes ! Elle était comme une petite sœur pour lui. » Hubert de Givenchy lui fut fidèle jusqu'à sa disparition tragique en 1990.

Rue Fabert, le couturier se réjouissait de retrouver chaque soir Béatrice, toujours ravie de partager avec lui bonheurs et peines. En entrant dans l'appartement, son parfum si rassurant – *Je reviens* de Worth ou *La rose* de Rochas – l'accueillait et très vite mère et fils se plongeaient dans d'interminables conversations passionnées. Leurs liens étaient d'autant plus limpides qu'elle appréciait beaucoup Philippe. « Nous avons toujours eu des rapports parfaitement harmonieux, déclare ce dernier. Ce qui, compte tenu de l'époque, était une situation absolument exceptionnelle. Mais Béatrice plaçait le bonheur d'Hubert au-dessus de tout. » Cependant, en 1952, après une existence ponctuée d'épreuves, Béatrice de Givenchy, âgée de soixante-quatre ans, était souvent plus lasse qu'à l'accoutumée. Pour la soulager, Hubert décida d'engager une gouvernante-cuisinière. C'est ainsi que, lors d'un arrêt à l'Auberge Bressane de Saulieu, alors qu'il était en chemin pour la Côte d'Azur avec Jacques Fath, Givenchy demanda au propriétaire de lui trouver un cordon bleu dans les localités avoisinantes. Peu de temps après son retour à Paris, Simone Valette se présentait aux Invalides. « J'ai eu le choc de ma vie en le voyant pour la première fois, car je n'avais jamais rencontré quelqu'un d'aussi magnifique là où je vivais, se souvient-elle aujourd'hui avec une spontanéité émouvante. Monsieur, qui pensait que je devais être une perle rare aux fourneaux car je venais de Bourgogne, a fait preuve de beaucoup de patience. En réalité, j'avais toujours travaillé dans les vignes avec ma famille et j'étais incapable de cuire ne serait-ce qu'une omelette ! Naïvement, je croyais qu'il s'agissait surtout de m'occuper du ménage, c'est pourquoi j'avais fait le voyage, désirant changer d'horizon. Pourtant, Monsieur et sa mère ont décidé de me donner une chance. Petit à petit, je me suis améliorée en restant des heures dans la cuisine. De son côté, Monsieur m'encourageait sans cesse grâce à de nouveaux ustensiles, des appareils dernier cri et des manuels, dont j'avais grand besoin. Il m'a même offert, des années plus tard, *La Cuisine cousue main*, les recettes de Christian Dior illustrées par son ami René Gruau ! Je ne les ai plus jamais quittés, et passer mes journées auprès de madame de Givenchy, qui était si fière de son fils, a été un plaisir de chaque instant. Nous formions une famille très unie, et même les chiens paraissaient être les plus heureux du monde. » Hubert, Béatrice, Philippe, Hélène, Janette, Capucine, Simone... En 1952, l'essentiel du clan – auquel viendraient se joindre quelques autres intimes, dont Audrey Hepburn et Cristobal Balenciaga dès l'année suivante – était déjà constitué.

V

Muse et mentor

Pour certains, l'année 1953 restera liée à la fin des conflits en Corée, au décès de Staline, à la fondation du Parti libéral antiapartheid d'Alan Paton, au couronnement de la reine Elisabeth II, à l'accession du maréchal Tito à la présidence de la Yougoslavie ou à l'exécution des Rosenberg pour haute trahison... Pour Hubert de Givenchy, cette date inoubliable évoquera toujours sa rencontre, déterminante à plus d'un titre, avec Audrey Hepburn et Cristobal Balenciaga. Signe avantcoureur, l'année avait commencé en apothéose par le défilé printemps-été, une collection d'une rare originalité, très significative des premières présentations Givenchy.

Rassuré par le succès de son poulain, Louis Fontaine se montrait enfin plus généreux avec les crédits accordés au couturier. Il put ainsi concevoir deux cents modèles – contre soixante-dix la première fois –, tous plus appréciés les uns que les autres. Si le jour s'inscrivait dans le prolongement de ses innovations précédentes – un style confortable et élégant illustré par des manteaux *gandoura* ou des tailleurs d'une extrême simplicité, sans col, à manches kimono –, Hubert de Givenchy déploya les facettes de son imagination fertile dès les premières robes habillées, créées en hommage à la beauté des femmes célèbres de l'histoire, telles Diane, Salomé, Cléopâtre ou Juliette. Tout en utilisant les tissus qui avaient fait sa gloire – voilage de coton, organdi ou shirting –, il avait accordé un soin extrême aux imprimés et broderies, dessinés par lui et réalisés par les ateliers de sa complice, madame Brossin de Méré. « Travailler avec *Brossinette*, ainsi que je l'appelais, fut l'une des joies de ma vie professionnelle. Nous sommes allés ensemble en Suisse et en Italie rencontrer les brodeurs les plus expérimentés, et je lui soumettais mes croquis dans un climat de confiance et d'amitié car son jugement était infaillible », rappelle-t-il.

Inspiré par de nombreuses sources – livres d'art, tableaux, expositions... –, Givenchy inventa des motifs en hommage à Botticelli, mais également d'irrésistibles trompe-l'œil *coquillages, fruits, légumes* ou *fleurs*. Huîtres enrichies d'une perle véritable, amandes vertes, prunes, fraises des bois, raisins, laitues, tomates, poivrons avec une étiquette indiquant le prix... Lorsque les mannequins étaient apparus dans le grand salon – dont les lustres avaient été recouverts de camélias rouges –, virevoltantes dans des robes brodées de quartiers de citron, d'ananas, de brins de muguet ou de corail, les applaudissements avaient fusé de toutes parts. Imperturbables, Bettina, Capucine ou Denise Sarrault, un panier à la main, distribuèrent des brassées de fleurs aux spectateurs, sourire aux lèvres. L'esprit *Créole* haute couture se retrouvait également dans les minuscules ombrelles rappelant celles de l'impératrice Joséphine, et qui une fois pliées ne tenaient guère plus de place qu'un éventail.

Plus ludique que jamais, Givenchy jouait sans cesse sur les contrastes. Ainsi, cette robe du soir en éponge – un tissu réservé aux peignoirs et aux vêtements de plage –, entièrement rebrodée d'algues et d'étoiles de mer, ou ces maillots de bain réalisés dans un textile plaqué or en provenance des Etats-Unis. « Son attitude était d'autant plus intrépide, note Catherine Join-Diéterle, conservateur en chef du musée Galliéra, qu'au début de sa carrière, les règles de savoir-vivre étaient très strictes, et la silhouette féminine on ne peut plus rigide. » En replaçant ses propositions dans leur contexte historique et social, on mesure toute la liberté dont il faisait preuve. Enfin, comme toujours depuis le lancement de la maison, la presse loua l'inventivité mutine des accessoires, tels ce foulard en soie orné de nattes d'écolière, ces écharpes à manche pour le cocktail, ce canotier géant, ou bien encore « le chapeau *pansement*, qui est un bandeau sans calotte attaché par deux boutons sur le côté ; il donne un air de *blessée coquette* à la femme [1] », comme l'écrivit *Le Figaro*.

Désormais, le phénomène Givenchy franchissait les rubriques de mode des magazines. Pour preuve, la présence dans la salle du célèbre chroniqueur du *New York Herald Tribune*, l'humoriste Art Buchwald, qui passait au crible les points principaux de l'actualité internationale dans son ensemble. L'article qu'il consacra à cet événement [2] donne une idée parfaitement exacte de l'engouement suscité par le jeune couturier. Il décrit avec une verve savoureuse l'hystérie qui régnait ce soir-là. Deux cents cartons envoyés pour trois cents invités présents, guerre des V.I.P. venus des quatre coins du globe pour être placés au premier rang, prestige oblige... Les nuances de l'étiquette à Versailles n'étaient rien en comparaison. Plus lyrique, *Paris-Presse*, citant Alexandre Dumas, comparait Givenchy à Porthos, l'un des trois mousquetaires, Patou étant Athos, alors qu'Aramis était représenté par Jacques Fath et Madeleine de Rauch. Pour d'Artagnan, personne d'autre que Christian Dior, bien sûr... « Hubert de Givenchy, avec toute la fougue de Porthos, a enlevé au pas de gymnastique sa collection au milieu de l'enthousiasme général. Il nous a laissés sans souffle, après deux cents modèles-idées qui font de lui le grand jeune couturier de Paris. En présentant une collection où 75 % des modèles sont imprimés, il bouleverse notre optique [3]. » Après le défilé, les *happy-few* purent faire une halte à la boutique, dont les mannequins fixes avaient été tendus de velours rouge, afin de rappeler la teinte des camélias ornant les lustres. Givenchy y avait disposé de fragiles bibelots découverts au gré de ses pérégrinations, ainsi que des lunettes de soleil en bambou doré, des bracelets feuillage, des boucles d'oreilles cacahuètes ou escargots, mais aussi un sac d'osier verni baptisé Bettina et des cabas frangés garnis de grandes anses en cuivre... tous sortis de son imagination, ces accessoires enchantaient ses clientes les plus jeunes, et l'ensemble des rédactrices.

Les mois qui suivirent confirmèrent son succès. Premières couvertures pour *Elle* [4]... Nouveau contrat de licence, pour des cravates, à la demande de la firme Edgar S. Bibac Inc., aux Etats-Unis... Prix d'élégance remporté par une robe de linon blanc brodée de citrons au gala de *la Belle et la Bête*, donné en avril aux Ambassadeurs, au bénéfice des « Amis de la Banlieue »... Agrandissement de la Cathédrale par l'acquisition de deux salons supplémentaires... Arrivée rue Alfred-de-Vigny des premières stars de cinéma, comme Gene Tierney, Silvana Mangano ou Lauren Bacall, venue avec Humphrey Bogart afin de renouveler entièrement sa garde-robe, et repartie en robe brodée de cosses de petits pois. Le monde du cinéma, toujours à l'affût, n'avait pas manqué de solliciter le couturier. Dès le printemps, ses ateliers concevaient les costumes féminins – une sélection d'ensembles du dernier défilé – du film *Plus fort que le Diable*, mis en scène par John Huston, d'après un scénario de Truman Capote, qui contait les mésaventures cocasses d'un groupe d'escrocs. « Carmel Snow m'avait demandé d'habiller les actrices principales, dont Jennifer Jones, que j'admirais beaucoup, et de les rejoindre en Italie, où se tournaient les extérieurs. J'ai donc retrouvé toute l'équipe – qui comptait également David Selznick, Gina Lollobrigida, Lauren Bacall et Humphrey Bogart –, à Ravello, dans une pension de famille. Nous sommes restés une semaine ensemble dans une atmosphère très stimulante, sans le moindre heurt, ce qui est fort rare. Le soir, Truman Capote interprétait des numéros désopilants, drapé dans des châles brodés multicolores de chez Balmain, raconte Givenchy. Bien que très divertissant, je ne l'appréciais guère car il avait déjà cette façon horripilante et malsaine de flatter les gens pour parvenir à ses fins, tout en les trahissant dès qu'ils avaient le dos tourné. Capote avait l'âme d'un courtisan. A l'inverse, Jennifer est devenue une amie que j'ai revue régulièrement, à Paris en tant que cliente, ou à Hollywood, car elle m'invitait à déjeuner chez elle lors de mes fréquents séjours en Californie. » Bien que salué par l'ensemble de la critique, le film ne plut guère au public, désorienté par le comique extravagant des situations, même si *Plus fort que le Diable* est aujourd'hui considéré comme un classique. Orchestré par le réalisateur du *Faucon maltais* et de *Key Largo*, le baptême cinématographique du couturier demeure une réussite incontestable.

Au début de l'été 1953, Givenchy, alors en pleine préparation de la collection automne-hiver, reçut un mystérieux appel téléphonique de son amie Gladys de Segonzac, celle qui, en 1955, parviendrait à convaincre Grace Kelly de rencontrer le prince Rainier de Monaco. « Elle avait été l'une des dernières directrices de Schiaparelli, et nous nous étions connus place Vendôme. Comme son mari représentait la Paramount dans notre pays, Gladys s'était naturellement dirigée vers le cinéma, en amenant actrices et metteurs en scène chez des couturiers. Ce jour-là, elle m'a annoncé que Miss Hepburn était à Paris, et qu'elle désirait m'être présentée. J'étais fou de joie, Katherine Hepburn que j'admirais tant ! Impossible de refuser une telle proposition, même avec le fardeau d'un défilé sur les épaules, se souvient-il. Je reverrai toujours la porte s'ouvrir, et Gladys entrer, suivie d'une timide jeune fille, mais sans Katherine, que je croyais en retard.

" Hubert, voici Miss Hepburn. "

C'est alors que j'ai vraiment remarqué cette ravissante brune en ballerines, vêtue d'un corsaire Vichy rose et blanc et d'un tee-shirt, et coiffée d'un canotier de gondolier orné d'un ruban sur lequel on pouvait lire *Venezia* ! *Vacances romaines* n'étant pas encore sur les écrans, je n'avais jamais entendu parler d'Audrey, seulement apparue dans des films mineurs. » Dans un français parfait, la jeune femme lui expliqua que Billy Wilder, réalisateur de *La Scandaleuse de Berlin* ou de *Boulevard du crépuscule*, s'apprêtait à tourner *Sabrina*. Cette adaptation d'une pièce à succès de Broadway contait les aventures de la fille d'un chauffeur de maître devenue, après un passage à Paris, la quintessence de la sophistication française. Une comédie romantique dans laquelle Audrey donnerait la réplique à William Holden et Humphrey Bogart. « Quoique très attiré par ce projet, je lui ai répondu que, malheureusement, il m'était impossible de l'aider, la future collection étant loin d'être terminée. Nous avions encore de longs jours de labeur devant nous, surtout avec si peu d'ouvrières. Chaque seconde comptait. Le problème était d'autant plus insoluble qu'une garde-robe de cinéma doit être réalisée en trois exemplaires, au moins, dans l'éventualité d'un accident. Mais Audrey, absolument irrésistible, me répétait : " Je vous en prie, il y a bien quelque chose que je puisse essayer ". A défaut de nouveaux modèles, j'ai proposée quelques prototypes de la saison précédente. Elle rayonnait et sa réaction m'a infiniment ému. »

Audrey Hepburn avait découvert le couturier alors qu'elle tournait, l'année précédente, *Nous irons à Monte-Carlo*, et, subjuguée par la singularité de son travail, elle avait pressé Gladys de Segonzac d'organiser un rendez-vous. Jusqu'à cette date, la jeune actrice n'avait jamais porté de créations haute couture, seulement des vêtements réalisés à la maison ou par les ateliers des studios de cinéma. Pourtant Audrey n'hésita pas un seul instant dans ses choix. « Nous l'avons vu se transformer sous nos yeux, déclare Philippe Venet, également présent lors de cette métamorphose désormais légendaire. Son aisance était incroyable, et sa joie celle d'une petite fille à qui l'on vient de faire le cadeau de ses rêves. Cette simplicité angélique ne l'a jamais quittée. » En accord avec le rôle, Audrey sélectionna un tailleur en ottoman gris, qui soulignait la grâce de sa silhouette de ballerine, une robe de cocktail en piqué de satin de coton noir retenue par des nœuds aux épaules, et enfin, une robe de bal en organdi blanc rebrodé de motifs floraux noirs en fils de soie, baptisée *Ines de Castro*. « Ce modèle avait été présenté par Denise Sarrault, mais avec un haut différent, en jersey noir à manches longues, note Givenchy. Audrey, qui savait déjà précisément ce qui la mettait en valeur, a préféré un bustier. A ce détail près, elle rentrait dans les trois ensembles sans qu'il y ait à rajouter une seule épingle ! La voir évoluer au milieu du salon dans cette robe de bal demeure une vision bouleversante, surtout après tant d'années. » Selon Janette Mahler, autre témoin de la scène, « elle n'était plus la même personne qu'en arrivant. Sa beauté diaphane, son chic absolument unique étaient rehaussés par les créations de Monsieur. Nous en avions le souffle coupé. »

Le soir même, Givenchy l'invita à dîner à La Fontaine des Quatre Saisons, un bistro de la rue de Grenelle. « J'avais très envie de la connaître un peu plus tant sa personnalité m'avait touché. Plus les minutes passaient, plus je me sentais proche d'elle, se souvient-il. Je n'arrêtais pas de penser " Mon Dieu comme elle est extraordinaire, comme j'ai envie de voir son film "... De son côté Audrey paraissait heureuse, très rassurée, et nous avons commencé à nous confier. Elle m'a même parlé de sa passion naissante pour Mel Ferrer, rencontré à Londres quelques jours plus tôt lors de la sortie de *Vacances romaines* en Angleterre. Très vite, Audrey m'a dit que, dorénavant, elle me considérerait comme son grand frère. Notre immense tendresse remonte à ce soir-là, et j'ai toujours pensé que cette rencontre était prédestinée.» Tout comme Saint-Simon évoquant le premier face-à-face entre Fénelon et madame Guyon du Chesnoy, on pourrait écrire, non sans malice : « Il la vit, leur esprit se plut l'un à l'autre, leur sublime s'amalgama.»

Les parallèles entre Audrey et Hubert sont déclinables à loisir. En premier lieu, la jeune femme était née dans une famille noble, tout comme le couturier. D'origine anglo-irlandaise, son père, qui descendait du comte de Bothwell, troisième époux de Marie Stuart, avait été successivement diplomate puis homme d'affaires, alors que sa mère, la baronne Ella van Heemstra, appartenait à une illustre famille néerlandaise. « Que ce soit au service de l'Etat ou dans l'armée, ses ancêtres avaient exercé de hautes fonctions aux Pays-Bas depuis le xiie siècle, déclare Barry Paris, biographe de l'actrice. Si dans sa vie Audrey eut sa part de problèmes, elle n'eut jamais à souffrir d'une crise d'identité : dans tout le pays on trouve des portraits de ses ancêtres accrochés aux cimaises des musées et des demeures aristocratiques [5].» Notons que son grand-père maternel fut gouverneur du Surinam, alors que l'une de ses tantes était dame d'honneur de la princesse Juliana, future reine de Hollande. Ainsi qu'Hubert de Givenchy, Audrey avait également connu une enfance sans père dominée par la présence d'une mère solaire, la foi protestante, une éducation stricte et les horreurs nazies... sa célèbre minceur, si souvent jalousée, était d'ailleurs le résultat d'une grave anémie due à la malnutrition des années de guerre, au cours desquelles l'adolescente en avait été réduite à se nourrir de bulbes de tulipes. Enfin, elle aussi obligée de travailler très jeune pour subvenir à ses besoins, Audrey, après une formation de danse classique, s'était produite sur des scènes de cabarets à Londres avant de se tourner vers le cinéma. Quelques rôles oubliables, puis la rencontre à Monte-Carlo avec Colette, qui l'avait choisie au premier regard pour incarner sa Gigi sur scène à Broadway. L'intuitive romancière parlait de sa protégée comme d'« un trésor que j'ai trouvé dans les sables »... Audrey savait qu'elle venait de découvrir en la personne d'Hubert de Givenchy un frère jumeau. Sensibilité, détermination, conscience aiguë de leurs goûts en termes créatifs, vitalité, professionnalisme... Selon un producteur, l'actrice fixait « l'emploi du temps de chaque jour de telle manière qu'il n'y ait pas un instant, pas un gramme d'énergie perdus [6] ». Le même constat pouvait s'appliquer au couturier. Levés aux aurores, ils étaient capables d'une force de travail peu commune, tout en restant attentifs et disponibles pour leurs intimes. Si l'on ajoute au choix commun d'une carrière artistique, le charisme personnel des deux amis, il ne reste plus la moindre trace de hasard.

Dès que cela fut possible, Audrey l'invita en Californie à une projection privée de *Sabrina*. « Nous étions côte à côte, et j'étais très ému de pouvoir partager ces instants avec elle. A chaque nouvelle scène, on ne voyait qu'Audrey tant elle était parvenue à rendre magique ce personnage d'une Cendrillon moderne. » Lorsque l'héroïne danse avec William Holden sur le court de tennis, vêtue de la robe de bal, il se dégage un sortilège de cette scène considérée à juste titre comme un morceau d'anthologie. Plus de quarante-cinq ans après, l'émotion est toujours aussi intense. *Sabrina* proposait une nouvelle vision de la beauté féminine, d'une singulière modernité pour 1953. Avec ses cheveux courts, ses sourcils *ailes de chauve-souris* qu'elle refusait d'épiler – « des sourcils noirs qui remontent vers l'Extrême-Orient » selon Cecil Beaton, qui la comparait à un portrait de Modigliani –, la minceur fuselée de son corps de danseuse et, bien entendu, sa garde-robe Givenchy, dont l'élégante fluidité deviendrait à jamais le signe de reconnaissance de l'actrice, Audrey Hepburn, alliance saisissante d'androgynie et d'extrême sophistication, allait provoquer un raz-de-marée dans le monde entier. « Sur ses photos publicitaires de 1952, on voit une jeune fille (...) charmante mais pas particulièrement chic. C'est à *Sabrina* et à Givenchy que l'on doit l'allure qui allait devenir légendaire [7] », affirme Barry Paris, tant il est vrai que le film fut déterminant pour sa carrière. Pourtant, au générique de fin, pas une seule mention du nom du couturier... Edith Head, la célèbre costumière, dont l'égocentrisme tyrannique était bien connu, avait exigé d'apparaître seule. Furieuse car Billy Wilder et Audrey, ne trouvant pas ses créations assez *parisiennes* pour illustrer la transformation de l'héroïne, avaient fait appel à Givenchy, miss Head, qui supervisait l'ensemble des costumes du film, était décidée à se venger en exigeant des studios que l'on passât sous silence la contribution du jeune couturier. Si vous l'interrogez sur cet épisode, Hubert de Givenchy se contente de hausser les épaules en souriant. « Bien sûr, à ce stade essentiel de ma carrière, cela aurait pu être un formidable coup de pouce vu l'impact du film, mais les gens ont très vite découvert la vérité. Le plus important, c'est qu'Audrey soit devenue mon amie pour la vie. De plus, les liens très intimes que j'ai tissés avec ma clientèle américaine datent du moment où l'on a découvert qu'il s'agissait de mes robes. Maintenant, je préfère me souvenir d'Audrey me faisant découvrir Hollywood, ou m'emmenant avec elle aux premières de *Mon grand* et d'*Une étoile est née*. » Comble de l'injustice, « le seul oscar de *Sabrina* fut décerné à... Edith Head pour les costumes. Le mérite en revenait en fait à Givenchy mais celui-ci était bien trop courtois pour élever la moindre protestation[8] », écrit Barry Paris. « Audrey était bouleversée, précise Givenchy. Elle m'a téléphoné à Paris pour me dire combien cette situation l'horrifiait, et m'a promis que cela ne se reproduirait plus jamais. Et Dieu sait qu'elle a tenu parole ! » Pour sa part, miss Head accepta la statuette sans le moindre scrupule, à tel point que dans *Dress Doctor*, un livre de souvenirs publié en 1959, elle prétendait toujours avoir inventé le style *Sabrina*, si souvent copié par la suite.

Peu après le départ d'Audrey Hepburn pour les Etats-Unis – le tournage de *Sabrina* débuta en septembre 1953 –, Givenchy retrouva sa concentration habituelle pour achever la nouvelle collection, présentée loin de l'agitation qui régnait dans les rues de la capitale, alors que deux millions de Parisiens manifestaient déjà pour protester contre les réductions de personnel dans la fonction publique, et que mi-août, une grève générale paralysait le pays. La ligne *Mystère*, ainsi baptisée en clin d'œil à ses références asiatiques, ne remporta pas le succès espéré par le couturier. « Cette collection n'a pas été comprise par la presse. Très accentuée dans son thème, elle provoqua des commentaires peu flatteurs de la part de certains journalistes, alors que j'avais tenté de me surpasser. A l'époque, j'étais si exalté que mon imagination ne connaissait pas de limites. Je pouvais dessiner trois cent cinquante ou quatre cents modèles dans un état d'excitation très motivant, même si seuls deux cents d'entre eux étaient finalement réalisés. Mes collaborateurs, à commencer par Brossinette, essayaient de tempérer mon ardeur, mais je me sentais des ailes. » Le public présent ce jour-là n'a pas mesuré qu'un défilé peut être extrême, tant dans ses propositions que dans sa mise en scène. L'arrivée des mannequins – maquillage blanc *Kabuki* et cheveux *bois de rose* –, portant *Oriental Express, Ming, Opium* ou *Muraille de Chine*, était pourtant, au-delà des apparences, très représentative du travail du couturier.

Ne cédant en rien à l'anecdote folklorique ou à la facilité *costumière*, Givenchy avait à nouveau conçu des ensembles légers et gracieux, toujours aussi faciles à porter et n'ayant rien perdu de la modernité du style maison. Capucine avait beau porter une coiffe tibétaine en présentant *Bouddha d'or*, la robe de soie crème imprimée de minuscules statuettes et accompagnée d'une étole de satin noir était un excellent millésime 1953. Pour Denise Sarrault, qui présenta *Fleur de nacre, Jonque* ou *Himalaya*, sobre manteau d'esprit mandarin en tweed et castor, « le raffinement de chaque passage était inimaginable, tout en étant d'une incroyable fraîcheur. Rien de *dadame*, à l'inverse de ce qui se faisait ailleurs au même moment. J'ai aussi défilé pour Christian Dior et je me souviens encore de ces robes qui tout en vous donnant l'impression d'être enfermée dans une armure vous vieillissaient de dix ans ! L'élégance était à ce prix. Avec Hubert, la jeunesse triomphait. » Comme toujours, le couturier avait dessiné tissus et accessoires. Applications de motifs chinois en daim sur de la soie, coloris inspirés par le relief des cabinets en laque de Pékin, *satin-cuir* noir recouvert de nacre véritable, broderies réalisées par Lesage et Rébé en hommage aux paravents de Coromandel, aux cloisonnés et aux pagodes des estampes... sans oublier des manteaux de satin matelassé et des fourreaux noirs cloutés de lapis-lazuli et de jade qui feraient toujours le bonheur des femmes aujourd'hui. En dépit de la vague de controverses – car si certaines rédactrices évoquaient non sans condescendance « une chinoiserie très parisienne [9] », d'autres ne tarirent pas d'éloges sur son travail –, la collection eut pourtant de nombreuses adeptes, car les clientes passèrent outre les comptes rendus publiés. Quant à Givenchy, nullement ébranlé, il s'envola pour les Etats-Unis après avoir annoncé son projet d'ouvrir à Rome, Zurich et Buenos-Aires, des boutiques où seraient vendus, d'après ses *toiles*, des vêtements exécutés dans les ateliers locaux.

Pour la deuxième fois en quelques mois, le couturier retrouvait New York avec un plaisir infini. Au printemps, il avait de nouveau apporté son concours au bal *April in Paris*, organisé chaque année au Waldorf Astoria au bénéfice de l'hôpital français de la ville, mais en septembre, il était invité à participer à un festival international de la mode, avec la responsabilité considérable de représenter son pays aux côtés de Sybil Connolly (Irlande), de Manuel Pertegaz (Espagne) ou d'Emilio Pucci (Italie). C'est ainsi qu'un soir, alors qu'il venait d'apparaître à un cocktail donné par Iva Patcévitch, président du groupe de presse Condé-Nast, son amie et cliente Patricia Lopez-Willshaw lui fit une proposition qui modifia en profondeur son existence.

« Elle s'est approchée de moi et m'a annoncé que Cristobal Balenciaga était présent. Si je voulais toujours autant lui être présenté, rien n'était plus facile pour elle... Inutile de dire que j'étais bouleversé, car rien ne m'avait préparé à le rencontrer aussi brutalement, après tant d'années d'admiration, se souvient Givenchy. Bien sûr, j'ai accepté avec empressement la proposition de Patricia, et nous nous sommes dirigés à l'autre extrémité du salon, où un homme portant des lunettes fumées se tenait à l'écart. Il nous a accueillis avec ce doux sourire, si caractéristique chez lui, et en moins d'une seconde, nous bavardions à bâtons rompus. Cristobal, qui avait parfaitement compris combien j'étais submergé par l'émotion, a fait l'impossible pour me mettre à l'aise. Il est allé jusqu'à me dire combien il avait apprécié une de mes créations en organdi blanc brodé de muguet. Est-il possible d'être plus délicat ? Très vite, rassuré, j'ai été conquis par sa spontanéité, à tel point que je lui ai avoué avoir été éconduit par sa directrice à l'âge de dix-sept ans. Bien entendu, il l'ignorait et nous en avons ri. » Le lendemain, Balenciaga invitait son jeune confrère à déjeuner à l'Aiglon, l'un des restaurants les plus en vue de Manhattan. « Nous avons repris notre conversation passionnée là où elle s'était arrêtée. Cristobal, qui se trouvait en Amérique pour ses parfums, était furieux car on venait de lui proposer de créer des cravates à son nom. " Jamais de la vie ! ", ne cessait-il de répéter. " S'ils imaginent que je vais faire la putain ! " J'ai tenté de l'apaiser en lui expliquant que les licences seraient intimement liées à l'avenir de notre profession, mais il trouvait l'idée d'une grande vulgarité. Sa fidélité au raffinement était telle que Cristobal refusait des contrats, aussi avantageux fussent-ils financièrement, s'il estimait devoir se brader. Mais ce jour-là, je l'ai surtout interrogé sur l'origine de sa vocation, et comme avec Audrey, nous avons discuté sur le ton de la confidence. Il fut vraiment à la hauteur de mes espérances, et ce durant nos vingt ans de complicité. » Dire que Cristobal Balenciaga et Hubert de Givenchy, entrés en haute couture comme d'autres choisissent le séminaire, étaient faits pour devenir inséparables, relève de la litote. Culte du travail, refus de l'improvisation, volonté sans frontières au service d'une recherche constante de perfection – Balenciaga pouvait *ciseler* de nouveaux modèles vingt-quatre heures durant sans manifester le moindre signe de fatigue –, émotivité exacerbée, que seules des manières impeccables en toutes circonstances, et par conséquent une absence de familiarité envers autrui, canalisaient tant bien que mal. Si Givenchy avait trouvé une muse en Audrey Hepburn, il découvrait maintenant avec Balenciaga un mentor, tout à la fois « maître, père spirituel et ami », ainsi que le résume parfaitement Susan Train.

Que n'a-t-on pas écrit sur Cristobal Balenciaga ? Ascétisme, intégrité, altesse impériale des couturiers, le plus important qui ait jamais existé, selon la plupart des experts... « De l'hidalgo, Cristobal Balenciaga, Espagnol de Paris, tient le poil noir, le profil d'aigle, l'alternance de courtoisie glacée et de brûlante insolence, la générosité sans borne et la culture systématique du mystère, écrivait le chroniqueur Lucien François en 1962. Ce dandy (...) traite les reines avec une réserve ennuyée, et décourage les photographes [10].» L'énigme Balenciaga n'en finira jamais de fasciner ceux qui l'auscultent sans relâche. Ou comment un enfant pauvre élevé à Guetaria, village de pêcheurs du pays basque espagnol, en vint à imaginer les rituels d'une cérémonie fastueuse ayant pour seuls disciples les femmes les plus élégantes du XXe siècle. Né en 1895 – il avait cinquante-huit ans lors de sa rencontre avec Hubert de Givenchy, alors âgé de vingt-six ans –, Cristobal Balenciaga connut dès le berceau l'âpreté de l'existence. Père marin dont le bateau se perdit au large, mère couturière luttant chaque jour pour sa progéniture... avec pour nourriture principale des sardines grillées, et pour seul décor des embarcations recouvertes de filets et de varech, son avenir paraissait irrémédiablement tracé. Pour fuir ce quotidien désenchanté, il trouva refuge auprès d'une mère vénérée, qui l'initia à sa demande aux secrets de la couture, ravie de ce terrain d'entente inespéré dans un milieu sans surprises où les hommes devaient se consacrer à la mer. Dès lors, Cristobal déchiffra à l'infini les nuances d'une emmanchure, la secrète volupté d'une doublure, le raffinement d'une boutonnière... ses seules heures de bonheur. C'est pourtant à Guetaria même, où l'aristocratie venait l'été en villégiature, comme dans une pièce de Goldoni, que Cristobal rencontra sa bonne fée. Il fut captivé, des années durant, par l'allure de l'une de ces privilégiées, qui n'était autre que la marquise de Casa Torres, grand-mère de la reine Fabiola de Belgique. Un jour, elle l'arrêta dans la rue afin de s'enquérir de l'état de santé de sa mère, et lui demanda ce qu'il comptait faire plus tard pour l'aider. « Je créerai de beaux vêtements comme ceux que vous portez.» Amusée par cette réponse déroutante pour un villageois de douze ou treize ans, la marquise lui posa des questions bien précises sur ses aptitudes. « Je sais coudre, et si seulement j'avais le tissu, je pourrais copier aisément votre tailleur.» Prise au jeu, elle promit de lui fournir le matériau approprié, le mettant au défi de reproduire cet ensemble haute couture en shantung griffé – les sources divergent – Poiret, Chéruit ou Redfern. Bien entendu, il surmonta l'épreuve sans difficultés et la marquise devint sa bienfaitrice, lui découvrant une place d'apprenti dans une élégante boutique de Madrid où il fit ses classes. Pour parachever son *éducation*, madame de Casa Torres l'emmena même en voyage à Paris afin de lui présenter Jacques Doucet, couturier attitré de Réjane et célèbre amateur d'art.

Cristobal se consacra exclusivement à son travail dès cette époque. Un métier qu'il définissait lui-même ainsi : « Architecte pour les plans, sculpteur pour la forme, peintre pour la couleur, musicien pour l'harmonie et philosophe pour la mesure.» Incapable de s'accorder ne serait-ce qu'un instant d'oisiveté, Balenciaga était farouchement déterminé à s'imposer. Un choix stratégique qui porta ses fruits. En 1910, à l'âge de seize ans, il ouvrit son premier atelier, puis dès 1914 devint *acheteur* à Paris, se familiarisant ainsi avec les subtilités de la mode française, avant de fonder à San Sebastian, dès l'année suivante, à dix-neuf ans, sa première maison de couture, avec une trentaine d'ouvrières. La ville étant résidence d'été de la cour d'Espagne, sa clientèle ne comportait aucune fausse note. Rien ne semblait alors pouvoir le freiner dans son ascension pour le moins spectaculaire. Pourtant, après s'être également implanté à Madrid et à Barcelone – où ses salons furent baptisés Eisa, en hommage à sa mère, prénommée Eisagura –, Cristobal fut contraint de quitter son pays déchiré par la guerre civile. Il décida alors de se fixer à Paris, au n° 10 de l'avenue George-V. Ses premières collections ayant été un triomphe – la coupe parfaite de ses vêtements d'une simplicité savante firent date dans l'histoire de la mode dès 1937 –, son règne devait durer trente et un ans, jusqu'en 1968. Un règne ponctué de découvertes lumineuses comme la robe-tunique (1955) ou les inoubliables manteaux *Tortue* (1962), pour n'en citer que deux.

« Son inspiration lui vint des arènes, des danseurs de flamenco, des vareuses de pêcheurs, de la fraîcheur des cloîtres, écrivit Diana Vreeland dans ses souvenirs. Il glana ces humeurs et ces couleurs, les adaptant à ses propres goûts [11]. » Espagnoles par essence, ses créations, et particulièrement le grand soir, empruntaient leurs tonalités intenses et dramatiques aux palettes de Vélasquez ou Zurbaran, et « Goya, bien sûr, avait inspiré la grâce des dentelles noires et des rubans de satin, note Pauline de Rothschild [12], l'une de ses inconditionnelles. Mais que dire des broderies mousseuses évoquant le givre, des torrents de nacre, des soieries aux teintes claires légèrement empesées, incrustées d'or et d'argent avec tant d'habileté qu'on n'aurait pu dire laquelle, de la robe ou de la lumière, se mettait en mouvement la première ? Il y eut même une fois un boléro brodé de paille naturelle, couleur de l'or des Incas [12]. » On a abusé de la comparaison avec Greta Garbo, mais il est vrai que le Maître, lui aussi d'une surprenante beauté, préserva sans fléchir son intimité, quel qu'en fût le prix. Indépendant et pudique, il fuyait la publicité et plus encore les mondanités, à ses yeux insipides, afin de se vouer corps et âme à des recherches incessantes. Beaucoup lui reprochèrent d'être hautain et inaccessible, alors qu'il réservait sa tendresse à quelques rares proches, dont Hubert de Givenchy ferait dorénavant partie. « Lorsque nous nous sommes quittés à New York, Cristobal m'a fait promettre de lui téléphoner, une fois de retour à Paris. Bien que mourant d'envie de le faire, je n'ai tout d'abord pas osé le déranger, et seul le destin nous a remis très vite en présence. » Comme toujours dans ses propos, cette conviction, aussi intime qu'irrationnelle, que la providence joue un rôle bienfaisant dans son existence.

Quelque temps plus tard, en 1954, le public apprenait avec stupéfaction le décès de Jacques Fath, à quarante-deux ans, des suites d'une leucémie. Givenchy assista aux obsèques, en l'église Saint-Pierre de Chaillot, et n'oublia jamais de lui rendre très régulièrement hommage. C'est alors qu'il fut contacté pour créer une ligne boutique dans l'esprit de *Jacques Fath Université*, qui connaissait un immense succès depuis l'été 1953. « Jean Prouvost me proposa de lancer un *Givenchy Université*, avec à la clé des conditions fabuleuses pour l'époque. Mais quand il a appris que Louis Fontaine était de très loin majoritaire, Prouvost a voulu en savoir plus. Je lui ai donc naïvement annoncé que j'avais signé pour... quatre-vingt-dix-neuf ans. " C'est de l'esclavage ! s'est-il écrié. Vous êtes prisonnier d'un contrat léonin, si jeune ! " Il ne voulait négocier qu'avec moi, seul responsable de la création, rappelle-t-il. Mais Louis Fontaine est resté sur ses positions, plus inflexible que jamais. Nous étions dans une impasse, et cette situation me paraissait d'autant plus injuste que je travaillais quinze heures par jour. A la suite de notre entretien, j'ai compris, consterné, qu'à chaque nouveau contrat proposé, tous les bénéfices iraient à la société. Seules quelques miettes me reviendraient! J'avais toujours un salaire dérisoire, bien moins important que chez Schiaparelli, alors que la maison connaissait un essor fulgurant!»

Très découragé, Givenchy trouva refuge auprès de ses intimes. Suzanne Lulling, la directrice des relations publiques de Christian Dior, une amie avec qui il allait très souvent danser, lui conseilla d'aller s'oxygéner à Majorque, qu'elle venait de découvrir. «Peu avant de partir, Marie-Louise Bousquet m'appela pour me dire combien Cristobal Balenciaga était déçu par mon silence. " Il faut le contacter au plus vite ", s'est-elle indignée. J'ai eu beau lui expliquer combien ma vie était confuse, elle a insisté sans faiblir. " Balenciaga est chez lui, dans sa maison près d'Orléans, téléphone-lui et passe le saluer en chemin. Je suis certaine que cela te fera le plus grand bien. ". Cristobal m'a invité à la Reynerie, où je fus accueilli très chaleureusement. Le revoir a été pour moi un bonheur mêlé de soulagement, et sa maison, si rassurante, était à son image.»

Un manoir en briques roses du XVIIe siècle, construit sur la rive d'un canal, était la thébaïde du Maître. Dans une atmosphère aussi sereine, Givenchy se confia sans hésiter à son aîné. Ce dernier, qui se battait sans relâche depuis l'enfance, et qui contrairement à Hubert avait connu un succès parisien tardif, à plus de quarante ans, avait l'expérience nécessaire pour évaluer son désarroi, et la lutte qu'il devrait mener pour obtenir gain de cause. «Je devais dîner puis repartir aussitôt, mais nous avons discuté presque toute la nuit. Cristobal, à qui j'ai raconté mes mésaventures, était scandalisé. " Il faut racheter votre affaire au plus vite et être enfin indépendant. " Le lendemain matin, en repartant, je me sentais déjà moins agité.»

Au début des années cinquante, les Baléares n'étaient pas encore dévastées par le tourisme. Pendant une dizaine de jours,

Givenchy profita de cette nature miraculeusement préservée et, entre deux bains de soleil, partit en pèlerinage sur les traces de George Sand et Frédéric Chopin à la chartreuse de Valdemosa. Mais rien ne pouvait le soustraire à ses tourments. « J'étais obnubilé par ce que m'avait dit Jean Prouvost, et je cherchais en vain des solutions. J'ai cru devenir fou. » Jusqu'à ce qu'il se souvînt que Cristobal Balenciaga lui avait suggéré de consulter un homme de loi, seul capable de l'éclairer sur une situation aussi complexe, tant financièrement que juridiquement. Dès son arrivée à Paris, il invita Christian Dior à déjeuner au Plaza-Athénée afin de lui demander les coordonnées de son avocat, dont on disait le plus grand bien. Dior, le plus attentif des amis, approuva sa démarche sans réserve. Pour le remercier, Givenchy lui offrit une théière en argent en forme de cygne. Un hommage poétique à la campagne de publicité du parfum *Miss Dior* pour laquelle René Gruau avait dessiné un cygne blanc dont le cou s'ornait d'un sautoir de perles et d'un nœud en velours noir.

« Je n'ai pas été surpris d'apprendre que mon salut dépendait du rachat de la griffe. L'avocat de Christian a été très catégorique, et son avis rejoignait celui de Cristobal. Si je ne me décidais pas, les conflits n'étaient pas près de s'achever, explique Givenchy. Plus paniqué que jamais, j'ai revu Cristobal, qui m'a tout simplement proposé de... me prêter l'argent nécessaire. " Il faut surtout que vous puissiez créer l'esprit libre. " Cela me paraissait inenvisageable, et j'ai tout d'abord refusé, mais Cristobal m'a répondu qu'il avait confiance en moi et que sa décision était prise. Personne ne sait combien il a été généreux et désintéressé car il refusait que j'en parle. Bien entendu, je l'ai remboursé, après l'avoir nommé actionnaire principal à 75 %. Mon attitude l'amusait, et il a toujours refusé d'en tirer le moindre bénéfice. A sa mort, on a retrouvé les actions dans une enveloppe au fond d'un placard. Cela donne toute la mesure du personnage extraordinaire qu'il était. » Enfin autonome, Givenchy put signer avec Jean Prouvost et présenter sa première collection d'*homme libre*, la saison automne-hiver 1955-1956.

VI

Mac-Mahon 20-39

Hubert de Givenchy adopta dès 1954 un style de vie effréné qui serait le sien jusqu'à ce qu'il se retire, en 1995. Collections haute couture et boutique, promotion constante de son travail à travers les médias, voyages incessants aux quatre coins du globe, participation à de nombreux projets – œuvres caritatives ou films... Il commença l'année en présentant la saison printemps-été, placée sous le signe des... porte-bonheur, tel un indice de son humeur radieuse. Un état d'esprit contagieux si l'on en croit les réactions des cinq cents invités présents le 5 février pour découvrir ses dernières innovations, alors que Givenchy – épuisé par la fatigue des semaines passées et le trac – ne retenait plus ses larmes en coulisses. Il n'avait pourtant rien à craindre car le public, extasié, fondit comme neige au soleil devant l'exubérance juvénile des créations proposées.

« Des coloris frais – tous les tons du ciel –, des lainages secs et légers, des cotons fleuris (servent) de base à cette collection créée dans la joie de vivre [1] », résuma *Le Figaro*. Les robes les plus applaudies avaient été ornées des traditionnels signes de chance – poisson, blé, muguet, tortue... –, et accessoirisées de coiffures adéquates : fer à cheval en paille et satin ou canotier de tulle recouvert de trèfles à quatre feuilles, ainsi que l'était aussi la robe de mariée. Autre thème, le XVIIIe siècle, mais revu et corrigé dans une interprétation contemporaine. Toiles de Jouy, cupidons avec arc et carquois, vendanges de gravure, fêtes galantes... « J'avais également pris des photos de lustres de Venise, que l'on avait reproduits, de façon estompée, sur une gaze très fine, rappelle Givenchy. Le résultat, avec cet incroyable scintillement du cristal, était éblouissant. » Un travail de haute précision réalisé par Brossin de Méré, Brivet, Dognin, Hurel ou Simonot Godart. Mais comme le souligna une rédactrice, « le XVIIIe siècle en somme n'est là que pour témoigner de son goût du bonheur et de son pittoresque encore inexploité. Les modèles sont à la pointe de l'actuel, précis et souples, dépouillés et nonchalants, heureux [2]. »

La synthèse du style Givenchy 1954 était parfaitement illustrée par une robe du soir de coton blanc rebrodée d'une sarabande de singes musiciens en laines multicolores que le couturier, toujours à la recherche de nouvelles inspirations, avait découverte sur des fresques de Christophe Huet lors d'une visite à Rohan-Soubise. Le même passage réalisé en satin précieux et fils de soie n'aurait pas eu une telle modernité de concept. Comme toujours, Givenchy jouait avec dextérité sur les contrastes les plus inhabituels. « Cette tenue, qui bien que d'une grande simplicité exigeait beaucoup de personnalité pour la porter, a été commandée par la comtesse Mona Bismarck et par la duchesse de Windsor. Toutes deux venaient s'habiller à la maison pour la première fois, et le rôle qu'elles tinrent dans mon existence par la suite fut essentiel. » Notons que, des années plus tard, la duchesse offrit cette robe à la Historical Society of Baltimore, désireuse d'exposer de manière permanente un exemple représentatif de l'élégance de sa plus célèbre concitoyenne.

Galvanisé par l'accueil réservé au défilé, Givenchy paraissait inépuisable. Dès mars, il partit s'isoler quelques jours à l'Alpe d'Huez pour dessiner la collection de demi-saison, sur la terrasse ensoleillée de La Ménandière. De ce séjour studieux, naquirent les plus irrésistibles blouses de casino en organdi brodé de fleurs de jasmin, portées avec des jupes *paysanne* haute couture en taffetas. Le mois suivant, il se rendit de nouveau à New York, pour collaborer au bal *April in Paris* mais aussi définir les termes d'une collection entièrement réalisée en coton blanc à l'usage des Américaines. Et dès son retour à

Paris, il concevait lui-même les nouvelles vitrines de la boutique – des dizaines d'œufs de Pâques sur un gazon vert menthe –, alors que ses confrères préféraient en laisser le soin à des spécialistes. En juin, il participa au *Bal à Versailles*, donné au profit de la Ligue française contre le cancer, dans le cadre idyllique du hameau de la reine. Givenchy habilla de linon ou de batiste bon nombre d'élégantes et croisa Lise Deharme costumée en Marie-Antoinette, Elsa Maxwell, le prince Ali Khan, Jacqueline Patenôtre – le plus séduisant des députés –, sir Gladwyn Jebb – l'ambassadeur de Grande-Bretagne –, Zsa Zsa Gabor – *fermière* blond platine des plus hollywoodiennes –, ou la princesse Ghislaine de Polignac, musant à dos d'âne, telle une bergère de Watteau. «Aujourd'hui, cela a l'air d'une plaisanterie, mais la préparation d'une telle fête, jusqu'au plus simple masque, procurait des semaines de travail aux ateliers», précise le couturier. Dès cette période, la presse publia régulièrement des clichés de ses clientes les plus célèbres vêtues de ses dernières créations. Citons Michèle Morgan en couverture du *Cinémonde Spécial Festival de Cannes 1954*, ou bien encore Marlène Dietrich – qui à cette date triomphait dans un tour de chant au Café de Paris de Londres –, photographiée à l'aéroport du Bourget dans un tailleur framboise sur lequel elle avait épinglé son ruban de la Légion d'honneur.

«Hubert, c'est *L'Homme pressé* de Paul Morand!» La comparaison revient régulièrement dans les propos de ses proches. «Sa capacité de concentration est prodigieuse, explique Philippe Venet. Il peut travailler chaque jour sur plusieurs projets avec le même perfectionnisme, où qu'il se trouve géographiquement. Paris, New York, Tokyo, Saint-Pétersbourg... peu importe. Loin de diminuer son énergie, les voyages stimulent son imagination, et il aime cette atmosphère de perpétuel changement.» Il n'en négligeait pas pour autant sa vie privée, source d'équilibre farouchement préservée. Le couturier, qui venait de remplacer sa M.G. – revendue à son complice Jean-Pierre Pedrazzini – par une américaine dernier cri, s'évadait régulièrement de la rue Alfred-de-Vigny. Baignades à Jouy-en-Josas – dans le parc de l'actuelle école H.E.C. – avec Suzanne Lulling, dîners intimes chez Maxim's donnés par l'inénarrable Maguy Vaudable, pauses cinéma et théâtre avec Philippe et Capucine, déjeuners chez Cristobal Balenciaga dans son appartement de l'avenue Marceau, ou soirées en tête à tête avec Béatrice, dont la plus grande joie était de l'entendre conter ses dernières péripéties. Mais une fois ces parenthèses refermées, Givenchy reprenait son rythme frénétique.

En juillet 1954, la collection automne-hiver reprenait en le déclinant le thème du xviiie siècle, avec notamment un imprimé exclusif reproduisant sur satin des lambris dorés, ou des capuchons dans l'esprit des dominos vénitiens. L'usage qu'il fit d'associations inédites de fourrures constitua l'un des temps forts du défilé, en particulier une veste *sport* en ocelot gansée d'hermine et boutonnée de perles géantes, portée par Denise Sarrault qui présenta également *Paon*, robe de taffetas noir achetée par plus de cinquante clientes. Michèle Morgan, au premier rang, porta son choix sur un tailleur en velours côtelé parme agrémenté d'une cravate de vison saphir, assorti à ses yeux. La collection, montrée successivement à Stockholm, Londres, Casablanca, et à travers l'Amérique du Sud, fut un triomphe en termes de commandes. Ainsi, entre 1952 et 1954, Givenchy passa de cinq à cent vingt ouvrières. Des chiffres éloquents.

Dès l'automne, il était devenu un oracle en matière d'élégance, et le numéro de téléphone de sa maison de couture – Mac-Mahon 20-39 – flottait sur les lèvres les plus séduisantes de la planète. A tel point que, fin septembre, l'hebdomadaire *Elle*, son allié de toujours, proposa à des milliers de lectrices de se familiariser à leur tour avec son travail, pendant plusieurs semaines d'affilée. « C'est Hubert de Givenchy qui a donné à la mode son air de jeunesse. Avant même de connaître son nom, vous avez porté ses blouses d'organdi à manches gonflées. Vous avez été prises de la folie du coton, de la broderie de Saint-Gall, des imprimés jamais vus ou du blanc blanchisseuse. (...) Tout ce qui, dans l'air, était inscrit comme le signe de la (...) joie, du spontané et aussi du pratique est devenu la réalité, une mode, la vôtre. Pourquoi ? Parce qu'il y a eu Hubert de Givenchy, ce grand garçon inspiré au visage enfantin, mais au talent autoritaire[3] », peut-on lire dans le premier numéro. Le couturier, conscient de ne s'adresser ni à Patricia Lopez-Willshaw, ni à la duchesse de Windsor, leur parla le plus naturellement du monde. « Dès le jour où j'ai possédé une boutique à moi, j'ai cherché à comprendre leurs problèmes, à résoudre de la façon la plus simple leurs soucis vestimentaires [4] », déclarait-il à propos de ses clientes. Une profession de foi... et de vraies astuces pour des lectrices qui, bien qu'ayant des revenus limités, refusaient de sacrifier leur séduction. « Si l'on me demandait de créer une robe de base, susceptible de convenir à toutes les femmes, quel que soit leur âge, et d'être portée dans toutes les circonstances, je choisirais un modèle extrêmement simple, qui se transformerait en trois ou quatre tenues différentes, à l'aide d'un simple changement d'accessoires [5] », leur conseillait-il judicieusement, car si aujourd'hui une telle recommandation tombe sous le sens, il n'en était rien à l'époque. « Avec une coupe aussi (...) austère, ma robe serait forcément élégante. Elle pourrait alors aisément être la clef de toute votre garde-robe. Il vaut infiniment mieux à mon avis n'avoir qu'une seule robe parfaite dont vous changerez l'aspect grâce à des chapeaux, ceintures, gants différents... » Déculpabilisant alors que le monde entier était frappé de *diorite* aiguë !

La découverte de son univers par un public toujours plus large connut un nouvel essor le 6 octobre, à travers une émission de télévision consacrée aux plus grands magazines féminins, et plus particulièrement *Elle*, qui proposa aux spectateurs de *rencontrer* aussi bien Françoise Sagan, qui venait de publier *Bonjour tristesse*, qu'Hubert de Givenchy, choisi entre tous les couturiers. Quelques jours plus tard, en novembre, la presse était encore au rendez-vous lors de la remise des prix du deuxième concours du Secrétariat international de la laine. Parmi les lauréats, le tout jeune Yves Saint Laurent, dont le modèle primé fut réalisé par les ateliers de la Cathédrale. Ainsi, la première création haute couture Saint Laurent était-elle frappée du sceau Givenchy.

En 1954, Nasser devint Premier Ministre en Egypte, le F.L.N. d'Ahmed Ben Bella exigeait l'indépendance de l'Algérie, le pape déclarait la télévision nocive pour la vie de famille, et Coco Chanel présentait sa première collection depuis 1939 alors que, au Kenya, la police réprimait dans le sang la révolte des Mau-Mau... La France consacra des personnalités dont les priorités paraissaient aux antipodes. Ainsi, l'abbé Pierre, fondateur d'Emmaüs, s'indignant qu'un bébé pût encore mourir de froid dans notre pays... Le capitaine Valérie André, qui secourait les blessés d'Indochine, alors que le Viêt-Minh triomphait en mars à Diên Biên Phu... Marlon Brando, acclamé dans *Sur les quais* et *L'Equipée sauvage*... Ou Simone de Beauvoir, lauréate du prix Goncourt pour *Les Mandarins*, qui émancipait l'esprit des femmes tout comme Givenchy leur avait offert une liberté de mouvements à laquelle elles ne renonceraient jamais plus. Pour ce dernier, l'année s'acheva comme elle avait commencé, en feu d'artifice.

Sans cesse sollicité, le couturier était partout à la fois. Entre un voyage, une interview, deux nouvelles collections à préparer, d'interminables essayages à superviser ou la célébration de la Sainte-Catherine – ses ouvrières avaient choisi trois thèmes différents : « Les corsaires à la recherche d'un trésor », « Nursery au parc Monceau » et « Les Martiens » –, Givenchy trouva le temps nécessaire pour collaborer à un bal, donné le 7 décembre au Palais des Glaces par Daisy de Cabrol au bénéfice de l'ESSOR, association destinée à secourir les enfants abandonnés. « J'acceptais toujours de participer dès qu'une cause me touchait, se souvient-il. Cela n'était plus du travail, même si nous y consacrions des heures entières. » A l'époque, de tels événements, aujourd'hui abandonnés sous cette forme alors qu'ils rapportaient des millions aux œuvres caritatives, donnaient encore lieu à d'incroyables apparitions, minutieusement élaborées. Cette fête étant placée sous le signe de l'hiver, la baronne de Cabrol – dans une création d'Antonio del Castillo mêlant tulle blanc, queues d'hermines et strass – accueillit les cosaques du marquis de Cuevas – qui n'étaient autres que les danseurs étoiles de sa troupe de ballet –, la princesse Elisabeth Chavchavadze – qui incarnait Catherine II de Russie glissant sur la Néva dans une troïka –, Alexis de Rédé en roi Ludwig égaré dans les frimas bavarois ou Simone Troubetzkoï en prince Félix Youssoupoff – celui-ci avait accepté de prêter l'une de ses tenues personnelles – sur le point de supprimer Raspoutine !

Tous ces tableaux étaient interprétés sur patins à glace, le bal se déroulant entièrement sur la patinoire où dansèrent toute la nuit Henri Sauguet, en Petit Ramoneur, les Lopez-Willshaw, Rory Cameron et lady Kenmare, Antenor Patiño, Carlos de Beistegui, le duc et la duchesse de Windsor, madame Michel Gründ – métamorphosée par Christian Dior en boule de neige sur le point de provoquer une avalanche – ou Charlie Chaplin, entraînés par Marc Dœlnitz, un intime de la rue Fabert, dans une farandole endiablée... Givenchy, très remarqué avec Capucine à son bras, conçut personnellement l'arrivée d'Hélène Hersent – célèbre collectionneuse de toiles de Balthus –, costumée en Bécassine et accompagnée d'un véritable troupeau d'oies, ainsi que celle d'Hélène Rochas et Zozo de Ravenel, qui représentait une miniature hollandaise.

« Hubert avait un vrai talent pour les costumes historiques qui n'était pas sans rappeler Bébé Bérard, explique Hélène Rochas d'une voix suave. Quel dommage qu'il ne l'ait jamais exploité au théâtre ou au cinéma. J'ai gardé un souvenir merveilleux de cette robe de velours vermillon, agrémentée d'une fraise et d'un chapeau d'une hauteur vertigineuse », qui évoquait le couvre-chef de *L'Escamoteur* de Jérôme Bosch. Dès 1954, date à laquelle son époux décida de fermer les portes de leur maison de couture, Hélène – considérée à juste titre comme l'une des grandes beautés du XXe siècle – vint souvent rue Alfred-de-Vigny. « Hubert a toujours été un gentilhomme, mais sans rien perdre de sa spontanéité. Je pouvais lui suggérer une autre couleur ou un changement quelconque, cela n'était jamais un drame, comme avec tant d'autres couturiers, pour qui une proposition pareille relève de la plus haute trahison ! Il a toujours échappé à des comportements aussi ridicules. Cette hystérie *couture* si commune... » Longtemps présidente et ambassadrice des parfums qui portent son nom, Hélène Rochas a la grâce de nous faire croire que l'élégance – « une présence en même temps qu'un effacement » – n'est pourtant pas une servitude. « Hélène sur le point d'être fée... », écrivit Paul Eluard à son propos... On a tout dit sur le salon qu'elle tenait déjà à vingt ans – Aragon ou Cocteau s'y pressaient –, ses collections d'art 1925, le bal *My Fair Lady* qu'elle donna en 1965 à la Grande Cascade du bois de Boulogne, son jardin blanc – le premier créé à Paris –, ou bien encore la finesse de sa taille pour laquelle son mari-pygmalion aurait inventé la guêpière... Son prestige servait la cause des couturiers. « Dans un célèbre restaurant de Saint-Germain-des-Prés, Mme Marcel Rochas portait un ensemble noir de Givenchy (...) et une coiffure de feutre pervenche découpée à ravir sur sa blonde chevelure [6]. » Lorsque des lectrices – clientes en puissance dans certains cas – lisaient dans la presse de tels comptes rendus, leur seul désir était de ressembler à une femme aussi charismatique. Quand on évoque aujourd'hui devant elle ces chroniques mondaines au charme suranné, Hélène Rochas sourit, chassant le compliment d'une main délicate. « Au-delà des clichés, cela donne une idée très juste de notre quotidien, car il est vrai qu'alors, nous avions le temps, seul vrai luxe, de converser, de nous habiller, de voyager ou de séduire... Hubert est lié pour moi à ce style de vie raffiné qui semble maintenant si lointain. Chacune de ses créations suggère un souvenir particulier. D'ailleurs, je me rappelle parfaitement la tenue dont il est fait question dans cet article. Il s'agissait d'une robe *existentialiste*, avec un effet de col roulé, mais chaque pli de la jupe était doublé de moire. De la très grande haute couture. Mon mari, qu'il était impossible de duper, en resta ébloui. L'apparence extrêmement moderne de ce modèle ne sacrifiait pas la perfection technique, seul réel critère de sélection en ce domaine. C'était remarquable, surtout pour un garçon aussi jeune. N'oublions pas qu'il avait vingt-cinq ou trente ans. »

Point d'orgue de l'année 1954, la décoration de Noël des salons et de la boutique, entièrement imaginée par Givenchy, qui les tapissa de gui et de bouquets de houx. A l'entrée, un mannequin de couturière habillé de rameaux de sapin givré accueillait les clients – parmi lesquels Mel Ferrer venu chercher une surprise pour Audrey Hepburn –, et le couturier avait disposé partout des piles de cadeaux. Les vêtements présentés suivaient le même thème, ainsi ces *imperméables de minuit* en satin-cuir blanc ou une étonnante *jupe de châlet* en coton noir rebrodée de flocons de neige en cristal de roche, destinée à un réveillon de fées.

Pourtant, la reconnaissance de ses talents n'empêchait pas Givenchy d'être, au plus profond de lui-même, insatisfait. « En rencontrant Cristobal Balenciaga, j'ai eu l'impression de ne rien savoir de notre métier, constate-t-il. Plus je découvrais l'homme et son travail, plus j'avais envie de me perfectionner à ses côtés. Personne n'a jamais égalé un tel prodige ! Ses robes avaient l'air de n'avoir pas été touchées, elles flottaient miraculeusement... c'était le mystère Balenciaga. » Aujourd'hui encore, Hubert de Givenchy compare toujours les créations de son Maître à des œuvres d'art. Il évoque « Patricia Lopez-Willshaw apparaissant tel un Winterhalter, dans la salle de bal tapissée de coquillages de son hôtel particulier de Neuilly, vêtue d'une robe du soir bouillonnée, en tulle point d'esprit sur un fond légèrement rosé, et portant deux ailes d'ange en diamants dans les cheveux », ou bien encore « la duchesse de Windsor dans un fourreau merveilleusement simple de couleur jonquille assortie à ses fibules de diamants jaunes. Elle était encadrée par l'une des fenêtres de l'hôtel Lambert et me faisait un signe de la main, aussi parfaite qu'un tableau ». Il va sans dire qu'à chaque nouvelle saison, Givenchy se rendait aux collections Balenciaga avec la même ferveur, captivé par cette alliance de raffinement et d'imagination unique dans l'histoire de la mode. « Une fois le dernier modèle disparu, j'avais les larmes aux yeux et Cristobal tentait, en vain, de me réconforter, se souvient-il. Mais mon émotion était incontrôlable face à tant de beauté. » Certains jugeront sa réaction excessive, et pourtant tous ceux qui assistèrent à une présentation avenue George-V paraissaient eux aussi envoûtés. « On ne savait jamais ce qui nous attendait à un défilé Balenciaga. On pouvait s'évanouir. On pouvait avoir une attaque et mourir, s'exclame Diana Vreeland, éminence grise des pages d'*Harper's Bazaar* et de *Vogue*. Gloria Guinness glissait de sa chaise sur le sol. Chacun repartait l'écume aux lèvres, la foudre était dans l'air [7]. » Givenchy vint le voir travailler dans ses ateliers de Madrid et Barcelone. « Un magicien – ou un chirurgien esthétique ! – n'auraient su mieux faire. Je me souviens encore comment il est parvenu à rendre mince et droite une vieille marquise aussi volumineuse que bossue, et cela uniquement par un jeu d'épingles, quelques pinces, un col projeté en arrière.

J'apprenais à chaque nouvelle rencontre... mais si, par hasard, je lui demandais le moindre conseil, il me répondait toujours : " Soyez naturel. Que les choses viennent vraiment de vous. " » C'est en le voyant évoluer spontanément à Paris comme dans son pays natal que Givenchy comprit qui il était vraiment. « Personne ne sait que de nombreuses familles dépendaient financièrement de lui. Cristobal reversait une part importante de son salaire à des êtres démunis, qui vivaient de ces mensualités, et abusaient peut-être, dans certains cas, de sa compassion. C'était vraiment l'homme de la ligne droite. Tout était net et sans détours dans sa vie comme dans ses créations. »

Pour présenter la collection printemps-été 1955, Givenchy engagea Jacky, un mannequin qui ressemblait de façon troublante à Audrey Hepburn. La jeune femme rejoignit la célèbre *cabine* de la Cathédrale, constellation d'étoiles filantes prénommées Capucine, Zoé, Beryl, Colette, Peggy, Caroline, Francine, Pia, Joan – très vite partie pour épouser le comte Moncada à Rome –, ou bien encore l'énigmatique Denise Sarrault. Cette dernière – affectueusement rebaptisée « tombée dans la farine » par son ami Jacques Chazot, en clin d'œil à sa pâleur lunaire – vivait à l'année dans un palace parisien, l'hôtel de la Trémoille, et comptait parmi ses admirateurs Fred Astaire, un diplomate argentin joueur de polo ou un prince iranien... L'arrivée de Jacky – que *Paris-Presse* décrivit comme un « fin gavroche à mine chiffonnée [8] » – était très révélatrice des nouvelles inspirations du créateur. « Hubert de Givenchy a tout vu à travers la beauté d'Audrey Hepburn [9] », résumait *France-Soir*. Un constat qui soulignait une étape décisive dans la carrière du couturier. Car si comme toujours le défilé se caractérisait par l'inventivité de ses propositions – manteaux de fourrures *frais* pour la belle saison, tissus en hommage au célèbre orfèvre florentin Benvenuto Cellini dans lesquels furent réalisées les robes habillées les plus modernes de l'année, organza brodé de chutes d'eau cristalline sur fond de glacier, poches-nœuds... –, la personnalité de l'actrice était omniprésente dans le choix d'une silhouette déliée à l'extrême, caractérisée par une longueur inédite de buste et de jupe. « Je ne cherche pas le coup d'Etat, déclarait alors Givenchy, je m'efforce plutôt, à chaque saison, de parfaire un style que j'ai voulu mien [10]. » Ainsi ces tailleurs à courtes basques – en tweed mandarine, en lainage jonquille, en toile corail ou en tussor parme – qui effleuraient légèrement le corps, ou ces fourreaux de grand soir destinés à des clientes-lianes.

L'un des modèles avait été baptisé *Sabrina*, en clin d'œil au film éponyme sorti le lendemain même, 4 février, sur les écrans parisiens. Troisième meilleure recette au box-office américain pour 1954, *Sabrina* fut accueilli triomphalement en France, et le service de presse de la Paramount en fit l'événement cinématographique de l'année. Albums de la bande originale dans les vitrines de plusieurs dizaines de disquaires, boutiques de vêtements décorées dans l'esprit Hepburn-Givenchy, cadeaux offerts à chaque petite fille née le 4 février et baptisée du prénom de l'héroïne, concours de sosies, conférence de presse donnée au Ritz par Audrey, qui dès le mois de novembre 54 avait joué les mannequins d'exception en présentant une sélection de robes Givenchy dans plusieurs villes de Hollande au profit des grands mutilés de guerre, transformant ainsi son voyage de noces avec Mel Ferrer en croisade humanitaire. A tel point que le décolleté *bateau* de la robe de cocktail qu'elle portait à l'écran devint immédiatement le décolleté *Sabrina*. Le film accéléra non seulement la notoriété de Givenchy à travers le monde, mais il lançait également le duo le plus renommé du mariage entre le cinéma et la mode.

A partir de cette date, Audrey – dont la transformation radicale fut très vite copiée par des milliers de clones – devint sa plus fidèle cliente, commandant une demi-douzaine de modèles à chaque saison. « Ses vêtements sont les seuls dans lesquels je me sente moi-même », devait-elle souvent déclarer. Tous deux avaient créé une nouvelle image de la femme, à la fois délicate et mutine, romantique et contemporaine, innocente et sophistiquée. Un idéal à mille lieues des bombes sexuelles – Marilyn, Ava, Jane, Lana, Betty, Rita, Sophia, Gina, Anita... – qui faisaient alors fureur. « Cette fille va peut-être réussir à elle toute seule à rendre les seins démodés, constatait Billy Wilder, connu pour l'impertinence de ses remarques. Les réalisateurs ne seront plus obligés d'inventer des angles où la fille se penche très fort en avant pour un verre de scotch-soda [11]. »

Dès lors, la presse n'eut de cesse de la photographier dans les créations imaginées pour elle par Givenchy, car les journalistes avaient très vite mesuré l'influence déterminante de leur collaboration sur les mouvements de mode. Les mois suivants, Hubert fut d'ailleurs sollicité pour divers projets cinématographiques – comme *Oasis* d'Yves Allégret avec Michèle Morgan ou *Les Mauvaises Rencontres* d'Alexandre Astruc, adaptation du roman de Jacques Laurent, avec Anouk Aimée –, mais sans que se renouvelât le miracle *Sabrina*. « Ces actrices étaient toutes aussi séduisantes les unes que les autres mais il faut bien reconnaître que contrairement à Audrey, personne ne m'a jamais demandé de refaire une robe qu'elles avaient portée dans un film », reconnaît Givenchy.

Très logiquement, sa clientèle *cinéma* se précipita au parc Monceau – citons Marlène Dietrich, Anne Baxter, madame Gary Cooper et sa fille Maria Byron-Janis, Lauren Bacall, Jennifer Jones ou Brigitte Bardot, qui débutait –, ainsi que diverses personnalités comme Françoise Sagan ou Jacqueline Couve de Murville, qui emporta une garde-robe Givenchy à Washington, où son mari venait d'être nommé ambassadeur de France.

Plus que jamais, le couturier était partout à la fois. A la réouverture de la Tour d'Argent – Claude Terrail le reçut ce soir-là ainsi que le maréchal Juin, Olivia de Havilland, Louise de Vilmorin, Marie-Laure de Noailles, Léonor Fini ou Marcel Pagnol... Au théâtre de la Renaissance, à une répétition d'*Orvet*, première pièce de Jean Renoir – l'un des génies du cinéma français, réalisateur de *La Grande Illusion,* de *La Bête humaine*, du *Fleuve* ou de *La Règle du jeu* –, qui lui avait confié la responsabilité d'habiller son interprète principale, Leslie Caron... A peine eut-il le temps de s'accorder quelques jours de ski avec Philippe Venet à l'Alpe d'Huez, qu'il préparait déjà entre un voyage en Italie et un séjour à New York – où il accepta de réaliser une ligne en orlon, tissu conçu par Dupont de Nemours – son nouveau défilé, le plus décrié de toute sa jeune carrière. Et le premier de sa vie d'*homme libre*.

Ouvrant le feu début août, Françoise Giroud écrivit dans *L'Express* que « la collection a l'air, cette année, créée à l'intention d'un androgyne misogyne, mais qui a les plus beaux manteaux de Paris [12] ». Les rédactrices françaises dans leur ensemble rejetèrent la robe-chemise, qui rendait pourtant plus que jamais anachroniques les corsets baleinés, les ensembles entoilés et les paddings de ses confrères, sculptant le corps jusqu'à la caricature. « Hubert de Givenchy a choisi la liberté... Mais c'est un chemin dangereux et il arrive que l'on s'y égare ! La silhouette totalement dépouillée des robes-sacs, sans taille, sans forme, est en effet la négation du corps féminin : elles semblent plutôt destinées à habiller l'obélisque [13] ! » s'indignait *Le Monde*... alors que cette création décintrée – et seulement doublée d'un pongé fin comme une aile d'oiseau – caressait le corps sans l'engoncer, lui permettant une aisance de gestes absolue, tout en suggérant la minceur de la femme. « Givenchy a provoqué la surprise, la colère, la raillerie, le mépris, l'insulte, la polémique, la passion, en bref, *l'événement* lors des présentations des collections d'automne. Tout ce tumulte vient de ce qu'il a inventé une (...) silhouette neuve [14] », analysait *Semaine du monde*, en prenant sa défense. « Cette bataille de Givenchy, inspirée de celle d'*Hernani*, a opposé vieilles barbes et jeunes Turcs, révolutionnaires et classiques. Elle a aussi permis de constater que sur le rôle du grand couturier les opinions se divisaient et les penseurs s'opposaient. Beaucoup de gens ne demandent au grand couturier que de faire de fort jolies choses, à peine modifiées d'une année sur l'autre et susceptibles de plaire à tout le monde. Commercialement, c'est parfait, mais de telles conceptions, si elles étaient appliquées, feraient perdre à la Haute Couture sa raison d'être. En effet, le grand couturier est un « marchand d'idées », aussi bien qu'un « marchand de robes ». Ses audaces peuvent déplaire, elles n'en demeurent pas moins nécessaires à la vie de la Haute Couture. Givenchy, qui a des idées neuves, n'a pas craint d'en faire des réalités. Sa hardiesse lui coûtera peut-être cher (financièrement) mais il est certain que sa silhouette 55-56 ne restera pas la fantaisie d'une saison. Il y a en elle quelque chose de futur... » Une remarque très perspicace car Hubert de Givenchy avait fait bien plus qu'innover, il définissait une nouvelle ère de l'histoire du vêtement féminin.

Pendant des jours, un torrent d'articles, tour à tour ironiques ou hostiles, inonda les pages des magazines, et son mannequin Jacky fut même surnommée « Valentin le désossé » ou « la môme caoutchouc ». Simone Baron – sous le titre « Givenchy a fait souffler un ouragan de folie [15] » – transforma la collection en spectacle *surréaliste*. « Plus qu'un grain, c'est un tourbillon de folie qui m'attendait (...) chez Givenchy : (...) des bérets citrouilles, (...) des robes étagées comme des gratte-ciel, des ampleurs rapides d'avion à réaction, des nœuds qui s'envolent, des cœurs de diamants sur la cuisse, des boîtes à malice en hermine, des houpettes de cygne en guise de chignon, (...) des robes à bandelettes pour momies égyptiennes... Enfin, une grande débauche d'idées nouvelles, de créations farfelues soutenant une silhouette (plus qu'une ligne) parfois très belle quand elle est immobile... » Tout comme Simone Baron, le public présent le jour de la *presse* avait été stupéfié par la singularité de certains passages, ainsi ces fourrures teintes en rose ou vert, cette alliance de cuir glacé et de cygne, ou ces couvre-chefs qui auraient comblé le chapelier d'*Alice au pays des merveilles*. Haut-de-forme en mélusine duveteuse, tambourin de matador, halos faits de cerceaux géants comparés à des mobiles de Calder, bonnet-perruque en renard bleu inspiré par Davy Crockett... Une fois de plus, Givenchy accepta de justifier ses choix. « Un chapeau digne de ce nom doit être audacieux. Voyez où nous a menés la sagesse : à l'ennui. On n'en porte plus... Ne croyez pas que j'ai créé les miens au hasard et en m'amusant. Chacun est étudié pour accompagner un ensemble et s'équilibre avec lui, confiait-il lors d'une interview. Regardez... [16] Et Hubert prend en main un petit fourreau de lainage noir coupé de haut en bas par un large ruban de moire... " A cette verticale, le chapeau (...) donne la réplique, c'est la barre du T, le chapiteau de la colonne... " » Il en fallait plus pour dissiper tant d'incompréhension. « Ce que les journalistes de cette dernière décade ont totalement oublié, c'est qu'il a eu un début de carrière chahutant, rappelle Janie Samet, qui travaillait alors à *L'Aurore*. Hubert a osé faire ce que personne avant lui n'avait jamais montré, dont des chapeaux sculptures, avec des volumes géométriques inouïs. Aujourd'hui, on ne peut imaginer que son

nom ne soit pas associé au classicisme le plus strict. Il y a maldonne, et Hubert doit sourire quand il voit une création débridée. Ce que certains proposent de nos jours n'est rien par rapport à ce qu'il a pu concevoir dans un contexte extérieur beaucoup moins tolérant. »
Dédaignant plus que jamais grincements de dents et insultes, Givenchy accorda un long entretien à Françoise Bougon Colin afin de répondre une dernière fois à ses détracteurs. « J'ai pu aller jusqu'au bout de mon inspiration (et) la presse française a jugé superficiellement, parfois cruellement, une collection que j'ai créée avec ferveur. Les acheteurs, eux, y voient une orientation nouvelle lourde de conséquences et je peux vous affirmer qu'aucune de mes collections n'a été accueillie par eux avec un tel enthousiasme. Je comprends Balenciaga qui s'est enfermé dans un mutisme devenu légendaire. Les journalistes ont trop beau jeu de commenter une plume ou un ruban, d'amuser le public sans essayer d'approfondir ou de comprendre, déplorait-il. J'ai rêvé d'une femme libre, (...) qui ne serait plus cuirassée dans sa robe. Or, nous en sommes arrivés à un corsetage aussi tyrannique que celui de 1900 et cela à une époque où le rythme de la vie exige une souplesse, (...) un confort total[17]. » Convaincue, son interlocutrice concluait : « Je crois que c'est l'Amérique qui a raison. Il faut un certain héroïsme à notre époque pour sortir des sentiers battus, créer librement en ne suivant que son inspiration, son intuition... » Une allusion qui n'avait rien d'innocent.
Alors que ses concitoyennes le morigénaient pour ses créations visionnaires, les U.S.A. le portèrent aux nues, à commencer par la célèbre Eugenia Sheppard, dont les verdicts étaient attendus avec la plus grande crainte. Dans le *New York Herald Tribune* du 7 août, elle écrivait, dithyrambique, que « Givenchy est devenu le Balenciaga Junior de Paris (...). Il a eu une idée fabuleuse... Libérer le corps avec une simplicité inconnue depuis le Moyen Age[18]... » Miss Sheppard encensait la maîtrise parfaite de ses coupes, qui transformaient la robe-chemise en une création définitivement haute couture, et tout comme Françoise Giroud, elle louait également la force de ses manteaux, tel ce modèle de satin noir constitué de deux cônes emboîtés l'un

dans l'autre. Soutenue à la fois par les acheteurs et par les Etats-Unis, la collection – qui triompha à Londres en novembre – connut un succès commercial immédiat, y compris les créations les plus sophistiquées. Ainsi, ce pardessus de forme très classique mais réalisé entièrement en cygne – il ne pesait que 850 grammes –, présenté avec une toque *houpette de poudrier*. « A l'époque, on utilisait ce matériau en garniture mais jamais personne n'avait osé en faire un vêtement, précise Givenchy. Lorsque Barbier m'a apporté une série de peaux, j'ai trouvé cela divin au toucher, une texture d'une douceur incroyable, ne pouvant être comparée à rien d'autre. J'ai tout de suite fait un croquis ! Le concevoir a été une réelle prouesse technique pour les ateliers car les coutures devaient être invisibles. » Une folie commandée par Paulette Goddard et Ludmilla Tchérina. « Comme je devais être présentée à la reine d'Angleterre après avoir dansé *La Mort du cygne*, j'ai pensé que ce serait un clin d'œil amusant, se rappelle aujourd'hui la danseuse étoile, réputée pour ses apparitions spectaculaires. Je le sens encore sur mes épaules, immatériel, d'un blanc le plus pur... Le comble de la provocation et du chic ! »

La controverse en voie d'apaisement, Hubert retrouva ses nombreuses activités sans plus attendre. Cet automne-là, il se consacra avec soulagement à la décoration de la boutique, récemment agrandie par l'acquisition de la dernière partie du rez-de-chaussée encore disponible. Le couturier y disposa ses nouvelles créations, tels cet ensemble de daim rouge inspiré du folklore nordique, ou ces étonnants cardigans en chevreau vieil or travaillé comme des cuirs de Cordoue, dont l'idée lui était venue après avoir admiré de précieuses reliures anciennes. Une directrice, des vendeuses, deux collections par an entièrement conçues par Givenchy et réalisées par les ateliers de la Cathédrale, dont les prix étaient moitié moins élevés qu'au département haute couture tout en conservant l'essence de l'esprit maison... L'atmosphère n'avait plus le charme *artisanal* des débuts, et le lieu comptait de plus en plus d'inconditionnelles. L'on y croisait lady Diana Mosley, Hélène Rochas, Margaret Biddle, Brigitte Bardot, et les plus ravissantes inconnues de Paris, toutes venues découvrir la perle inattendue. « Hubert accordait le plus grand soin à la boutique, précise Philippe Venet. Il était surtout sensible au fait qu'une clientèle moins fortunée, parfois même des étudiantes, pût venir y trouver ne serait-ce qu'un simple accessoire, susceptible de les faire rêver. »

VII

L'enfant terrible de la haute couture

L'événement phare de l'année 1956 restera la nationalisation du canal de Suez par Nasser, une décision qui changera à jamais la face du monde. D'autres personnalités furent également au premier plan de l'actualité, comme Staline – désavoué par le XXe congrès du Parti communiste –, Castro – de retour à Cuba avec ses guérilleros –, Martin Luther King – organisateur de boycotts antiségrégationnistes dans les bus d'Alabama –, Albert Sabin, qui découvrit le vaccin oral contre la polio, ou Grace Kelly, épouse de conte de fées à Monaco. 1956 fut également l'année où *Dieu créa la femme* en la personne de Brigitte Bardot. Alors qu'en Angleterre l'Eglise catholique proposait la légalisation de l'homosexualité entre partenaires adultes consentants, et qu'en Hongrie Imre Nagy prenait la tête d'un soulèvement réprimé dans le sang par les chars soviétiques, une bombe d'un tout autre genre ébranlait le monde préservé de la haute couture parisienne.

Les protagonistes de ce *scandale* longuement détaillé dans les pages des magazines n'étaient autres que Cristobal Balenciaga et Hubert de Givenchy. Ils avaient en effet pris la décision commune de ne présenter leurs collections à la presse qu'un mois après leurs confrères, réservant l'exclusivité de leurs modèles aux acheteurs soigneusement sélectionnés. Une dissidence sévèrement condamnée par les exclues, furieuses de voir leur dictature remise en question – Hubert n'avait pas oublié leurs réactions face à la ligne *Mystère* ou la robe-chemise – et fermement décidées à sévir. « Quand les rédactrices de mode voyaient ma collection avant les acheteurs, elles essayaient de les influencer. Ceux-ci ne résistaient pas à l'attrait de la publicité. Il arrivait souvent qu'un seul manteau soit vendu à soixante-quinze exemplaires simplement parce qu'il avait été cité dans une chronique, alors que d'autres modèles, tout aussi réussis, à mon avis, demeuraient dans l'ombre. Maintenant le choix des professionnels est beaucoup plus équilibré. Et je préfère cela, expliqua Givenchy, plus que jamais conscient des multiples responsabilités qui lui incombaient désormais. Je me donne un mal fou quand je prépare ma collection, et je mets chaque fois ma passion et des capitaux importants dans la balance. Et puis les journalistes viennent, elles jugent, critiquent, tranchent, cherchent des formules imprévues, déclarent que " mes " femmes ont des épaules de joueurs de football ou que " mes " chapeaux ressemblent à des pots de fleurs. Cela fait sourire les lectrices, mais, pour le créateur, c'est une épreuve douloureuse. La bataille est plus juste avec les acheteurs. Quand je leur présente en premier mes modèles, je joue une partie importante. Mais s'ils achètent, eux aussi courent un risque. Derrière le rideau qui sépare la cabine des salons, je guette chacune de leurs réactions. Je me sens comme un dompteur au milieu des lions. Ils sont féroces, mais ils connaissent diablement bien leur métier [1]. » Aujourd'hui, il précise que « déjà à l'époque, même si nous avions encore une clientèle très importante, nous vivions surtout des commandes des grands acheteurs étrangers comme Hattie Carnegie ou Orbach, qui couvraient à eux seuls les frais d'une présentation. De plus les contrefaçons faisaient alors des ravages. Comme de nombreux confrères permettaient à la presse de photographier tout de suite les robes, les acheteurs étaient défavorisés, car à l'instant même où un cliché paraissait, le modèle était immédiatement copié. Cristobal et moi avons donc décidé de leur accorder un délai de trois semaines de livraison qui les protégerait. Dès lors, nos deux noms ont été indissociables dans les comptes rendus. » Ils prirent pourtant des risques vertigineux en imposant une telle orientation, et ce jusqu'en 1967, date à laquelle cette mesure n'eut plus de raison d'être. Les journaux de la planète entière auraient très bien pu refuser un deuxième voyage à Paris à leurs envoyées. Il n'en fut rien, bien au contraire. Les délais de maquettes réservés aux collections étant dépassés, les journalistes, plus que jamais fidèles au rendez-vous fixé, consacrèrent des numéros entiers aux « deux collections les plus intéressantes de la mode française [2] ».

La saison printemps-été 1956, première à bénéficier de cette mesure, fut très remarquée par la critique. « Hubert de Givenchy est, en tout cas, par son comportement comme par son inspiration, très représentatif de son époque. Il est à la haute couture ce que Françoise Sagan est à la littérature, ce que Bernard Buffet est à la peinture, statuait *L'Express*. Ce qu'il fait ? Des robes étranges et gaies qu'Audrey Hepburn porte admirablement, (...) une mode hardie, parfois déconcertante, toujours neuve [3]. » Des manteaux-capes aux robes-saris, en passant par les tailleurs *queue-de-pie* et le boléro le plus cher du monde – réalisé en golden chinchilla, la fourrure la plus rare qui fût –, sans oublier les chapeaux *chrysanthèmes, Néfertiti* ou *huîtres perlières,* le défilé inspira bon nombre de plumes. « Hubert de Givenchy possède un style qui ne ressemble à celui de personne, en France du moins. C'est l'Amérique, en effet, dont on reconnaît la trace dans la ligne rapide de ses robes, écrivit Madeleine Chapsal. L'Amérique, mais non celle des bobby soxers aux chaussettes tire-bouchonnées dans des chaussures de hockey, ni celle des pin-up ; une Amérique toute sophistiquée, assez rare, cantonnée entre Manhattan et quelques plages cachées de Floride et de Californie [4]. » En un mot comme en cent, une définition parfaite de sa clientèle la plus fidèle, comptant aussi bien Betsey Whitney – dont le mari fut longtemps chairman de l'*International Herald Tribune* –, que Kitty Miller – épouse du célèbre producteur de Broadway, dont l'empire comprenait également une banque et une compagnie aérienne –, qui commandaient plusieurs dizaines de modèles par saison.

Madeleine Chapsal soulignait aussi l'imagination des couleurs – « Tons orangés, cerise, pistache, panachés et acides des sorbets ; même les roses et les bleus pastel ont quelque lueur aiguë ;

un mauve et un rouge font un couple inconsidéré mais réussi » –, et le travail de « l'excellent coupeur ». Après avoir remarqué qu'« une robe de Givenchy ne ressemble à nulle autre : certains styles proposent une idée, d'autres s'imposent, celui-ci n'en prend guère le temps, il cingle », elle déclarait ironiquement que « les mannequins de chez Givenchy donnent parfois l'impression qu'au lieu d'un chapeau elles viennent de saisir au passage une citrouille ou un pot à tabac », avant de conclure qu'« il faut avoir de l'assurance et quelque beauté pour porter des robes d'Hubert de Givenchy. Elles ne flattent pas toujours (...) et pourtant (...) elles sont marquées d'une griffe, celle d'un vrai couturier. »

Surnommé « l'Enfant terrible de la haute couture » par divers journalistes, le jeune homme, qui dévoila dans la foulée ses lignes *Givenchy Boutique* et *Givenchy Université* – dont le suivi avait été confié à Philippe Venet –, après avoir lancé avec succès les *Bas Givenchy,* n'avait en rien modifié son comportement à la Cathédrale. Il aimait toujours prendre le temps de rire avec ses collaboratrices – comme Marie-Blanche Labourdette, Monique Domange-Laborie ou Dreda Mele, sa vendeuse mondaine –, et retrouver Philippe, au dernier étage, qui travaillait avec ses ouvrières dans un vaste atelier de peintre, son petit basset à ses pieds. « L'image que le monde entier se fait de lui – le grand seigneur inaccessible... – est à nuancer, remarque Monique Domange-Laborie. Hubert m'a engagée comme assistante en 1954, pour soulager Janette, sa secrétaire attitrée, et je dois avouer que sa chaleur et son affection étaient sans limites. Je sortais de Sciences-Po – où j'avais terminé mes études en compagnie de mon ami Dominique Lapierre –, j'étais déjà mère de deux enfants, et inutile de dire que je ne connaissais rien à la haute couture. Mais comme nous étions voisins au parc Monceau, j'ai accepté ce travail avec joie. Quand je l'ai vu pour la première fois, j'ai reçu un véritable choc ! Tout comme avec Jean Marais, les gens sont déstabilisés par une telle perfection physique. Je suis d'ailleurs persuadée que sa beauté le rendait timide, en même temps qu'elle fascinait ceux qui l'approchaient. D'ailleurs, par comparaison, tous les hommes me semblaient fades. Mon premier mari – et Dieu sait qu'il était séduisant – paraissait très insignifiant à côté. Cela est d'ailleurs devenu un jeu entre nous. Il savait que j'étais folle amoureuse d'Hubert, et s'en amusait avec tendresse. Quoi qu'il en soit, Hubert est l'être le plus merveilleux que j'ai jamais rencontré, et nous avons ri du matin au soir, car il avait constitué une équipe jeune et pleine d'humour. »

Ainsi que le confirme Denise Sarrault, l'un de ses mannequins fétiches, à qui il confiait toujours les modèles les plus insolents, « il régnait rue Alfred-de-Vigny un esprit de famille vraiment convivial, et Hubert avait un sens de l'humour à l'anglaise, très pince-sans-rire. Il est si naturellement impressionnant que personne n'imagine combien il pouvait être drôle, toujours prêt à s'amuser. Un jour, il a annoncé comme une confession à une journaliste *exigeant* un scoop que le dernier chic serait de porter des bottes d'après-ski avec un fourreau de soirée. La prenant à son propre jeu, il avait le ton le plus pénétré que l'on pût imaginer, et elle est repartie écrire son article, convaincue de détenir une information capitale, sans remarquer notre hilarité contenue à grand-peine. Une autre fois, il avait baptisé *Prends-moi toute* une robe de gala que je devais porter au très collet-monté Bal des Petits Lits Blancs ! Travail et fous rires sont intimement liés au parc Monceau, mais aussi aux nombreux voyages que nous avons faits ensemble. » Ainsi les collections Balenciaga et Givenchy furent-elles présentées en mars à New York devant la duchesse de Windsor et Marlène Dietrich – venue en coulisses aider à repasser les robe, vêtue d'un tailleur créé par Hubert –, alors qu'au mois de mai, ce dernier repartit pour le Brésil accompagné de sa cabine au grand complet.

Au mois d'avril 1956, le tournage de *Drôle de frimousse*, dont une partie se déroula en extérieurs à Paris, fit l'objet d'une intense couverture journalistique. Pour la deuxième fois, Givenchy collaborait avec son amie Audrey Hepburn, désormais un astre de première grandeur à Hollywood. « Si vous pouviez voir les robes créées pour moi par Hubert de Givenchy, vous seriez aussi ravie que je le suis. Toutes les femmes m'envieront[5] », déclara-t-elle alors au cours d'une interview. Leurs retrouvailles, comme ce fut toujours le cas jusqu'à la disparition de l'actrice, se déroulèrent dans un climat de tendresse et d'euphorie. « A partir de *Drôle de frimousse*, nous avons vraiment pris le temps de travailler en profondeur, se souvient-il. Contrairement à *Sabrina*, où Audrey avait seulement emprunté les robes de la collection, les vêtements qu'elle a portés par la suite à l'écran – lorsque je l'habillais, bien sûr – ont été conçus exclusivement pour elle. » Dire que la loyauté d'Audrey à son égard fut sans failles reste au-dessous de la vérité. Depuis leur rencontre, la jeune femme – si reconnaissante qu'il ait spontanément accepté de l'aider, mais encore horrifiée par l'épisode des oscars – lui prouvait son admiration de bien des manières. Quelques mois plus tôt, alors qu'elle incarnait Natacha Rostov dans *Guerre et Paix*, Audrey avait souhaité que son ami, venu spécialement à Rome de Paris, approuvât la crédibilité historique des costumes du début du XIXe siècle qu'elle portait dans le film de King Vidor. A la même époque, Tennessee Williams lui avait proposé de jouer dans l'adaptation cinématographique de sa pièce *Eté et Fumées*, mais Audrey désirant que la garde-robe de l'héroïne – une institutrice vieille fille – fût griffée Givenchy, les studios mirent fin au projet.

Avec *Drôle de frimousse* – une comédie musicale qui contait la transformation d'une austère intellectuelle de Greenwich Village en cover-girl sophistiquée –, l'occasion était enfin idéale. Inspiré par des légendes du monde de la mode – le personnage interprété par Fred Astaire ressemblait comme un frère jumeau au photographe Richard Avedon, alors que la volcanique Kay Thompson personnifiait une Diana Vreeland plus vraie que nature –, le film captive toujours par son raffinement malicieux, sublimé par les spirituels standards des frères Gershwin. A Paris, Audrey, descendue à l'hôtel Raphaël, s'entraîna des journées entières avec un maître de ballet du Palais Garnier afin de faire honneur à Fred Astaire dans les scènes dansées. Le résultat fut à tous points de vue ensorcelant. Audrey devint avec *Drôle de frimousse* « ce en quoi elle excellerait toujours, " un mélange parfaitement dosé d'intelligence et de frivolité " [6] », peut-on lire dans sa dernière biographie. Une fois de plus, Givenchy n'était pas étranger à ce constat. Plus comblé que jamais par cette muse secrètement espérée de tout créateur, il imagina pour elle des tenues inoubliables, comme cette aérienne robe de bal en organza brodée de roses dans l'esprit Redouté. Immortalisée par la caméra de Stanley Donen dans les endroits les plus évocateurs de la capitale – musée du Louvre, marché aux fleurs, Opéra... –, Audrey liait définitivement son destin à celui de son ami Hubert, qui vint souvent lui rendre visite sur le plateau. « J'adorais rejoindre Audrey entre deux prises et découvrir grâce à elle les coulisses d'un film, précise-t-il. Je me souviens en particulier d'une scène qui, à mes yeux, illustre bien la magie du cinéma. Tournée à Chantilly, elle nous montre Audrey et Fred en train de danser dans un pré fleuri baigné d'une douce lumière printanière. Or, ce jour-là, il gelait, et les assistants avaient été obligés de planter une par une des dizaines de jonquilles ! Quant à Audrey, vêtue de sa légère robe de mariée, elle était transie et grelottait de froid. Pourtant, à l'écran l'illusion est parfaite. »

Audrey se rendait aux essayages, dans les salons de la Cathédrale, avec un rayonnement visible. « J'étais tellement jalouse de son intimité avec Hubert, et je n'étais pas la seule, croyez-moi !, s'exclame en riant Monique Domange-Laborie. Quand elle arrivait, il y avait toujours une excitation particulière dans la maison, et Hubert était très pressé de la recevoir. Dès qu'elle le voyait, Audrey se précipitait – elle volait... – pour l'embrasser. J'ai toujours été persuadée qu'elle aussi était amoureuse de lui, et personne ne me convaincra du contraire. » Pour Philippe Venet, cette extraordinaire complicité était permanente. « Nous allions souvent passer le week-end chez Audrey à Bürgenstock, dans les Alpes suisses, et elle attendait toujours Hubert avec impatience. C'était très émouvant, ils étaient inséparables. » Barry Paris écrit que « dès lors, dans tous ses contrats figurerait une clause-type stipulant que Givenchy devait créer ses costumes à l'écran, en même temps que les créations du couturier pour son usage personnel lui valaient de figurer sur toutes les listes des femmes les mieux habillées du monde [7] ».

En août, Givenchy travailla de nouveau avec Audrey sur *Ariane*, le nouveau Billy Wilder, également filmé à Paris. L'actrice y incarnait une violoncelliste dont le père (Maurice Chevalier) était un détective privé chargé d'enquêter sur un séducteur impénitent (Gary Cooper). Se sentant elle aussi l'âme d'une Mata-Hari, elle tombait inévitablement sous le charme du Don Juan... Le cocktail Wilder-Hepburn-Givenchy, que le public retrouva avec joie, fit une fois de plus des miracles. Audrey quittant le Ritz un œillet blanc à la main, deux nœuds spirituels dans le dos... Audrey en tulle brodé à l'Opéra lors d'une représentation de *Tristan et Yseult*... Audrey en petite robe noire et manteau d'hermine dansait sur *C'est si bon*... autant de scènes inoubliables. « Comme toujours, nous passions des heures ensemble, et le soir, je venais la chercher aux studios de Boulogne pour dîner, confie Givenchy. Chaque seconde à ses côtés fut un trésor.»

Bien que très stimulé créativement par ce mélange d'indépendance et de succès, le couturier n'en demeurait pas moins extrêmement raisonnable dans son style de vie. « Je voyageais sans cesse, je rencontrais des personnalités fascinantes et j'avais une vie culturelle très enrichissante, c'est certain, mais je ne pouvais pas réaliser tous mes rêves, et mon quotidien n'avait rien de féerique, précise-t-il. Ainsi, mon plus grand plaisir était de flâner chez les antiquaires, bien qu'ayant rarement un centime à dépenser puisque je réinvestissais tout dans la maison de couture. Remboursements divers, fabricants de tissus, salaires des employés... la liste n'en finissait plus. J'étais libre... mais loin d'être fortuné ! C'est pourquoi, je regardais longuement, sans acheter, pour le seul plaisir esthétique. De grands professionnels comme Etienne Lévy ou André Hamel ont toujours été très bienveillants à mon égard, me recevant avec une courtoisie de chaque instant. Puis, un beau jour, après avoir économisé pendant des mois, je revenais acheter un fauteuil ou une statuette. Mon appartement est resté longtemps très dénudé. A tel point que lorsque j'ai invité Cristobal à dîner pour la première fois, j'étais dans l'impossibilité de le recevoir comme je l'aurais désiré et nous sommes allés au restaurant, ce qu'il n'aimait guère, préférant des lieux plus intimes. Je n'ai jamais oublié sa réaction : " Vous savez Hubert, je préfère de loin partager une salade sur un coin de table chez vous... Il faut apprendre à devenir plus simple avec moi. " »

Peu à peu, Givenchy parvint à créer rue Fabert une atmosphère d'une simplicité raffinée et accueillante, encouragé par sa cliente, l'excentrique antiquaire Madeleine Castaing. « Je me souviens en particulier d'un chapeau en plaques de liège qui lui donnait l'air d'un ravissant bouchon de champagne ! Très chic sur elle... mais Madeleine pouvait tout oser. » Installée depuis 1947 à l'angle des rues Jacob et Bonaparte, cette dernière – petite-fille du fondateur de l'agence Havas, égérie et mécène du peintre Soutine, modèle de la *Julietta* de Louise de Vilmorin... – avait renouvelé la décoration intérieure en imposant un style unique et immédiatement estampillable. Très inspirée par la littérature du XIXe siècle – elle pouvait concevoir une salle à manger en hommage à la Sanseverina –, Madeleine Castaing, interprétant librement ses lectures, mêlait un vaisselier Biedermeier et du mobilier en rotin Manille, un Modigliani et des tentures Napoléon III, remplaçant les traditionnelles compositions florales par de poétiques alliances de feuillage, écrin parfait pour accueillir ses collections d'opaline et de Wedgwood. Givenchy découvrit grâce à elle les vertus du mariage subtil entre l'acajou et l'argent. « Suite à nos conversations, j'ai dessiné moi-même un lit à colonnes ornées de pommes de pin et une bibliothèque qui furent fabriqués dans ce bois que j'adorais, et je collectionnais alors des poissons en argent – mon signe astrologique qui est aussi un symbole du bonheur en Asie –, découverts au gré de mes recherches. Le mélange fonctionnait merveilleusement. »

A la même époque, le couturier put enfin réaliser l'un de ses souhaits les plus chers, avoir une résidence secondaire, grâce à son ami d'enfance James Mallet – sa mère, présidente de la Croix-Rouge française, était une intime de Béatrice –, dont la famille possédait de nombreux terrains à Jouy-en-Josas. « Cette région était parfaite car je pouvais m'échapper facilement de Paris, mais revenir très vite dans la capitale sans perdre de temps. C'était alors un endroit calme et retiré, vierge de toute construction bétonnée, rappelle-t-il. J'avais découvert un terrain idéal, vaste pré planté de pommiers... dénommé *La Remise à Couturier* ! Un signe du destin. C'était la Normandie à la sortie de Paris, et James m'a vendu ces quatre hectares à un prix très avantageux. Bien entendu, il fallut tout aménager. J'ai fait construire une piscine et une maison minuscule que j'appelais " mon pavillon de piscine ", non loin d'un poirier centenaire. Un living-room, une chambre, une salle de bain, une cuisine de poche et un garage... rien de plus simple, en somme. Ma joie fut de participer à sa construction avec l'architecte et j'ai tracé moi-même le chemin qui y menait de la route. Mes proches se retrouvaient au bord de l'eau et nous nous sommes beaucoup amusés dans ce lieu où je suis resté une vingtaine d'années. De plus, j'avais d'excellents rapports avec mes voisines, comme la marquise de Maublanc – sœur d'Elizabeth Arden – ou la princesse Nina Khan, aussi belle qu'extravagante, qui gardait chez elle des panthères noires en cage ! » De nos jours, le public ne peut imaginer Hubert de Givenchy sans un hôtel particulier à Paris, un manoir à la campagne, une villa sur la Riviera et un chalet à Megève... Pourtant Les Loges-en-Josas, qu'il améliora sans cesse au fil des ans, fut l'une de ses retraites favorites.

« La muraille de Chine dans laquelle s'est enfermée la haute couture française se lézarde, titrait un quotidien au mois d'août 1956. Il a réussi... Hubert de Givenchy... Ils n'ont pu tenir... Jean Molyneux, Robert Piguet, Elsa Schiaparelli, Marcel Rochas [8]...» Au moment où Givenchy présentait sa nouvelle saison, une hécatombe décimait les sphères parfumées de la mode française, et bon nombre de ses confrères étaient contraints de déclarer forfait et de se retirer définitivement. « La crise existe et ses causes ne sont pas un mystère. Une collection de modèles coûte aujourd'hui dix à quinze millions pour les petites maisons de couture, de trente à cinquante pour les grandes. Ces sommes doivent être amorties en moins de quatre mois, parce que la saison suivante les modèles précédents ne se vendent plus », pouvait-on lire dans le même article. « L'idéal – jamais atteint d'ailleurs – consiste à amortir les frais avec les achats des " buyers " étrangers et à tirer son bénéfice des ventes à la clientèle privée. En effet, la main-d'œuvre, les matériaux employés et les dépenses de publicité représentent 80 % du prix de vente. En outre, durant la morte-saison qui est longue, les frais continuent de courir (assurances sociales, salaires, taxes, etc.) et ils sont lourds. D'autre part, les barrières douanières sont un obstacle souvent infranchissable (et) les événements internationaux ont une influence (...) désastreuse sur les affaires de la haute couture. Par exemple, durant la guerre de Corée, les acheteurs américains cessèrent presque totalement leurs achats. L'aide gouvernementale à l'exportation n'est donc pas suffisante. Enfin, la clientèle privée se raréfie. Les monarchies qui constituaient la base la plus sûre des couturiers ont disparu, (...) quant aux jeunes générations, elles se soucient peu des couturiers. (...) Seules restent fidèles les clientes qui ont la cinquantaine passée et de solides revenus ou bien les vedettes pour qui cela fait partie de leur standing. La confection n'est plus synonyme de mauvais goût. Elle réalise des toilettes très raffinées et très élégantes. La haute confection en série est le fait le plus important de l'après-guerre. Indubitablement, on s'achemine vers une démocratisation de l'habillement. Tout ce qui est dangereux pour la haute couture parisienne qui fait vivre vingt mille ouvrières et qui donne du travail à toutes les industries liées à la prospérité de ses ateliers (...). C'est grave également pour les villes qui travaillent pour la mode : Lille, Roubaix, Lyon, Saint-Etienne, Rouen, Calais, Tourcoing, Grenoble (...). Malheureusement (...), la haute couture devra, sous peine de mourir, (...) réviser bon nombre de ses critères. »

Son défilé automne-hiver 1956-57, qui déclinait la robe-chemise en lignes *lampion* ou *chasuble,* et proposait comme toujours des accessoires inédits – tel ce passe-montagne de *Minuit* en zibeline –, fut d'autant plus remarqué dans un contexte aussi défavorable. Le magazine *Marie-Claire* consacra d'ailleurs un dossier complet au jeune prodige de l'élégance parisienne. « Imaginez une chapelle gothique que l'on aurait confiée à Salvador Dali, une chapelle qu'il aurait badigeonnée de céruse et où il aurait remplacé le vitrail central par une toile de fond 1900 représentant un parc à rocailles et des ombrages anglais. Tel est le décor dans lequel va se dérouler un des événements de la mode 1956, la présentation de la collection d'Hubert de Givenchy [9] », écrivit Guillaume Hanoteau, qui la comparait à une générale de théâtre. « Lorsque ce long jeune homme (...) se déplace, on a toujours l'impression qu'il va renverser quelque chose. Et, en fait, il renverse toujours quelque chose. Non pas des meubles ou des bibelots, mais les usages et les traditions. Car ce géant blond a la nonchalance des enfants terribles. Après des tailleurs très simples (...), c'est soudain la surprise, l'ébahissement même parfois que procure la vue d'une robe à danser en forme de lanterne vénitienne, d'une cape noire que pourrait porter un spectre de château écossais (...), (d')une coiffure pour le soir qui a pris la forme d'une antenne de radar, surchargée de brillants...» Après l'inévitable description humoristique du travail de celui qu'il surnomme « l'imagination débridée de la mode française, l'inventeur du style Audrey Hepburn», Hanoteau soulignait enfin la véritable force du couturier – «...Sa hardiesse et en même temps (...) sa simplicité. Point de baleine, point de corset pour donner une forme audacieuse. C'est seulement la coupe...» –, puis s'attardait à son tour sur la gravité des problèmes rencontrés par la mode française. « La couture parisienne ne vit plus que par tour de force, c'est-à-dire par tour comptable. La collection de Givenchy qui comprend 128 numéros a coûté 24 millions de francs. Somme difficile à récupérer si l'on songe qu'une robe dont le tissu a coûté 50 000 francs doit être vendue au moins 120 000 si l'on ne veut pas perdre de l'argent. Cette marge de 75 000 francs sert à payer la main-d'œuvre mais sert surtout à couvrir les énormes frais généraux. Telles sont les contraintes de ce singulier métier où l'on doit à la fois, si l'on veut plaire au public, être simple et gorgé d'idées, être capable d'habiller toutes les femmes mais aussi d'avoir assez de fantaisie pour secouer l'imagination des confectionneurs du Texas. » En un mot, le secret du phénomène Givenchy.

VIII

Un parfum d'*Interdit*

Au moment même où la haute couture dans sa forme traditionnelle était plus que jamais remise en question, Hubert de Givenchy – homme d'affaires intuitif autant que créateur, comme le fut également son ami Christian Dior ou bien encore Coco Chanel – réfléchissait sans cesse à de nouvelles opportunités de travail. Tout en signant de plus en plus régulièrement des contrats de licences, surtout aux Etats-Unis, le couturier envisageait sérieusement de créer un département parfums. « Dès l'ouverture de la maison, j'avais été contacté par les Ornano ou par Jean Desprès, mais on me demandait simplement de donner mon nom et de percevoir des royalties, sans autre forme d'investissement, et j'avais toujours décliné, rappelle-t-il. Puis un jour, Cristobal, avec qui j'évoquais la question, m'a dit : " Pensez que cela pourrait vous assurer une retraite heureuse. Mais ne vaut-il pas mieux être autonome et monter votre affaire vous-même ? Dans ce cas-là, si vous le souhaitez, je pourrai vous aider. " Possédant une entreprise de parfums, il m'a tout simplement proposé de profiter de cette structure pour débuter. Comme toujours, c'était Merlin L'Enchanteur ! J'ai accepté avec reconnaissance et soulagement, et me suis mis tout de suite au travail. »

Désireux de confier l'organisation d'un tel projet à un être compétent, Givenchy demanda à son frère de superviser le moindre détail. Gestionnaire avisé, parfaitement bilingue et lui aussi désireux d'affronter de nouveaux défis, ce dernier accepta avec empressement. « Après huit ans à Washington, où j'avais occupé le poste de *District Manager* pour la compagnie Air France, je souhaitais me fixer définitivement en France, confie Jean-Claude de Givenchy. Hubert m'a très spontanément offert de rejoindre l'équipe de la Cathédrale. Son invitation était inespérée. Je n'avais plus d'emploi, et une famille nombreuse à charge. J'ai commencé avec son comptable, puis j'ai remplacé son directeur commercial, avant de m'occuper des licences foulards, bas et cravates. Puis très vite, ce fut l'aventure des parfums, les plus belles années de ma vie. Nos débuts furent héroïques car nous avions peu d'argent. Six mille dollars d'alors. Une somme dérisoire. Nous nous sommes installés dans les bureaux Balenciaga rue Marbeuf, où nous disposions d'une seule pièce. L'équipe se réduisait à trois personnes : une secrétaire, un représentant et moi-même.»

Rue Alfred-de-Vigny, Givenchy, très exalté par cette nouvelle expérience, consacra des heures fébriles à l'aspect créatif de l'entreprise, travaillant en étroite collaboration avec les chimistes chargés de traduire ses inspirations, et testant les différentes senteurs sur ses mannequins ravis. Sa démarche était d'autant plus étonnante qu'il ne désirait pas lancer un, mais deux parfums en même temps, ce qui ne s'était jamais vu.

« L'une des étapes les plus difficiles fut de trouver des noms adéquats, raconte Monique Domange-Laborie. Hubert, qui avait également contrôlé chaque nuance des flacons et des emballages, disait à voix haute tous les mots qui lui passaient par la tête, et je les notais consciencieusement sur un calepin. Que de fous rires. Certaines trouvailles étaient pour le moins incongrues... C'est ainsi que furent baptisés le *De* et *L'Interdit*.» Le premier, en clin d'œil à sa particule, le second en hommage à son amie Audrey Hepburn, comme si ce parfum, «Interdit» à toutes les autres femmes, était réservé à son seul usage. Heureuse de ce parrainage qui scellait à jamais leur tendresse mutuelle, l'actrice, qui eut la primeur du jus au cours d'un essayage – alliance de rose d'Orient, de violette, d'encens, de santal, de jasmin, d'ambre, de poivre et de girofle –, accepta même de poser pour la campagne de publicité. Une innovation de plus car jamais jusqu'alors une personnalité n'avait été associée au lancement d'un parfum.

Hélas, un épisode éprouvant reste associé au succès de *L'Interdit*, que *Le Nouvel Observateur* classait en 1998 comme l'une des fragrances inoubliables du xxe siècle au même titre que *Mitsouko, Arpège,* le *N° 5, Joy* ou *Opium*. En effet, Mel Ferrer, ainsi qu'Henry Rogers, son agent, exigèrent de la maison Givenchy un contrat pour Audrey. Stupéfaite et blessée, celle-ci opposa un refus catégorique. « Vous ne comprenez rien ni l'un ni l'autre. Je ne veux rien d'Hubert. (...) Il est mon ami. Si j'ai pu l'aider à monter son affaire de parfums, c'est exactement ce qu'un ami devrait faire pour un autre [1]... », s'exclama l'actrice qui finit par changer d'agent, tout en prenant position contre son mari. « Elle m'avait spontanément offert son image, par pure affection, précise Givenchy, déplorant aujourd'hui encore cet incident. Quand Mel a voulu de l'argent, Jean-Claude a été tout à fait d'accord, bien sûr, mais comme c'était à prévoir Audrey protesta avec véhémence et Mel n'en a plus jamais reparlé. »

Autre obstacle à surmonter, la réaction de la presse. « Il ne faut pas oublier que les journalistes en voulaient à Hubert de les avoir écartées de ses collections au profit des acheteurs, rappelle Jean-Claude. Elles avaient enfin l'occasion de se venger. Lorsque je leur demandai de faire de la publicité, elles refusèrent systématiquement. " Pourquoi voudriez-vous que l'on vous aide alors que votre frère agit ainsi avec nous ? " Le boycott fut terrible, ce qui n'a pas empêché ces deux parfums de remporter un triomphe. Audrey y a beaucoup contribué, surtout aux Etats-Unis où elle était adulée. Il faut reconnaître qu'Hubert a eu une idée de génie en créant tout ce mystère autour de *L'Interdit*, et les femmes se sont précipitées. Mais le *De* fut aussi un succès durable. Quand la duchesse de Windsor déclarait dans une interview que c'était son parfum préféré, les répercussions sur les ventes n'étaient pas négligeables, car de nombreuses lectrices admiraient son élégance et voulaient lui ressembler. »

En 1957 et en 1958 – années qui virent la création de la C.E.E., le lancement du premier satellite artificiel Spoutnik, la publication de *Sur la route*, de Jack Kerouac, chef de file de la génération beatnik, mais aussi le décès du pape Pie XII ou le retour du général de Gaulle en pleine crise algérienne –, Givenchy fut présent sur tous les fronts. A trente ans, il lança ses deux premiers parfums, rendit hommage par voie de presse à son ami Christian Dior décédé en octobre 1957, annonça à la surprise générale sa décision d'abandonner la ligne *Givenchy Université* – « Jean Prouvost souhaitait une mode Vespa, peu coûteuse, aux antipodes du prêt-à-porter jeune mais très raffiné qui était le nôtre... » – tout en travaillant à nouveau pour le cinéma. Dans le film d'Henri Verneuil *Une manche et la belle* il conçut les costumes de Mylène Demongeot, qu'il retrouva quelques mois plus tard sur *Bonjour tristesse* d'Otto Preminger, qui avait réalisé, peu avant, *Rivière sans retour* (1954) ou *Carmen Jones* (1955). « J'avais rencontré Otto chez la princesse Bibesco dans l'île Saint-Louis, et nous sommes devenus très vite amis, se souvient Givenchy. C'est pourquoi il a fait appel à moi. Inutile de dire que je me suis empressé d'accepter, il avait tant de talent. Dans un premier temps, Otto m'a demandé d'habiller Jean Seberg au moment du lancement de sa *Jeanne d'Arc* à Paris. J'avais une tendresse particulière pour cette jeune femme fragile, arrachée à son village de l'Iowa afin d'en faire une star alors qu'elle n'était pas faite pour ça, comme l'a confirmé sa fin atroce. On ne pouvait s'empêcher de craindre le pire en la voyant projetée brutalement dans cet univers si féroce. Puis nous avons collaboré à l'adaptation du célébrissime ouvrage de Françoise Sagan. »

Dans *Bonjour tristesse*, tourné au Lavandou dans la maison de ses amis Pierre et Hélène Lazareff, le couturier souligna le profil psychologique de chaque personnage féminin par un jeu chromatique des plus subtils. Dominante de noir et blanc pour Cécile (J. Seberg), mi-ange mi-démon, tour à tour amorale jusqu'au machiavélisme puis désarmante de naïveté... Alliance de couleurs troublantes, comme le rouge et le mauve, pour Elsa (M. Demongeot), maîtresse entretenue et instrument du drame final... Teintes délicates – tels l'ivoire ou l'azur – pour Anne, dont l'intégrité et le raffinement trouvèrent en l'inoubliable Deborah Kerr une interprète idéale. Givenchy garde un souvenir enchanté de cette expérience, même si le film – qui fascine toujours par sa poésie mélancolique présente dès le célèbre générique de Saul Bass, et rehaussée à la fois par la musique de Georges Auric et par la voix de Juliette Gréco – ne connut pas les faveurs de la critique et du public. « Sa manière de mettre en scène transforme l'ordinaire en exceptionnel, déclarent pourtant les auteurs du documentaire consacré en 1998 au cinéaste. Du livre de Françoise Sagan, il tire un film tout en artifices, une aventure cinématographique qui dépasse de loin le côté feuilleton mélodramatique du roman [2]. »

Ses défilés 1957-58 – où l'on notait par touches légères l'influence de China Machado, un mannequin mi-portugais mi-thaïlandais d'une rare beauté – confirmèrent le succès de la robe-chemise devenue robe-sac, que l'on voyait d'ailleurs dans *Bonjour tristesse* mise en valeur par Deborah Kerr. Photographiée sur les personnalités les plus en vue des deux côtés de l'Atlantique – citons Audrey Hepburn, qui fit scandale en la portant à Hollywood où les sex-symbols protestèrent vivement, mais aussi Gloria Swanson, Jeanne Moreau ou Jacqueline Delubac –, elle se déclinait désormais en tussor, soie sauvage, jersey ou crêpe de Chine, et fut très vite adoptée, dans des versions financièrement accessibles, par des milliers d'inconnues. « *Sa* mode fait toujours progresser *la* mode. Les femmes élégantes aiment trouver dans ses collections hardies les idées de demain, et les confectionneurs avisés achètent ses modèles qu'ils peuvent mettre en chantier aujourd'hui pour des ventes plus lointaines [3]... » « Les collections du Tarzan de la couture sont une pépinière où pillent à cœur joie tous ceux qui n'ont pas la chance d'avoir autant d'idées que lui [4]... » « C'est lui qui lance ces idées qui font d'abord pousser les hauts cris puis qui, un an plus tard, inspirent toute la couture. Et cette fameuse robe-sac que nous voyons partout en grande série (...) trouve son inspiration dans une certaine robe (...) qui, présentée voici deux ans chez Givenchy, bouleversa l'esthétique féminine [5]... » La presse, dans son ensemble, après avoir sonné trop vite l'hallali, faisait un mea culpa tardif.

Ce qui n'empêcha pas Givenchy d'être consterné par ce que la robe-sac – dont la construction invisible reposait sur une véritable prouesse technique que seule la haute couture pouvait proposer – était devenue entre des mains peu expertes. « Une catastrophe, la négation de toute élégance, aussi bien d'ailleurs que (...) ces rétrospectives 1925 qui ressuscitent une caricature de garçonne [6] », confia-t-il dans une interview, déplorant l'interprétation qu'en donnèrent certains créateurs ou industriels. « On ne ressuscite (...) jamais une époque, qui est faite, bien plus que d'une mode, d'un climat, d'une ambiance, d'attitudes qui nous sont devenues étrangères. La rétrospective est l'ennemie de toute création car le couturier doit être un innovateur et un écho. » Un conseil judicieux que bon nombre de ses confrères de l'an 2000 devraient méditer.

Les collections 1957-58 proposèrent également de nouvelles pistes avec la ligne *Baby Doll* ou les manteaux *Ballon*, sans oublier cette pointe de luxueuse fantaisie indispensable à toute présentation Givenchy. En l'occurrence, des perruques considérées comme un simple accessoire au même titre qu'un chapeau ou un sac. « A l'époque, personne n'y avait songé sous cet angle et j'avais demandé aux sœurs Carita de les réaliser pour nous, raconte Givenchy. Le succès a été immédiat, et les journalistes étaient éberluées de voir tant de coiffures différentes en un seul défilé. Malheureusement Rosy et Maria l'ont exploitée sans jamais m'en donner le crédit, mais la presse m'en avait déjà attribué la paternité... Je n'étais pas à une déception près ! Depuis Edith Head, plus rien ne m'étonnait. » Cette folie haute couture de cent cinquante grammes, qui exigeait trente-six heures de travail d'un artisan chevronné, obligé de repiquer un à un chaque cheveu sur une base de tulle, fit les délices de clientes aussi sophistiquées que la princesse Ruspoli – la première à la porter lors d'une soirée de gala à la Scala de Milan – ou l'actrice Marie Daems. « Mais d'où viennent ces cheveux de rêve ?, s'interrogeait *Paris-Presse*. Ou bien des couvents : les religieuses avant de prononcer leurs vœux sacrifient leurs cheveux, ou encore de Sicile. Ce sont les plus beaux. Les petites filles de certains villages siciliens laissent pousser leurs cheveux jusqu'à 15 ans, sans jamais les laver, mais en les brossant avec du sable. Après, elles les coupent et les vendent. (...) Quant au prix, il vaut mieux ne pas en parler. (...) Pour le moment j'ai cal-

culé qu'une de ces merveilleuses perruques coûtait environ (...) un an de mise en plis à une femme élégante [7]...»
Plus que jamais, Givenchy trouvait refuge auprès de ses proches, loin de la versatilité déséquilibrante du monde de la mode. Béatrice, Philippe, Capucine – qu'il encourageait dans son désir de devenir actrice – ou Audrey, qui l'invita à la rejoindre à Rome où elle tournait en studio *Au risque de se perdre* avant de partir pour les extérieurs au Congo... «Nous nous sommes beaucoup amusés, raconte-t-il. Cinecitta était alors un lieu merveilleux, et nous allions de surprise en surprise. Sur le plateau voisin, William Wyler travaillait sur *Ben-Hur*. Il faut avoir vu Charlton Heston répéter ses scènes de char en jeans et baskets!»
Et puis, Hubert était toujours plus proche de Balenciaga. «Cristobal me conviait très souvent à déjeuner ou à prendre un verre. Il préparait les plus succulents dry-martinis. Puis soudain, au beau milieu de la conversation, son œil perçant décelait une *imperfection* dans ma mise. Il montait alors sur un petit tabouret Louis XVI, et arrachait la manche de mon costume qu'il remontait cependant que son maître d'hôtel lui passait les épingles. " Je vous la rendrai plus tard, elle va partir pour l'atelier... " Moi qui étais si fier de mes vêtements commandés à Londres, chez Hunstman, le tailleur de Savile Row. Je me souviens en particulier d'un manteau en cachemire que j'adorais; en deux minutes, il s'est retrouvé en pièces détachées! Puis Cristobal les oubliait dans une penderie et je ne les revoyais jamais plus. A sa mort, en 1972, Gérard, son secrétaire, a découvert plusieurs vestes, ainsi que le fameux manteau, en morceaux... " Vu la taille, cela ne pouvait être qu'à vous ", m'a-t-il annoncé en souriant.» Givenchy devait également à Cristobal l'adoption définitive d'une blouse de lin blanc – dont le tissu variait selon les saisons – que le couturier espagnol avait réalisée spécialement à son intention, et qui devint comme une seconde peau pour lui. «Monsieur en possédait plus d'une douzaine du même modèle. Chaque matin, elle l'attendait, immaculée et repassée de frais. Nous en avions toujours plusieurs d'avance en cas d'accident!», rappelle Janette Mahler. «Greta Garbo la trouvait si bien coupée que je lui en ai offert une, se

souvient Givenchy. Elle la portait au bord de la mer, comme un simple peignoir de bain, les manches roulées. » Les deux hommes s'appréciaient sans l'ombre d'une réticence, tant sur le plan humain qu'artistique et, au fil des ans, Cristobal lui manifesta son attachement de bien des façons. C'est ainsi que, en 1958, il demanda à plusieurs de ses meilleures ouvrières de rejoindre le personnel de la Cathédrale. Peut-on imaginer cadeau plus personnel ? « Je suis entrée chez monsieur Balenciaga en 1938, et pensais y rester jusqu'à la retraite, se souvient Gilberte Thomassin, lorsqu'un jour, il m'a proposé de continuer avec monsieur de Givenchy qu'il admirait beaucoup. Il m'a alors nommée première d'atelier afin que je puisse occuper ce poste dès mon arrivée. Le quitter fut un déchirement, mais travailler aux côtés de monsieur de Givenchy, avec qui je suis restée jusqu'en 1991, a été un éblouissement permanent. Ma mélancolie s'est envolée avec les essayages de ma première cliente, Jacqueline Kennedy, venue rue Alfred-de-Vigny accompagnée de son mari, qui n'était pas encore président des Etats-Unis. Chaque jour, je rencontrais les personnalités les plus merveilleuses de la planète. »

A la même époque, Givenchy rencontra une femme qui devait autant compter pour lui qu'Audrey ou Capucine, et figurer en très bonne place sur la liste des intimes du clan. « Nous nous sommes parlé pour la première fois au début de l'année 1957, pendant un cocktail donné en l'honneur du torero Luis-Miguel Dominguin, précise Marie-Charlotte Vidal-Quadras. J'étais journaliste à *Paris-Match* et Jean Prouvost m'avait envoyée couvrir l'événement alors que, portant le deuil, je refusais de sortir de chez moi. Prouvost, à qui il était impossible de tenir tête, a insisté... Dieu merci. Car la première personne que j'ai remarquée en arrivant fut Hubert. Il s'est spontanément dirigé vers moi et m'a présenté ses condoléances. Nous étions aussi émus l'un que l'autre. » La jeune femme venait de perdre son frère, le grand-reporter Jean-Pierre Pedrazzini, décédé à vingt-neuf ans, en novembre 1956, alors qu'il était en mission à Budapest envahie par les chars soviétiques. « Il a été fauché par un tir de mitraillette en sauvant la vie d'un enfant, et a souffert le martyre avant de mourir, rappelle-t-elle, et comme nous nous adorions, je n'arrivais pas à surmonter cette tragédie. De son côté, Hubert avait toujours été très complice avec Jean-Pierre. Il lui avait même revendu sa M.G. faite sur mesure – deux géants... – et était très proche du couple que mon frère formait avec France, l'un des mannequins-vedettes de Christian Dior. A la fin de notre conversation, il m'a dit : " Puis-je vous demander une faveur ? Pourriez-vous m'envoyer une photo de Jean-Pierre ? Elle me donnera du courage lorsque j'en aurai besoin. "» Dès le lendemain matin, Marie-Charlotte lui remettait par coursier ce portrait qui trône encore aujourd'hui dans son salon de la rue de Grenelle. « J'ai conservé sa réponse précieusement, ajoute-t-elle. " Je ne pourrai jamais remplacer Jean-Pierre mais je ferai l'impossible pour vous faire oublier votre chagrin. Quand vous vous sentirez triste, appelez-moi, je serai toujours là. " Hubert fait partie de ces amis rares qui comblent toutes vos attentes. Il est devenu l'un des trois êtres les plus importants de ma vie, avec Jean-Pierre et Alejo, mon mari. »

Pour le couturier, Marie-Charlotte incarnait une féminité aussi différente qu'irrésistible. Le contraste entre sa beauté racée – la blondeur de madone d'une héroïne d'Alfred Hitchcock – et son sens de l'humour au vitriol, aiguisé dans les couloirs de *Paris-Match*, ravissait Givenchy. « Je n'avais rien des mondaines qui lui faisaient la cour, souligne-t-elle en riant. Je passais ma vie à cheval et j'appelais un chat un chat ! Je crois qu'il a toujours apprécié ma sincérité. Pas de faux-semblants entre nous, et surtout pas d'indiscrétions. Nous pouvions nous confier l'un à l'autre en toute liberté.» Dès leur rencontre, Givenchy l'entoura de mille attentions. « Très vite, il m'a invitée à le rejoindre dans une maison qu'il louait à Saint-Tropez où il préparait sa collection aux côtés de Philippe, avec qui je me suis toujours entendue à la perfection. Je suis partie sur l'heure. Un jour, alors que nous déjeunions, Hubert m'a murmuré :

" Maricha, où passerais-tu tes prochaines vacances, si tu avais le choix ?

— Si j'avais les moyens, je partirais en Grèce. Jean-Pierre aimait profondément ce pays, et il m'avait promis de m'y emmener. "» Quelques mois plus tard, à Noël, Givenchy lui tendit un écrin contenant une paire de boucles d'oreilles qu'il avait dessinées lui-même. Au fond, un simple bristol avec ces mots : « Bon pour un voyage en Grèce au mois de mai. J'ai déjà loué le bateau. »

Hubert de Givenchy prépara leur croisière avec le soin qu'il accordait à chaque facette de son existence. Comme il ne connaissait pas encore ce pays, le couturier fit appel à une amie et cliente grecque, Elise Goulandris, qui lui recommanda de contacter une certaine Maïa Kalligas, susceptible de répondre à ses nombreuses interrogations. « Le jour du rendez-vous, nous avons vu arriver au Plaza une rousse minuscule. La démarche d'un petit Jules, une cigarette en permanence au bord des lèvres, un humour fou, l'énergie incarnée... telle était Maïa », commente Philippe Venet. Fille d'un armateur et d'une tragédienne célèbre, Maïa Kalligas, passionnée et généreuse à l'excès – jusqu'à la ruine... –, était connue pour sa convivialité exubérante et son goût des mélanges. Les fêtes qu'elle donnait dans les tavernes de Vassili ou d'Ayamarina rassemblaient aussi bien Alain de Rothschild que les pêcheurs du Pirée. « Nous avons eu un coup de foudre pour elle dès cette première rencontre, raconte Givenchy. Lorsque nous lui avons annoncé que nous cherchions un bateau, elle nous a conviés à Spetsai, qui était son île, afin de pouvoir nous piloter, étant elle-même un marin d'exception. » Ils partirent à quatre, Hélène Bouilloux-Lafont s'étant jointe à leur groupe. « Maïa était une impératrice, recevant ses amis avec panache, se souvient cette dernière. Dès notre arrivée, elle a mis plusieurs calèches à notre disposition, ce qui donnait une touche incroyablement romantique à notre escapade. » Quinze jours idylliques. Ils visitèrent les Cyclades et les plus beaux sites archéologiques, se baignèrent dans les eaux alors désertes de la mer Egée, et dansèrent le sirtaki des nuits entières. « Maïa avait des filleuls dans toutes les îles, et elle était accueillie avec joie. Elle chantait pendant des heures, les moutons rôtissaient et l'ouzo coulait à flots. On se serait cru dans *Zorba le Grec*. Les festivités duraient plusieurs jours, et nous avons dû prendre la décision de continuer notre route seuls. Maïa, qui a très bien compris, nous a confié l'un de ses meilleurs marins, Maki, beau comme un dieu, le parfait sosie d'Errol Flynn », se souvient le couturier.

« Un matin, Hubert et moi sommes partis découvrir l'Acropole au lever du soleil, avant l'arrivée des premiers touristes, qui, en 1958, commençaient à se précipiter à Athènes, poursuit Marie-Charlotte Vidal-Quadras. Nous pensions être seuls, or, en arrivant, les marins de la *Jeanne d'Arc* étaient présents au grand complet. En nous voyant arriver, ils nous ont pris pour un couple de Scandinaves, faisant des commentaires à voix haute, persuadés que nous ne comprenions pas le français. Tout d'abord, nous n'avons rien fait pour les détromper. Ils disaient nous trouver très séduisants, et je reconnais, en toute humilité, qu'on nous le disait souvent. Un marin s'est soudain approché d'Hubert, et lui a fait un numéro de charme désopilant, lui demandant : " Y'a du vent là-haut ? " Personne ne s'adressait jamais à lui d'une telle manière, et il n'a pas osé réagir. Comme j'étais habituée à l'argot des journalistes de *Paris-Match*, j'ai volé à son secours et, d'un ton gouailleur, je lui ai répondu comme l'aurait fait Arletty. Du plus pur titi parisien ! Ils en sont restés sans voix, ce qui dans leur cas n'est pas peu dire ! J'ai pris Hubert par la main et nous sommes partis en courant, secoués par un fou rire. Il aimait bien mon esprit de provocation, même s'il était toujours un peu inquiet, ne sachant jamais à l'avance comment j'allais réagir. » Marie-Charlotte savoura plusieurs étés successifs en sa compagnie. Dès l'année suivante, Maïa Kalligas les invita tous les quatre pour un périple en Crète, et s'étant fait de nombreux amis, ils retournèrent en Grèce le plus souvent possible. « Ces premières vacances ont été une véritable révélation pour moi, avoue le couturier. Lorsque, par la suite, Heidi, l'un de mes mannequins préférés, a épousé Costa Goulandris, elle nous a conviés à de luxueuses croisières qu'elle organisait sur son yacht, le *Cinderella*, et j'ai pu étancher à loisir ma passion pour ce pays. »

A la fin de l'année 1958, Givenchy annonça officiellement sa décision de s'installer au n° 3 de l'avenue George-V, face à la maison de couture de son ami Cristobal. Avec ce déménagement, s'achevaient les années Cathédrale, au cours desquelles chaque soir l'on entendait dans les salons de la rue Alfred-de-

Vigny la voix des gardiens du parc Monceau, ponctuant de leur clochette un mélancolique « Bonnes gens, il est l'heure de fermer ». Une époque à jamais révolue où l'on baptisait encore les robes *Evaporée, Volage* ou *Provocatrice*, et non pas d'un simple chiffre, numéro de matricule d'une efficacité dénuée de poésie. Certaines collaboratrices précieuses comme Denise Sarrault ou Monique Domange-Laborie ne suivirent pas le mouvement. « Je n'ai plus jamais retrouvé un tel sentiment d'excitation par la suite, constate aujourd'hui cette dernière. Si je n'avais pas été mariée et mère de famille, j'aurais donné ma vie à Hubert sans une hésitation. Il reste le plus beau souvenir de mon parcours professionnel. Un déjeuner ensemble, la fièvre d'une collection, les surprises continuelles en arrivant chaque matin... allais-je croiser Brigitte Bardot, la duchesse de Windsor, Sophia Loren, Marella Agnelli ou Audrey Hepburn? Autant de souvenirs inoubliables. La sensation de vivre en direct une certaine actualité. » Peu avant son départ, Cecil Beaton, l'arbitre impitoyable des élégances internationales – qui se définissait lui-même comme « peintre, écrivain, décorateur, illustrateur, jardinier, humoriste, sorcier et accessoirement photographe » – publia un portrait du couturier dans lequel il analysait son travail d'une manière très *beatonesque*[8]. « Nous nous sommes souvent croisés, se rappelle Givenchy. A Paris chez Cristobal, à Chantilly chez Diana Cooper, mais aussi à Venise, Londres ou Hollywood. Il est même venu me photographier rue Fabert. Pourtant, nous ne sommes jamais devenus amis, car il jouait à outrance de son pouvoir avec un snobisme effréné. Je n'ai jamais été séduit par lui, bien qu'étant inconditionnel de son talent. » Fidèle à lui-même, Beaton était tour à tour caressant et vipérin. Il soulignait tout d'abord sa beauté – « l'Apollon géant... » –, « sa richesse d'invention » et sa personnalité très cultivée, avant de railler longuement l'audace de certaines de ses innovations, tout en concluant : « Il est fort probable qu'il devienne le couturier le plus important des temps à venir. » Une consécration à la veille de son arrivée avenue George-V.

IX

3, avenue George-V

Hubert de Givenchy emménagea avenue George-V au moment même où Fidel Castro renversait la dictature de Batista à Cuba, alors qu'à Lhassa, le Dalaï-Lama abandonnait le palais du Potola après l'échec de la révolte nationaliste tibétaine contre le joug chinois. En cette même année 1959, les femmes, fidèles alliées du couturier depuis toujours, subissaient les traitements les plus opposés à travers le monde. Pour le seul mois de février, on leur refusait le droit de vote en Suisse, alors qu'en Inde, Indira Gandhi – fille du pandit Nehru – était élue chef du parti du Congrès. L'image des femmes au cinéma était tout aussi antithétique. Pouvait-on imaginer plus différentes que la Marilyn-*objet* de *Certains l'aiment chaud*, et la Jean Seberg-*sujet* d'*A bout de souffle*, dont la féminité Nouvelle Vague était infiniment plus européenne et cérébrale?

Aujourd'hui encore, Givenchy se souvient avec passion des circonstances de ce déménagement. « Un jour, Cristobal me téléphone et m'annonce triomphalement que son voisin, le couturier espagnol Raphaël, quitte définitivement ses locaux. " Comme ce serait merveilleux si vous vous installiez juste en face de chez moi! Qu'en pensez-vous?" Je suis tombé des nues... A l'époque un tel projet était inenvisageable financièrement pour nous, raconte-t-il. Bien sûr, Cristobal ne s'est pas avoué vaincu. Il m'a dressé une liste précise des avantages que j'en retirerais et a organisé dans les plus brefs délais une visite, un samedi matin, dans le plus grand calme. La superficie de ce bel hôtel particulier – où dans le passé j'avais assisté à une collection sans jamais envisager la possibilité de m'y installer – était impressionnante. Une fois de plus Cristobal a mis fin à mes réticences en proposant de m'aider. J'ai donc accepté son offre avec joie. Après des travaux modestes, nous avons pris possession du lieu et redoublé d'efforts. Les sacrifices en tous genres étaient à l'ordre du jour, et ce n'est pas à ce moment-là que je pouvais dévaliser les antiquaires ! »

Après avoir installé son studio de création au deuxième étage, Givenchy se consacra corps et âme à la prochaine collection, attendue avec impatience. Le jour du défilé printemps-été 1959, les cinq cents invités, dont Audrey Hepburn en *guest-star*, découvrirent les lieux avec ravissement. La boutique, où le *De* et *L'Interdit* étaient présentés sur des tables de bronze dont le plateau était constitué de coquillages et de perles... Les rampes à volutes de l'immense cage d'escalier... Les salons blancs, d'un dépouillement absolu, à l'inverse des charmes gothiques de la Cathédrale... Un écrin idéal pour ces versions toujours plus épurées de la robe-chemise, ces manteaux réversibles d'une légèreté arachnéenne, et ce grand soir aérien dominé par l'organza et le tulle point d'esprit. Un triomphe. A trente-deux ans, Hubert de Givenchy figurait d'emblée en tête de liste du cercle très fermé des couturiers du *Triangle d'or*. « Ce qui ne changeait rien à sa discrétion coutumière, affirme Jean-Claude de Givenchy. Il avait beau connaître un succès international, Hubert refusait de se mettre en avant. Ainsi, par déférence pour Cristobal, il ne voulait pas d'enseigne à son nom, ce qui pourtant paraissait indispensable pour signaler sa présence de loin. Mon frère a seulement accepté deux petites plaques ridicules de chaque côté de la porte. Lorsque je suis finalement parvenu à lui faire entendre raison – après des années de harcèlement – un problème des plus comiques s'est posé à nous. A l'époque, une loi stupide interdisait de telles enseignes sur les balcons car en cas de révolution, les gens auraient pu se protéger derrière les lettres géantes ! Nous avons fini par obtenir une dérogation avec la plus grande difficulté. »

Plus que jamais, la clientèle la plus prestigieuse se précipita avenue George-V au fil des mois. Altesses, femmes du monde, actrices de tout premier plan... Citons seulement Jacqueline Kennedy – pour qui Hubert réalisa une garde-robe complète en vue de la campagne présidentielle de son mari –, la princesse Grace – reçue par le général de Gaulle à l'Elysée dans un tailleur de tweed gris –, Farah Diba, la duchesse de Kent et la princesse Alexandra, la Bégum Aga Khan, Hélène Rochas, la duchesse de Windsor... et le Tout-Hollywood. A commencer par Lauren Bacall – « A l'étranger, mon couturier favori est Givenchy [1] » –, Deborah Kerr – qui épousa Peter Viertel dans un ensemble d'organdi rose assorti d'un tuban orné d'une profusion de cyclamens imaginés pour elle par le couturier – ou Marlène Dietrich. « Hubert de Givenchy. Il est aussi gentil que superbe. Il a deux mètres de haut. Quand je danse avec lui, ça fait comme ça [2]... », déclarait-elle au *Figaro* lors de son tour de chant 1959 au théâtre de l'Etoile. « Nous nous sommes beaucoup vus à Paris et à New York, confirme-t-il. Marlène était une amie très imprévisible. D'une incroyable gentillesse, disponible dans les instants cruciaux mais en même temps une femme affreusement gâtée et difficile. " Hubert, nous déjeunons ensemble ? " Elle ne pouvait comprendre mon refus, c'était un crime de lèse-majesté. J'avais beau lui expliquer combien mes rendez-vous professionnels étaient accaparants, elle exigeait que l'on fît partie de sa cour d'adorateurs et se fâchait dans le cas contraire, mais la voir porter mes créations était une joie très particulière. Qui n'a pas rêvé d'habiller l'Ange bleu ? »

Givenchy aime à rappeler que certaines de ses clientes faisaient preuve d'un esprit irrésistible. Il évoque encore avec malice les essayages de la princesse Nina Mdivani, belle-fille du romancier Arthur Conan Doyle, créateur de Sherlock Holmes. « Comme toute sa famille, elle était une personnalité extravagante. Le passe-temps favori des hommes du clan consistait à épouser des héritières américaines, comme Barbara Hutton, ou des stars hollywoodiennes, telles Pola Negri ou Mae Murray. La princesse, toujours accompagnée d'un jeune Hindou qui partageait la vie de l'un de ses frères, commandait principalement des versions haute couture de costumes russes traditionnels.

" Princesse, ce changement de coiffure vous va à ravir. Comme vous êtes belle, vous ressemblez à Marie-Antoinette! me suis-je exclamé un jour en la voyant, tant elle m'évoquait la reine peinte par madame Vigée-Lebrun.
— Oh, cher Hubert, vous allez me faire perdre la tête! ", a-t-elle répondu du tac au tac.
Cette anecdote illustre bien nos relations, toujours teintées d'humour. »
Le couturier, très proche de ses clientes, acceptait même, dans certains cas exceptionnels, de superviser personnellement leurs essayages à domicile. Ainsi, il se rendait volontiers chez Daisy Fellowes – considérée comme la femme la plus élégante du xxe siècle –, qui fit du chic une vertu et de la cruauté mentale une religion. « Sainte Daisy, médisez pour nous... » Et Dieu sait qu'elle ne s'en priva pas, ayant une guillotine pour langue. Incarnation parfaite du mariage entre l'argent américain – les machines à coudre Singer – et la séduction fin de race de l'aristocratie française, Daisy – décédée en 1962 après une existence pour le moins flamboyante – n'avait d'autre mesure que sa propre démesure. Elle porta les créations les plus extravagantes de Schiaparelli – dont le *chapeau-soulier* imaginé par Dali –, dessinait pour elle-même des bijoux aussi insolites qu'une paire de menottes en émeraudes, donnait des fêtes somptueuses dans les jardins de sa demeure de Neuilly où toutes les sculptures étaient de son ami Jean Cocteau, et tapissait de dessins de Tiepolo les murs du hangar à bateaux de son pied-à-terre vénitien. « J'avoue n'avoir jamais subi ses fameuses sautes d'humeur, déclare Givenchy. Nous nous étions connus place Vendôme, et nos rapports ont toujours été très cordiaux. » Accompagné de sa première d'atelier attitrée, il se rendait tôt le matin chez elle, un hôtel particulier de la rue de Lille décoré par le célèbre Georges Geffroy, autre ami du couturier. La plupart du temps, Daisy le recevait vêtue d'un déshabillé Balenciaga – de la teinte d'un pétale de rose – qu'elle affectionnait particulièrement. Une tasse de thé, puis très vite ils se mettaient au travail. Les nombreuses robes étaient sorties de leurs housses, et sa femme de chambre roulait le tapis... soudain au milieu du parquet Versailles, apparaissait une trappe qui dissimulait ses nombreux

coffrets à bijoux. En effet, les décolletés étaient réalisés en fonction de ses colliers, afin de les mettre en valeur. Deux centimètres séparaient une rivière de diamants du tissu. « Inutile de dire que nous y passions des heures ! Mais elle était inépuisable, et éprouvait pour la mode une passion réelle et très rare. » Fidèle à sa réputation d'excentrique, Daisy pouvait lui commander des tenues incroyables, comme ce manteau en panthère de Somalie qui ressemblait à une simple blouse coulissée, avec pour ceinture la queue de l'un des animaux sacrifiés ! « Je la vois encore arriver avenue George-V pour me montrer le résultat. Elle le portait avec des chaussures de cycliste en chevreau doré et un collier de fleurs en topazes. Audrey, qui était présente ce jour-là, était aussi subjuguée que moi. Il n'existe plus de femmes avec tant d'audace. En 1960, une telle apparition était extraordinairement spectaculaire. » D'autant plus que Daisy Fellowes avait alors soixante-dix ans.

Emporté dans son nouvel élan, Givenchy décida de commercialiser deux nouvelles fragrances mais cette fois-ci destinées aux hommes, *Monsieur de Givenchy* et *L'Eau de Vétiver*. « Face au succès de *L'Interdit* et du *De*, nous avons quitté les locaux Balenciaga pour un garage désaffecté de Levallois. Nous avons installé nous-mêmes les alambics, rappelle-t-il aujourd'hui. Notre équipe, encore très réduite, était submergée par les demandes et suivait difficilement les commandes, car nous étions encore à un stade presque artisanal. » Le lancement des eaux de toilette masculines fut très réussi car, une fois de plus, l'attention du public fut retenue par un argument publicitaire judicieusement imparable. Si *L'Interdit* évoquait sa complicité avec Audrey Hepburn, *L'Eau de Vétiver* reposait entièrement sur la personnalité du couturier. « Pendant des années, j'achetais un vétiver très subtil que l'on trouvait seulement à Londres, précise Givenchy. J'ai donc pris la décision de créer le mien puisque je possédais la structure adéquate. Rien de plus simple. » Lorsque les lectrices apprirent dans les magazines que le séduisant couturier avait composé ce parfum pour lui-même, elles n'y résistèrent pas. Présentés officiellement au moment du défilé automne-hiver 1959-1960 – la simplicité de la ligne *princesse* des robes était encore rehaussée par les fourrures les plus précieuses des collections parisiennes : vestes de panthère, pardessus en ciré noir doublés de vison, pelisse en doblis beige fourrée de léopard... –, *Monsieur de Givenchy* et *L'Eau de Vétiver* se classèrent d'emblée parmi les meilleures ventes. Son rayonnement était tel, aux Etats-Unis, que le couturier fut contacté pour créer une ligne de cosmétiques en exclusivité pour ce pays. Affectueusement surnommé *Girafe de Givenchy* – une référence malicieuse à sa taille – par la presse américaine, Givenchy, qui avait développé des liens très intimes avec sa clientèle américaine au cours des années passées, accepta immédiatement cette proposition pour le moins séduisante. « Chaque étape me passionnait. Le choix des couleurs et des textures mais également le dessin des objets. J'ai ainsi imaginé un rouge à lèvres dissimulé dans un œuf de cristal – en hommage à Fabergé – qui s'ouvrait et révélait tube et pinceau. J'avais encore en mémoire les trésors contenus dans le sac de la comtesse Gazzoni... C'est en pensant à elle que j'ai conçu un poudrier qui a connu un véritable succès financier. Il s'agissait d'un coquillage d'or fermé par deux saphirs. Travail et plaisir... Je me suis beaucoup amusé. »

L'un des baromètres les plus infaillibles pour mesurer l'étendue de la notoriété d'un couturier est bien sûr le cinéma. Si son travail dans ce domaine reste pour toujours lié à Audrey Hepburn, il fut également très sollicité pour *givenchyser* d'autres étoiles à l'écran. Dès les mois qui suivirent son déménagement, il collabora à trois productions importantes, sorties en salle au cours de l'année 1960, dont *La Vérité* d'Henri-George Clouzot, que les cinéphiles considèrent comme le meilleur film de Brigitte Bardot. « Je l'ai vue pour la première fois à Saint-Tropez où je louais chaque année la maison de Lucien Teissier à la Ponche. La voir au bras de Vadim demeure une vision inoubliable. La façon dont elle marchait sur la pointe des pieds, sa grâce de ballerine, ce port de tête royal... Je n'ai jamais habillé un corps plus sublime de toute ma vie. Brigitte était fabuleusement belle – c'est un cliché mais que dire d'autre ? – et personne ne la remplacera. Les clones, plus ou moins réussis, qui se succèdent depuis des années ne lui arrivent pas à la cheville. Son cas est unique au monde. Au-delà de son charisme, j'ai depuis toujours le plus profond respect pour ce qu'elle fait envers les animaux. Son courage est admirable. Les mufles étant monnaie courante, les critiques sont faciles, surtout venant de gens qui ne lèvent pas le petit doigt. Mais qu'importe... Grâce à elle les traitements atroces qu'on leur inflige sont sans cesse dénoncés. C'est une très grande dame et une image superbe de la France.»

Givenchy retrouva également Juliette Gréco – ils s'étaient connus chez Schiaparelli où elle commanda ses premières robes noires haute couture – dans un film de Richard Fleischer, *Drame dans un miroir*, où elle incarnait une meurtrière machiavélique face à Orson Welles. « Les robes sont de Givenchy, les bijoux de Van Cleef & Arpels mais les péchés sont bien les siens! », pouvait-on lire sur les affiches. Un raccourci aussi exact que savoureux. Enfin, il imagina les costumes de Kay Kendall pour l'irrésistible *Chérie, recommençons*, dont le titre français, absolument stupide, ne donne aucune idée. Le réalisateur Stanley Donen avait gardé le meilleur souvenir de sa collaboration avec Givenchy sur *Drôle de frimousse*, c'est pourquoi il se tourna tout naturellement vers lui pour créer les onze tenues – d'un coût total de deux cent cinquante mille dollars – de l'actrice anglaise. Cette dernière étant à la fois une cliente fidèle – en deux ans elle n'avait porté que des modèles Givenchy – et une amie exquise, le couturier accepta à une seule condition... que le plateau restât interdit aux étrangers, et qui plus est à la presse, dès que Kay apparaîtrait. En effet, il avait été contacté en février 1959 pour concevoir des vêtements que le public ne découvrirait à l'écran que plus d'un an après. Givenchy consentit à travailler très à l'avance sur ses nouvelles lignes mais le secret devait être farouchement gardé. Le parfum de mystère qui entourait les studios de Boulogne excita la curiosité des journalistes, mais pas une indiscrétion ne filtra. Afin de donner l'impression d'une élégance intemporelle, il décida de n'utiliser que des tissus noirs et blancs alors que Donen tournait en Technicolor. Le résultat est d'une surprenante modernité, et la sobriété raffinée des ensembles gagnait également en intensité dramatique. Bien que très souffrante – elle devait mourir d'une leucémie à trente-deux ans peu avant la sortie du film –

Kay Kendall n'a jamais été plus radieuse. Dans le rôle de Dolly Fabian, l'épouse d'un chef d'orchestre caractériel interprété avec jubilation par Yul Brynner, elle excellait dans ce registre qui était le sien, la comédie sophistiquée, ainsi que l'avaient révélé George Cukor et Vincente Minnelli. Certaines apparitions sont véritablement à couper le souffle, telle cette scène où elle porte une robe du soir *princesse* à bustier, composée de plusieurs couches neigeuses d'organza et de dentelle de Chantilly rebrodée de cristal de roche. « Kay était un être que l'on ne pouvait qu'adorer, rappelle Givenchy. Elle avait tant de charme et d'esprit, mais un type d'humour très subtil, à son image. Même sa beauté était spirituelle, et pourtant, lorsque nous avons fait les essayages pour le film, elle était plus qu'épuisée, et je faisais très attention de ménager ses forces. Kay paraissait toujours sur le point de s'évanouir mais son professionnalisme était admirable. Jamais une plainte. Je contenais à grand-peine mes larmes. » La Columbia en fit l'événement cinématographique de l'année, présenté en exclusivité à Londres au cours d'une soirée de gala en présence de la reine, et chaque projection fut précédée d'un documentaire sur la garde-robe de l'actrice, que l'on voyait aux côtés de Givenchy dans le studio de l'avenue George-V. Curieusement, le film est aujourd'hui oublié alors qu'il devrait être considéré comme un classique du genre.

« Contrairement à d'autres personnalités très en vue, on ne le voyait guère dans les lieux à la mode, comme *L'Eléphant Blanc, Le Jimmy's, Au Franc Pinot* ou *Chez Anna*, déclare la journaliste Maggi Nolan. De temps à autre, il apparaissait à une première ou à une fête de charité, mais c'était un homme d'une grande discrétion. » Il est vrai qu'à la fin d'une journée de travail très sollicitante, le couturier préférait se consacrer à ses intimes. Une pièce de théâtre avec Béatrice, un dîner en tête à tête avec Capucine, ou retrouver Marie-Charlotte pour aller danser, comme ils aimaient tant le faire... des joies inégalables. Givenchy était également disponible pour ses amis dans toutes les circonstances importantes de l'existence. Ainsi, lorsque Audrey mit au monde son premier enfant, Sean Ferrer, il se rendit immédiatement à la maternité de Lucerne avec une somptueuse robe de baptême, dessinée spécialement et réalisée dans les ateliers de l'avenue George-V. Il assista d'ailleurs à la cérémonie célébrée en Suisse dans la chapelle de Bürgenstock, aux côtés d'Audrey – en Givenchy, comme son fils –, de sa mère, la baronne van Heemstra, ou du romancier A.J. Cronin. Très logiquement, ce déménagement ne fit que renforcer ses liens avec Cristobal Balenciaga. « En période de collections, à minuit ou une heure du matin, après avoir vérifié que la lumière était toujours allumée en face, nous nous téléphonions simplement pour faire une pause. Très souvent, il me demandait de l'accompagner à la messe de 17 heures 45, puis nous allions prendre un martini chez lui, avenue Marceau. Nos conversations étaient toujours très intimes, sans affectation. Je me souviens qu'un jour, Cristobal m'avait fait part d'un événement qui me paraissait incroyable.

" Ce n'est pas possible ce que vous me dites là, me suis-je exclamé incrédule.

— Hubert, ne me répétez plus jamais ça ! a-t-il répondu, visiblement bouleversé. Je n'ai jamais menti de ma vie. " Comment oublier son regard à cet instant précis ? J'avais douté de lui et il ne pouvait le comprendre. Ce mélange de sensibilité et de probité le résume parfaitement. J'ai aussi assisté avenue Marceau à de merveilleux dîners qu'il donnait pour quelques proches. J'y retrouvais Marie-Louise Bousquet, la marquise de Llanzol – sa grande amie Sonsolès –, Cecil Beaton, Luis Mariano – tout en blanc, gominé, rieur, le Châtelet à domicile ! – ou Jeanne Toussaint, l'une des femmes les plus fascinantes que j'aie jamais rencontrées. »

Personnalité hors du commun, cette dernière fut d'abord une *cocotte* célèbre sous le nom de Pom-Pom, avant de devenir la maîtresse de Louis Cartier, et sa directrice artistique dès les années vingt. Sa contribution au monde de la joaillerie demeure inestimable. On lui doit en particulier des animaux en pierres précieuses très imaginatifs – le célèbre bestiaire Cartier –, comme ces panthères de diamants et saphirs si prisées par la duchesse de Windsor, qui avait rebaptisé Jeanne « ma dame aux bijoux ». Colliers *tigre*, bracelets *crocodile,* broches *libellule* ou *flamant rose...* Des pièces de collection que l'on retrouve désormais dans les catalogues des plus grandes ventes aux enchères. Devenue une véritable légende vivante, elle fut immortalisée par les peintres les plus renommés de son temps – Helleu, Boldini, Drian, Sem ou Iribe –, tout en poursuivant ses recherches jusqu'à imposer définitivement au monde entier le « goût Toussaint », une référence absolue, qui mêlait des influences aussi diverses que la faune africaine et le xviiie siècle français, et que l'on retrouvait aussi dans les objets les plus usuels. « Je vais découvrir un nouveau trésor », disait son ami Bébé Bérard en s'emparant de son sac à main. « Elle en sort une boîte d'onyx et de corail aussi douce aux mains qu'un savon mouillé, un pommeau de canne Louis XVI fait d'un gros saphir étoilé entouré de diamants, écrivit Denise Bourdet. " C'est mon bâton de rouge. Les femmes m'agacent quand elles cherchent fébrilement leur tube (...) perdu dans le fouillis de leur sac. Celui-là, on le trouve facilement... [3] " » Un briquet est d'ailleurs à l'origine de ses retrouvailles avec Givenchy, qu'elle n'avait jamais revu depuis les thés de Robert Piguet. « Un soir, chez le duc et la duchesse de Windsor, je remarque une tortue minuscule en écaille et en or que le duc utilisait pour allumer ses cigarettes. Une création exclusive imaginée pour lui par Jeanne Toussaint. Le duc m'ayant autorisé à aller chez Cartier afin d'en commander une, je me suis rendu place Vendôme dès le lendemain, se souvient le couturier. Intriguée par cette demande très inhabituelle, Jeanne a demandé à me voir. En noir des pieds à la tête, ses cheveux blancs coupés très court, elle portait le collier le plus fabuleux qui fût, un plastron de perles rares fermé par une poignée de diamants. Au cours de notre entretien, elle m'a avoué son admiration pour Balenciaga, chez qui elle s'habillait souvent sans l'avoir jamais rencontré. Cristobal, très touché par ses propos, a immédiatement proposé d'organiser un déjeuner avenue Marceau. Or Jeanne préféra nous recevoir chez elle, car une surprise nous attendait... Le jour J, nous arrivons 1, place d'Iéna, et Jeanne nous ouvre elle-même la porte, vêtue d'un ensemble noir – comme toujours – très simple, qui mettait en valeur sa minceur : pantalon-cigarette, pull de cachemire et ballerines... sans oublier son inséparable collier, une mousseline rose nouée au poignet et un tablier espagnol

1. Marguerite Badin, grand-mère d'Hubert de Givenchy.

2. Jules Badin, grand-père d'Hubert de Givenchy, dans son atelier de la manufacture de tapisseries à Beauvais.

3. Béatrice de Givenchy, complice de la première heure et modèle de perfection féminine pour son fils Hubert.

4. Hubert de Givenchy (à droite), et son frère Jean-Claude.

5. De gauche à droite, Christos Bellos, Hubert de Givenchy et Philippe Venet, lors d'un séjour à Venise à la fin des années cinquante.

6. Marie-Charlotte Vidal-Quadras et Hubert de Givenchy, chez leur ami François d'Harcourt.

7. Audrey Hepburn et Hubert de Givenchy au cours du bal donné par les Patiño en septembre 1968, au Portugal.

8. Capucine et Hubert de Givenchy assistent à une soirée franco-américaine pour la sauvegarde de Versailles, en novembre 1973.

9. Hubert de Givenchy et ses mannequins arrivent au Brésil en 1956. A ses côtés, Denise Sarrault.

10. Marie-Louise Bousquet et Hubert de Givenchy chez leur amie Liliane de Rothschild.

11. La duchesse de Windsor vêtue de la célèbre robe rebrodée d'une sarabande de singes musiciens, inspirée par les fresques de Christophe Huet à l'hôtel de Rohan-Soubise.

12. Hubert de Givenchy et Walter Lees entourent la comtesse Mona Bismarck.

13. Hubert de Givenchy.

14. Le Jonchet.
Tableau de Jean-Marc Winckler.

constellé de sequins. Son appartement lui ressemblait, audacieux et raffiné à la fois. Quelques précieux meubles Louis XV et partout des orchidées qui paraissaient sortir du sol, comme si elles poussaient à même le parquet. Ce jour-là, tout avait été élaboré en hommage à Cristobal. Elle avait préparé un délicieux déjeuner espagnol – Jeanne était aussi un cordon bleu – que nous avons pris dans la salle à manger qui ne ressemblait à rien de ce que j'avais pu voir ailleurs. Une table de cuisine en bois blanc, mais tellement cirée qu'elle avait la teinte exacte de l'ivoire, et deux grenades gothiques en fer pour seuls ornements. Une fois le dessert pris, nous eûmes droit à la surprise tant attendue. Elle nous a emmenés dans une pièce immense et vide, à l'exception de tambours de pluie chinois. Les murs étaient tapissés de vastes penderies où elle gardait toutes ses robes de haute couture depuis plusieurs décennies. Poiret, Chéruit, Augustabernard, Dior, Balenciaga... un vrai trésor. Quelle émotion pour Cristobal et moi. Nous les avons admirées une par une, et jamais je n'oublierai ces splendeurs. Comment imaginer aujourd'hui que l'on puisse porter des bottes en cuir de Russie rouge rebrodé d'émeraudes cabochons? La nuit était tombée depuis très longtemps lorsque nous sommes quittés.»

Ernestine Carter note que, dès 1959, « Givenchy était passé de créateur d'une originalité excentrique au statut de couturier, égalant en force son maître, Balenciaga [4]. » La presse a souvent souligné l'influence de Cristobal sur lui, influence que ce dernier revendique, bien que quiconque ayant étudié attentivement leur travail se doive de nuancer ce constat hâtif. En effet, si leurs collections se caractérisaient par une sobriété évidente de lignes et par la rigueur avec laquelle leurs vêtements étaient *construits* – certains évoquèrent l'école de la difficulté la plus absolue –, les deux amis suivaient pourtant des voies très personnelles. Au-delà d'une similitude de priorités, bien des différences étaient notables, que ce fût dans l'interprétation technique, dans le traitement des tissus, dans le choix des couleurs ou dans l'importance accordée aux accessoires. La cohérence du parcours emprunté par Hubert a toujours été limpide. Des séparables aux robes *chemise* ou *princesse,* son idéal de simplicité élégante, soulignée par une touche de fantaisie malicieuse, n'a jamais cessé de s'affirmer au fil des saisons, et bien avant de rencontrer Cristobal. La cliente Givenchy était d'ailleurs beaucoup plus jeune – à l'image d'Audrey Hepburn, ambassadrice de la griffe – que celle de Balenciaga, pour qui seule comptait la distinction. Comme le rappelle Pauline de Rothschild, « l'essayeuse avait coutume de dire : un soupçon de ventre... cela ne déplaît pas à monsieur Balenciaga [5]. » Ce qui ne l'empêchait nullement d'habiller aussi les filles de ses fidèles habituées, de ravissantes débutantes comme Victoire de Montesquiou-Fezensac, si souvent comparée à Grace Kelly.

« La force de ces deux couturiers a été de conquérir leur indépendance par rapport à la mode dès les années cinquante, analyse Catherine Join-Diéterle, conservateur en chef du musée Galliera. Il leur a été possible de créer des silhouettes très personnelles sans être obligés de suivre les courants extérieurs, comme cela avait été le cas pour la plupart de leurs prédécesseurs. Balenciaga et Givenchy étaient parvenus à un tel degré d'indépendance, et donc de force, qu'ils pouvaient imposer leur volonté sans avoir à se justifier. Ils n'étaient plus des faiseurs mais de véritables stars. Cette possibilité de suivre librement leur inspiration, tout en respectant une certaine idée qu'ils se faisaient de la beauté et de l'élégance, est essentielle pour comprendre leur souveraineté. D'autant plus qu'ils étaient très liés à leurs nombreuses clientes. Ils sont parvenus à leur faire porter des créations d'une grande originalité pour l'époque. Les exemples abondent en ce qui concerne Givenchy, tel ce manteau réversible rouge et noir de l'hiver 1958, absolument extraordinaire avec son col entonnoir presque aussi large que les épaules, ses emmanchures hexagonales et sa fermeture à quatre boutons reportée sur le col. Heureux triomphe de la géométrie au service de la richesse de l'imagination. A l'opposé de ce que faisait par exemple une Chanel. Un style merveilleux, certes, mais sans aucun risque et peu inventif, il faut bien le reconnaître. »

Fernando Martinez Herreros confirme que les pouvoirs du couturier espagnol s'étendaient à bien des domaines. « La décision de Balenciaga d'utiliser telle ou telle qualité d'étoffe ou un certain type d'accessoire avait une énorme répercussion dans le monde économique de la mode. Qu'il souligne ou non la taille d'une ceinture pouvait, par exemple, sauver des usines entières. S'il décidait d'utiliser une certaine qualité de peau, son prix montait aussitôt, aussi bien en Europe qu'en Amérique [6]. » Un constat qui pourrait tout aussi bien s'appliquer à Hubert de Givenchy. Les journalistes, fascinés, consacrèrent des pages entières à ce duo unique en son genre, surtout dans un milieu où la compétition a toujours été de rigueur entre confrères. Certains évoquèrent l'esprit des chevaliers de la Table ronde, et Eugenia Sheppard est allée jusqu'à dire qu'un tunnel secret devait lier leurs maisons de couture.

Entre la préparation d'une nouvelle collection, une collaboration cinématographique, des interviews pour promouvoir ses diverses activités et des déplacements professionnels à travers le monde, le couturier ne disposait que de très peu de temps libre. Il n'en négligeait pas pour autant ses liens avec Béatrice. Après avoir vécu près de dix ans ensemble rue Fabert, Givenchy l'installa d'abord avenue Franco-Russe, non loin de la maison de couture, avant de choisir définitivement la rue de Constantine aux Invalides, à quelques mètres de chez lui. « Nous sortions souvent ensemble, et je l'emmenais parfois en voyage ou en vacances, selon l'évolution de sa santé, toujours si fragile. Lorsque j'étais à Paris, j'allais la retrouver presque chaque soir pour lui apprendre les dernières nouvelles amusantes qui circulaient, ce qui la déridait immanquablement. Je donnais également des dîners pour elle, au cours desquels maman portait des robes d'hôtesse que je créais spécialement à son intention. Elle a toujours été très élégante, déclare-t-il en souriant. Cristobal, qu'elle adorait, lui avait d'ailleurs offert un manteau sublime qu'elle mettait pour aller au théâtre. Une houppelande noire doublée d'organza shantung, d'une légèreté absolue afin de ne pas peser sur les épaules d'une personne âgée. Toute la délicatesse de Cristobal, qui aimait beaucoup la recevoir à la Reynerie. » André Alavoine confirme que « tante Sissi éprouvait beaucoup de tendresse pour Balenciaga, dont la photographie ne quittait jamais sa table de chevet. Jusqu'à sa mort, il lui a envoyé un cadeau à Noël et venait lui rendre visite dès que possible. Elle était très sensible à sa gentillesse et comprenait l'extraordinaire amitié qui le liait à Hubert.» Janette Mahler, qui accompagnait Béatrice chez le médecin et s'occupait de toutes ses démarches administratives, souligne elle aussi leur attachement réciproque. « Madame de Givenchy adorait son fils. C'était une vraie passion... culte est le mot approprié», affirme-t-elle. Hélène Bouilloux-Lafont apporte cependant un éclairage des plus révélateurs. « Une femme remarquable mais très exigeante, très exclusive ! Hubert était son chevalier servant à qui elle pouvait tout demander, et Béatrice la prima donna qu'il comblait d'attentions. Il lui a d'ailleurs offert un appartement où tout avait été pensé par lui, de la femme de chambre à la cage à oiseaux. Un couple fascinant et complexe.» Givenchy ne cache pas qu'avec le temps, sa mère est devenue plus difficile. « Mais sa vie n'avait pas été très heureuse, et son visage, si souvent triste, me bouleversait. Je l'aimais tant que son irritabilité ne comptait guère, confesse-t-il aujourd'hui. J'en garde un souvenir si tendre. Ma plus grande joie était de l'apercevoir dans l'assemblée un jour de collection. Elle m'encourageait comme elle l'avait toujours fait. Quand il lui fut impossible de se déplacer, c'est moi qui courais lui raconter le moindre détail.» Catherine Join-Diéterle, qui est également la cousine du couturier, décrit avec subtilité et poésie les liens qui unissaient le créateur et Béatrice. « Il a ce charme extraordinaire qui caractérise souvent les enfants et que seuls gardent à l'âge adulte des hommes qui ont eu cette relation très particulière, très profonde avec leur mère. Cet amour réciproque est un capital pour la vie entière et irradie tout au long de l'existence. C'est un phénomène absolument fascinant chez Hubert.»

X
Petit déjeuner chez Tiffany's

« Je suis allée prendre dans mon placard mon long manteau de cachemire blanc crème, un modèle de chez Givenchy que je m'étais acheté avec une partie de l'héritage de papa. C'était la dépense la plus folle que j'avais jamais faite pour moi. »

Rebecca WELLS,
Les Divins Secrets des petites Ya-Ya.

« Si la robe du soir d'Avril avait été suspendue à un cintre, elle n'aurait pas manqué de tâter des deux mains sa simplicité étudiée. Elle trouva un compromis, en disant : " Givenchy ce soir " ? »

Molly KEANE, *La Revenante.*

1961 vit l'échec du putsch militaire en Algérie, l'édification du mur de Berlin, la sortie dans l'espace du premier cosmonaute, Youri Gagarine, ou la nomination de J. F. Kennedy à la présidence des Etats-Unis. Lors de leur premier voyage en France, dès le printemps, son épouse Jacqueline, adulée des foules aux quatre coins du globe, portait les couleurs d'Hubert de Givenchy, aux côtés du général de Gaulle... De Marie-Antoinette à la princesse Diana, histoire et mode ont souvent fait bon ménage. La même année, le couturier devint l'un des Français les plus célèbres à travers le monde grâce à *Diamants sur canapé*, considéré comme l'un des chefs-d'œuvre du septième art.

Personne n'a oublié la scène d'ouverture du film, lorsqu'un taxi dépose Audrey Hepburn sur la Cinquième Avenue, à l'aube. Vêtue d'un long fourreau noir Givenchy, le visage dissimulé par des lunettes de soleil, une vaporeuse étole de soie blanche reposant sur son bras ganté de sombre, elle flâne, devant les vitrines du joaillier new-yorkais Tiffany's, croissant et gobelet de café brûlant à la main, sur l'air de *Moon River*, le *standard* mélancolique d'Henry Mancini. Un petit déjeuner inoubliable pour des millions de spectateurs et une leçon d'élégance toujours aussi fascinante alors que commence l'an 2000. Adapté de la nouvelle de Truman Capote, *Diamants sur canapé* évoquait l'existence tumultueuse d'Holly Golightly, une call-girl désarmante de naïveté et d'espièglerie, et par là même irrésistible. Pour la quatrième fois en l'espace de sept ans – le tournage débuta à l'automne 1960 –, Audrey et Hubert collaboraient.

« Sa grâce et sa gentillesse faisaient que nous éprouvions une joie extraordinaire à nous retrouver : il y avait comme un complot caché entre nous, précise le couturier. Notre méthode de travail était parfaitement définie. La collection en cours nous servait toujours de point de départ. Audrey venait, choisissait, et nous transformions chaque tenue pendant des heures, personnalisant en fonction du scénario. Rien n'était laissé au hasard, pas même les accessoires. Ainsi, le collier qu'elle porte dans la première scène était un hommage au plastron de perles et de diamants de Jeanne Toussaint. J'ai beaucoup appris avec Audrey. Elle privilégiait à raison le côté " effet " de cinéma, ce qui était passionnant pour moi car cette démarche m'était complètement étrangère. J'accordais de l'importance à certains détails haute couture totalement invisibles à l'écran. Notre duo était une véritable association. »

Jamais leur échange ne fut plus créatif pour la postérité. A l'époque, Givenchy était parvenu à l'essence même de son art, et l'alliance parfaitement maîtrisée – tant sur le plan imaginatif que technique – de simplicité et d'extrême élégance de ses modèles, fut immortalisée à jamais par Audrey grâce à la caméra de Blake Edwards. La petite robe noire qu'elle porte pour se rendre à la prison de Sing Sing demeure une référence absolue. Désembourgeoisée – pas l'ombre de l'incontournable vison à l'horizon –, avec pour accessoires principaux un grand chapeau et une paire de lunettes de soleil, elle restera à jamais d'une modernité intemporelle, tout comme le manteau de lainage citrouille portée par l'héroïne pour faire l'école buissonnière ou l'ensemble de cocktail fuchsia dont elle est vêtue lorsque arrive le télégramme annonçant la mort de son frère. Quel couturier n'a pas rêvé d'imaginer cette silhouette d'ingénue sophistiquée?

Aujourd'hui encore, les références à *Diamants sur canapé* abondent dans le monde de la mode et de la publicité. Que l'on songe seulement aux affiches de lancement du parfum *Cinquième Avenue* d'Elizabeth Arden... Aimer Audrey dans ce film, c'est aimer une génération dans son expression la plus idéale. « Holly et *Moon River* semblaient faire partie intégrante de ce bref éden que fut la présidence Kennedy[1] », écrit d'ailleurs Barry Paris. Mais laissons le dernier mot à Cecil Beaton : « En adoptant une mode et en l'interprétant selon une intuition personnelle de son rapport avec l'époque, une femme peut faire de cette mode sa propre destinée[2]. » Qui dit mieux?

L'actrice – qui répétait souvent combien les vêtements du couturier l'aidaient à compenser son absence de technique dramatique, car elle n'avait suivi aucune formation théâtrale – se rendait aux essayages, avenue George-V, accompagnée de l'un de ses inséparables yorkshires, Famous ou Assam of Assam, partageant cette passion des chiens avec son ami Hubert. « Dès qu'elle voyait Monsieur, c'était comme si elle venait de découvrir un trésor, se souvient Janette Mahler. Ils étaient très attentifs l'un à l'autre et se portaient mutuellement bonheur, comme *Diamants sur canapé* l'a une fois de plus prouvé. En quarante ans, jamais une seconde de retard, et toujours un mot de remerciement pour son habilleuse ou la première d'atelier... on était loin de certaines personnalités, infiniment moins connues dans certains cas, qui n'avaient pas son éducation et sa délicatesse. Elle a toujours été une grande dame, même à vingt ans, tout en étant malicieuse, et très tendre. Le mélange a de quoi surprendre, et pourtant telle était Audrey. »

Le succès de ce couple reposait également sur des qualités humaines peu communes. Sa vie durant, Audrey fut considérée comme une extraterrestre – un ange... – dans le milieu du cinéma. Selon le critique Rex Reed, celle que Frank Sinatra avait rebaptisée « la princesse » était « aussi rare qu'une girafe bleue ». A tel point que la reine mère Elisabeth eut ce mot, resté célèbre, après l'avoir rencontrée : « Mais... elle est des nôtres ! »
Certains se méfiaient d'ailleurs de tant de perfection. « Peut-on vraiment être noble, attentionné et perpétuellement bon à ce point [3] ? », interrogeait dubitativement un magazine. La réponse était sans hésitation oui, ainsi que le confirment les nombreux témoignages. Pour Audrey comme pour Hubert, la courtoisie, la prévenance et le respect de soi-même qui commençait par le respect des autres, n'étaient pas de vains mots, n'en déplaise aux cyniques, qui citeront volontiers Paul Valéry – « on peut gâcher sa vie par politesse » –, pour mieux se déculpabiliser. L'allure de la jeune femme reflétait avant tout un sens de soi projeté dans la façon de se vêtir, l'élégance intérieure commandant la tenue externe, et le public le percevait intuitivement en voyant ses films, et en admirant les créations du couturier qui obéissaient à la même façon de se concevoir. « La silhouette que l'actrice se compose à la ville comme à l'écran exprime sa manière d'être et constitue le prolongement immédiat d'un jeu, d'une attitude, d'un goût cohérent, authentique et droit. En un mot, cela s'appelle le style », notait *Elle* en 1993, soulignant que pour « la plupart des actrices, une incursion au Festival de Cannes atteste qu'en dehors de quelques premières très concertées, rares sont celles qui manifestent un goût pour la couture. Il en fut tout autrement d'Audrey Hepburn [4]. » Comme l'affirme son ami et partenaire de *Diamants sur canapé*, l'écrivain José Luis de Villalonga, pourtant réputé pour la férocité de ses propos : « Audrey était la distinction, l'élégance mêmes. D'ailleurs, je ne l'ai jamais vue habillée autrement que par Givenchy [5]. »
Les forces émotionnelles qui liaient les deux amis étaient véritablement de nature symbiotique. A tel point qu'Audrey lui demanda de l'escorter pour la première du film à Londres en

présence de la reine, afin de savourer ensemble leur triomphe. « Je chéris particulièrement ce souvenir, confesse Givenchy. Nous étions descendus au Claridge, et il suffisait d'ouvrir une porte pour nous voir. Nous ne nous quittions pas une seconde. Avant de partir pour la soirée, je l'ai aidée à s'habiller, puis nous avons pris place dans la Rolls. Audrey, si naturellement pudique, essayait toujours de dominer ses sentiments les plus intimes. Le monde extérieur ne devait pas remarquer combien elle était en réalité vulnérable. Il en allait de sa survie. Mais lorsque nous étions ensemble, elle ne se bridait pas. Ce soir-là, elle m'a confié un souvenir très bouleversant : à ses débuts, pour survivre, elle dansait dans des cabarets londoniens ; à la fin de sa prestation, elle rentrait seule à pied, ses chaussons sous le bras, et dans la rue, des prostituées, absolument adorables avec cette adolescente exquise, l'appelaient par son prénom et lui demandaient de ses nouvelles : " Alors Audrey, tu as passé une bonne soirée ? Surtout ne t'attarde pas dehors et rentre vite à la maison. Fais bien attention à toi. " Elle s'est alors tournée vers moi et m'a dit, très émue en se rappelant la gentillesse de ces femmes : " Nous allons rencontrer la reine dans quelques minutes. Aurais-je pu alors penser en arriver là un jour ? Si mes amies pouvaient me voir maintenant... " » Alors que la Rolls traversait Picadilly Circus, Hubert, main dans la main d'Audrey, aurait pu faire sienne cette pensée de Pierre Loti évoquant ses escapades en calèche avec sa complice Sarah Bernhardt... « Nous étions rapprochés d'âme ».

En 1961, le premier séjour présidentiel du couple Kennedy à Paris mit une fois de plus Givenchy sur le devant de la scène internationale. Le couturier, qui entretenait des liens privilégiés avec Jacqueline bien avant qu'elle ne devînt première dame des Etats-Unis, avait été choisi par cette dernière pour l'habiller au cours de ce voyage de huit jours, quand toutes les maisons de la capitale se seraient damnées pour avoir ce privilège. Pendant des semaines, le secret absolu régna entre l'avenue George-V et la Maison-Blanche, alors que la presse les harcelait pour obtenir ne serait-ce qu'une piste. « Jackie et sa sœur Lee ont été mes clientes des années durant, et je crois qu'elles appréciaient notre discrétion à leur égard. Ce qui relevait souvent des douze

travaux d'Hercule ! Il faut imaginer que lors de l'arrivée des Kennedy en France, mon service de presse a été pris d'assaut du matin au soir, mais nous n'avons pas cédé. Chacune de ses apparitions devait être une surprise. Le lendemain de la fameuse soirée de gala à Versailles, Jackie m'a envoyé une lettre où elle me faisait part de la réaction du général de Gaulle en la voyant : " Madame, vous êtes très belle, vous ressemblez à un Watteau. " Ce qui venant d'un homme aussi peu futile et mondain a été pour moi le plus merveilleux des compliments.»
Photographiée dans la galerie des Glaces vêtue de cette robe de soie blanche – dont le bustier avait été rebrodé de motifs floraux –, Jacqueline Kennedy évoquait bien une gracieuse héroïne des *Fêtes galantes,* tout en étant l'ambassadrice du plus contemporain des créateurs.

Concevoir la garde-robe de l'épouse du président des Etats-Unis n'était pas sans poser de nombreux problèmes diplomatiques. En effet, Jacqueline était censée incarner une image prestigieuse de son pays, et on lui a beaucoup reproché son attachement à la France et sa prédilection pour le travail d'Hubert de Givenchy. C'est ainsi que son couturier officiel devint Oleg Cassini. « Je n'ai bien souvent accordé que peu d'importance à l'absence de scrupules de certaines personnes, comme Edith Head ou les sœurs Carita, mais je tiens à souligner la mauvaise foi d'Oleg Cassini, proteste-t-il. Depuis la disparition de Jacqueline, on publie tant de récits sur son compte afin d'exploiter la fascination qu'elle exerce sur le public, que monsieur Cassini a lui aussi fait paraître un livre dernièrement [6] où il a l'audace de montrer certains modèles réalisés par mes ateliers – et d'ailleurs répertoriés à la Chambre syndicale de la haute couture – comme s'ils étaient de lui ! Il va jusqu'à les accompagner de dessins de sa main, soi-disant les croquis d'origine. Je crois humblement pouvoir affirmer être pour l'essentiel responsable du célèbre style Jackie Kennedy – que j'ai habillée avant, pendant et après la campagne présidentielle, bien avant l'arrivée d'Oleg Cassini – jusqu'à ses chapeaux *pill-box* sortis des mains de Francine Desbois, notre modiste maison. Bien sûr, cela peut paraître dérisoire face à certaines tragédies, mais je crois sincèrement que de telles précisions s'imposent.»

D'autres clientes – comme Hélène Rochas, Jacqueline de Ribes ou Gloria Guinness – ont également joué à leur manière un rôle important pour le prestige de la griffe Givenchy, en posant dans certains modèles du couturier. *Vogue, Harper's Bazaar* ou *WWD* leur accordaient toujours des pleines pages très remarquées. On retrouvait d'ailleurs, dans la liste des douze femmes les plus élégantes du monde publiée par le magazine *Noir et Blanc* en 1961 [7], plusieurs inconditionnelles de l'avenue George-V, comme Jacqueline Kennedy, Audrey Hepburn, Donna Marella Agnelli ou la princesse Grace de Monaco, pour ne citer qu'elles. En fait, à l'exception de la reine Sirikit de Thaïlande, les onze autres élues avaient toutes porté ses modèles un jour ou l'autre.

Son « chiffre d'affaires cette année dépasse de douze millions celui de l'année dernière [8] », annonçait *Paris-Jour* en 1961. Le succès touchant l'ensemble des activités de la maison Givenchy – lignes boutique et haute couture, parfums et licences diverses –, il put agrandir ses locaux grâce à l'acquisition de deux étages supplémentaires. Désormais trop sollicité pour concevoir lui-même ses vitrines, Givenchy faisait appel depuis déjà un certain temps à la talentueuse Janine Janet, à qui Balenciaga avait toujours donné carte blanche. Son imagination opérait des miracles, et elle pouvait concevoir des décors aussi différents qu'un galion perdu au fond de l'océan avec ses trésors ou une scène mythologique peuplée de faunes en écorce de bouleau. « Les vitrines de Cristobal étaient un spectacle inoubliable photographié par des touristes venus du monde entier, et j'ai eu à mon tour la chance de travailler avec cette artiste extraordinaire qu'était Janine. Venir découvrir ses dernières mises en scène était une joie pour mes clientes et pour les journalistes. Je me souviens en particulier d'une série de bustes en branches de corail, jais et améthystes. A couper le souffle ! » Attentif au moindre détail, Cristobal Balenciaga avait parfaitement mesuré l'importance de l'agencement d'une maison de couture. Chaises dorées tapissées de crin ivoire, ascenseur librement inspiré d'une chaise à porteurs capitonnée de cuir rouge... autant d'éléments précieux à jamais liés au *mystère* Balenciaga.

Les collections haute couture des années 1960-1962 confirmèrent la suprématie du style maison. Tailleurs à jaquettes longues en lainages granités et flammés gris ou grège... sobres manteaux réversibles et robes tubulaires de jersey ton sur ton... redingotes à col officier rehaussées par des turbans de soie... et pour le soir des fourreaux en satin noir ou en broché aux couleurs de l'arc-en-ciel... Une silhouette précise et gracieuse dont l'estampille ne faisait aucun doute. Et toujours, cette touche de malice que l'on retrouvait dans certains passages, comme les fourrures *illusion* de l'automne-hiver 62-63 – tels ces pardessus en poulain imprimés *jaguar*, chaque tache de l'animal étant à y regarder de plus près un minuscule disque de calligraphie chinoise –, ou ces marinières de pêcheurs haute couture en vison, présentées la même saison. Sans oublier le chic excentrique de bien des accessoires, à commencer par ces chapeaux *champignon, parasol* ou *dôme*, et ces immenses cache-chignons en plumes. « Je ne crois pas à la mode qui descend dans la rue. Une maison de couture est un laboratoire qui doit conserver son mystère, et la publicité tapageuse ne facilite pas sa tâche. bien au contraire, expliquait alors Givenchy à *L'Express*. Un couturier doit constamment améliorer sa technique et approfondir ses idées. Il est plus important pour moi de trouver, à force de travail, une pince qui facilite le mouvement, que d'imposer à la taille une place précise. Ce goût de la perfection, c'est ce que les Américains viennent chercher à Paris. Dans ce domaine, nous sommes irremplaçables [9]. » On retrouvait bien des références, aussi discrètes que librement interprétées, dans ses collections, qui comptaient une moyenne de deux cent quarante modèles. Citons le défilé printemps-été 1962, dont certains passages avaient été inspirés par l'exposition *7 000 ans d'art en Iran* – qui avait enchanté les Parisiens pendant des semaines –, comme l'avaient influencé auparavant les singes musiciens de Rohan-Soubise ou les paravents de Coromandel.

Les carnets de commande ne désemplissaient pas. Si certaines femmes réclamaient des tenues portées par Audrey ou par Jacqueline Kennedy, d'autres – comme ce fut le cas de Sao Schlumberger – préféraient l'exclusivité. « J'ai rencontré Hubert en 1961 grâce à Pierre, mon mari, car ils s'appréciaient beaucoup, déclare aujourd'hui Sao Schlumberger. Avant de ne porter exclusivement que du Givenchy pendant près de vingt ans, je m'habillais à New York, chez Mainbocher. Or Pierre, homme d'un raffinement inouï, adorait les créations Givenchy. Nous avons donc pris rendez-vous avec lui. A cette date, personne n'incarnait mieux ce mélange unique d'élégance et de jeunesse, qui est à mes yeux l'image la plus parfaite du glamour des années cinquante et soixante. Lorsque Hubert m'a vue pour la première fois, je portais une robe noire très habillée, une zibeline et une parure de jade. Il a trouvé cela vraiment exagéré pour trois heures de l'après-midi! Il m'a appris à nuancer mes goûts en fonction des différentes occasions. A l'époque, nous menions une vie mondaine frénétique, et je me changeais au minimum trois fois par jour. Je tenais d'ailleurs un agenda où chaque ensemble était rigoureusement répertorié, accompagné de ses accessoires, afin de ne pas remettre deux fois la même tenue à Houston, Paris, Londres ou Lisbonne. Les grandes boîtes Givenchy arrivaient par douzaines! Et je n'ai jamais eu une mauvaise surprise. La perfection absolue, jusque dans la manière dont les vêtements étaient pliés à l'aide de plusieurs couches de papier de soie. Les modèles les plus audacieux retenaient toujours mon attention, et devinrent mon signe de reconnaissance. Le *less is more* était parfait pour Audrey Hepburn, mais en ce qui me concerne, j'ai toujours été plus fantasque. Je n'ai jamais oublié cette robe de bal très spectaculaire, car entièrement rebrodée de corail naturel, que j'ai choisie peu après notre rencontre. Seules Betsey Whitney et moi-même osâmes la commander. »

Sao Schlumberger appartenait désormais à ce groupe de privilégiées très jalousé qui faisait appel à Givenchy en toutes circonstances, puisque même ses robes de grossesse étaient dessinées par le couturier, comme ce fut le cas d'Audrey Hepburn, de Jacqueline Kennedy ou de Farah Diba. « Les créations de Balenciaga et de Givenchy ont une distinction particulière. Quiconque – doté d'un sens esthétique – pose les yeux sur une robe de Balenciaga reconnaîtra immédiatement une œuvre d'art, en ce sens que rien ne peut être enlevé ou ajouté. Cette simplicité de construction, qui vous coupe le souffle, caractérise également le travail de Givenchy, constatait alors le magazine *Queen*. La clé de leur succès auprès des clientes repose sur le fait que tous deux possèdent cette faculté magique de pouvoir traduire l'avenir. Leurs robes peuvent être portées très longtemps puisqu'elles reflètent à l'avance ce que Paris proposera avec plusieurs saisons de retard [10]. »

Par l'intermédiaire de certaines clientes, l'actualité internationale faisait parfois irruption d'une manière aussi inattendue que singulière dans les salons de l'avenue George-V. Ainsi, peu avant l'échec du débarquement de la baie des Cochons, en avril 1961, Givenchy reçut la visite de l'une de ses plus fidèles habituées, la comtesse Camargo, une élégante Cubaine, déjà d'un âge certain, qui arrivait toujours suivie de deux femmes de chambre transportant ses fabuleux bijoux dans des boîtes de savons « Œillet Mignardise » de Roger & Gallet, entourées d'un simple élastique, afin de ne pas attirer la convoitise d'éventuels voleurs. « Quel panache ! se souvient Alexandre. Elle m'a fait venir à Venise l'espace de quelques heures pour la coiffer à l'occasion du bal costumé donné par Beistegui en 1951. Refusant de porter une perruque, comme tous les invités, la comtesse avait exigé que j'utilisasse de la craie blanche en poudre pour évoquer l'esprit XVIIIe siècle du thème. Le lendemain, j'ai dû faire plus de dix shampooings avec je ne sais combien de douzaines d'œufs ! J'ai rarement vu un tel sens du faste. Car, naturellement, elle m'avait réservé une chambre au Danieli pour la nuit. Qui pourrait encore se comporter avec tant de luxe raffiné ? Une leçon que bien des nouveaux riches devraient méditer... » En cette occasion très particulière, la comtesse annonça à Givenchy dans le plus grand secret qu'elle avait appris de source sûre la préparation d'une offensive anticastriste soutenue par la C.I.A. « Elle m'a alors demandé de lui créer une tenue haute couture sur le modèle de celles que porteraient les soldats avec qui elle comptait débarquer... Sidéré, j'ai d'abord cru à une plaisanterie, mais elle n'avait jamais été aussi sérieuse de sa vie, dévoile-t-il. Elle avait même acheté à cet effet une montre oignon chez Cartier afin de figer à jamais le moment où elle poserait les pieds sur le sol natal, en pressant simplement un bouton. Amusé par sa candeur, et touché à l'idée de la voir enfin retrouver sa maison – que j'avais visitée lors d'un séjour peu avant le coup d'État de Fidel Castro –, j'ai décidé de jouer le jeu. Nous avons fait faire des tissus exclusifs aux coloris très typiques de la mer et de la végétation à Cuba, tout en étant capables de résister à l'agression de l'eau salée. Jamais uniforme militaire – treillis et veste – n'a été plus glamour!»

« Hubert, à la fois frère idéal et confident, a toujours été l'ami le plus généreux qui fût, souligne Marie-Charlotte Vidal-Quadras. Une invitation, un mot tendre, un cadeau... Il m'a comblée d'attentions, très personnalisées. Ainsi, sachant combien j'adorais les chiens, il m'a offert Yasmina, un spendide lévrier afghan que j'ai gardé pendant dix-huit ans, et qui ne répondait qu'au seul nom de Pussycat! Il connaissait également ma passion pour l'équitation et a découvert pour moi des cravaches de très grande valeur dans des ventes aux enchères à Londres. L'une avait appartenu à l'impératrice Joséphine, l'autre, une pièce rarissime du derby d'Epsom de 1840, était gravée au nom de Little Wonder. Il me l'a tendue en murmurant : " Car pour moi tu es a little wonder [11]... " Si au cours d'un déjeuner, je m'exclamais : " Oh, mon Hubert, ce tailleur à chevrons que porte Audrey dans son dernier film, quel rêve! " deux ou trois jours plus tard, on me le livrait à la maison. J'en venais à ne plus oser rien dire. Grâce à lui, j'étais élégante en toutes occasions, même dans les salles de rédaction de *Paris-Match*. En effet, un jour, Hubert m'annonce, un sourire aux lèvres : " Tu vas passer à la maison de couture, et je vais te faire un uniforme de journaliste. Tu pourras t'occuper de tes reportages dans la journée, et le soir, avec trois kilomètres de perles aux poignets et au cou, dîner chez Maxim's. " Il a créé pour moi seule deux ensembles en jersey, l'un beige et l'autre rouge laque, de la couleur exacte d'un autobus anglais. Je les ai usés jusqu'à la corde! Lorsque je me suis présentée au premier essayage, les ateliers avaient choisi par erreur un tissu bordeaux. Dès son arrivée, Hubert a tout renvoyé, alors que le tailleur était déjà monté. " Le bordeaux est impossible pour une blonde aux yeux bleus! " Tel fut son verdict. Sans oublier des épisodes plus éprouvants, car Hubert est aussi l'ami des mauvais jours. Le 7 novembre, il a toujours assisté avec Philippe à la messe célébrée en souvenir de Jean-Pierre à Saint-Philippe du Roule. La première année, le Tout-Paris était là, mais par la suite, il n'y avait pas foule. Enfin, lorsque ma mère se mourait, il a eu la délicatesse de lui offrir un saut-de-lit d'un raffinement inouï, ce qui a adouci ses derniers instants. Hubert, si pudique, déteste que l'on évoque ces souvenirs, mais comment les passer sous silence dans sa première biographie ? Et je pourrais multiplier les exemples à l'infini. »

Rue Fabert, le culte de l'amitié était célébré chaque jour. « Les proches de Monsieur étaient reçus à bras ouverts, pour un déjeuner ou un dîner, et lors de séjours, bien sûr. Ainsi, dès qu'elle arrivait d'Hollywood, Capucine descendait chez nous, surtout quand Monsieur était lui-même en voyage, ce qui fait qu'elle disposait entièrement de l'appartement. Chaque matin, je lui portais son petit déjeuner au lit et elle était aussi ravissante et élégante au réveil qu'à l'écran. Les meilleures amies de Monsieur ont toujours été des beautés. Audrey, Capucine, Marie-Charlotte... Un enchantement pour les yeux, et toujours si spirituelles. Capucine aimait, elle aussi, beaucoup la compagnie des animaux, et je n'oublierai jamais l'arrivée des chiens qui s'installaient sagement autour de son plateau, en attendant un morceau de brioche, rappelle Simone Valette. Et puis il y avait le rituel de retour de vacances de monsieur Balenciaga, qui arrivait toujours chez lui le premier alors que son personnel était encore absent. Monsieur me demandait de lui préparer un panier à pique-nique avec des surprises sans cesse différentes, et je jouais les petits chaperons rouges jusqu'à l'avenue Marceau. »

Givenchy n'aimait rien tant que de retrouver l'intimité des Invalides après une exposition, un film ou un spectacle. *3 000 ans d'art mexicain* au Petit-Palais ou *Antagonismes II* aux Arts-Déco, qui rassemblait une série d'objets usuels créés par des artistes renommés – bijoux de Picasso, cage à oiseaux de Bloc, lustre de Giacometti... *Jules et Jim, L'Année dernière à Marienbad, West Side Story, Lawrence d'Arabie* ou *Le Guépard...* Maria Callas interprétant *Norma* au palais Garnier dans une mise en scène de Franco Zeffirelli... Margot Fonteyn et

Rudolf Noureev... Autant de sollicitations irrésistibles. Oscar Wilde n'a-t-il pas écrit que « la meilleure façon de se débarrasser d'une tentation, c'est d'y céder » ? Le couturier se réfugiait le plus souvent possible aux Loges-en-Josas. Jardiner, lire ou dessiner au bord de la piscine inondée de soleil après quelques longueurs, jouer avec ses teckels Cathie et Filou, organiser un dîner pour des amis... autant de joies simples et irremplaçables. « Au fil des ans, la maison fut sans cesse agrandie. J'avais dit à monsieur Pouillon, un marbrier versaillais avec qui je travaillais souvent, que si par hasard il découvrait une bâtisse du XVIIIe siècle menacée de destruction, je la rachèterais immédiatement. " J'ai trouvé ce qu'il vous faut ! ", me téléphone-t-il un jour triomphalement. C'étaient... les deux ailes du château de Bellevue », précise-t-il aujourd'hui, en évoquant la retraite de madame de Pompadour à Meudon, construite en 1750 par Lassurance, et décorée par Van Loo et Boucher. « Tous les stucs de la salle de bain de la favorite étaient intacts, ainsi que la volière sur laquelle cette pièce donnait et qui jadis avait abrité paons et colombes, sans oublier des lucarnes miraculeusement préservées elles aussi. Monsieur Pouillon, qui avait été chargé de tout raser par des promoteurs immobiliers, avait pensé, à raison, que je serais intéressé. Quelle excitation indescriptible... J'étais inspiré à la fois par la maison de Jean Marais à Marne-la-Coquette – qui incarnait la quintessence de l'esprit *île-de-France* – mais surtout par la *Lanterne*, à Versailles, traditionnellement attribuée à nos premiers ministres, où j'avais été invité à déjeuner lorsqu'elle avait été prêtée à mes amis David et Evangeline Bruce, alors en poste à l'ambassade des Etats-Unis à Paris. Je pensais qu'en rassemblant les deux ailes, il serait possible d'édifier aux Loges une bâtisse sur le même modèle. Or Pierre Barbe, l'architecte de Jean Marais et des Schlumberger, que j'ai consulté longuement, m'en a dissuadé. En effet, il fallait impérativement asseoir ce type de résidence dans un environnement très précis – jardin à la française, pourtour en pavés... –, incompatible avec le charme très *Normandie* des Loges. Découragé, j'ai malheureusement abandonné le projet et demandé à Pierre d'entreprendre des travaux en tenant compte de la spécificité géographique. Nous avons protégé la piscine, et agrandi le pavillon grâce à mon ami François d'Harcourt, qui m'avait offert quatre portes du XVIIe siècle, autour desquelles furent construites de nouvelles pièces. »

Au printemps, avec les massifs en pleine floraison, et des poneys shetland – un cadeau de Jean-Claude – s'ébattant en toute liberté, l'atmosphère était idyllique. Très exceptionnellement, le couturier accepta d'y être photographié par le magazine *Look*, qui lui consacrait un article de fond dans lequel Audrey Hepburn déclarait : « Hubert est le plus talentueux. Bien plus qu'un couturier, il est un créateur de personnalité [12]. » Pour la première fois, une journaliste avait accès à sa thébaïde. Il posa en maillot de bain au bord de l'eau, sur la terrasse en train de s'amuser avec ses chiens et devant un livre très rare – qui contenait les plans des environs de Paris, y compris son pré des Loges –, découvert chez un antiquaire de Cannes. De quoi étancher momentanément la soif de curiosité de ses admiratrices américaines.

A l'inverse, la presse essaya en vain de violer l'intimité des Loges lors de la venue en 1962 de Greta Garbo qui, à cinquante-six ans, était toujours la proie favorite des paparazzi du monde entier. « Après avoir connu Greta chez Schiap avec Mercedes et Poppy, nous nous sommes souvent vus grâce à notre amie commune Cécile de Rothschild. Combien de fois ne m'a-t-elle pas appelé à l'improviste : " Miss G. vient d'arriver, pourquoi ne pas dîner ensemble ? " Elles sont souvent venues voir la collection et commander des modèles. J'ai tant de souvenirs liés à Greta... A Paris, dans l'hôtel particulier de Cécile... Au cap d'Ail, dans sa villa Le Roc, où elle m'accueillait avec George Schlee. J'y ai d'ailleurs assisté à la première rencontre entre Greta et la princesse Grace, qui ce soir-là était habillée par moi... A New York, un jour d'hiver, Greta me téléphone au Sherry Netherland, où j'étais descendu, pour savoir si elle pouvait venir prendre un verre. J'ai vu arriver dans ma chambre une silhouette informe – combinaison de ski, anorak, lunettes noires, bonnet... Puis soudain, elle se débarrasse de ces horreurs, secoue ses cheveux et apparaît, somptueuse, un fume-cigarette à la main... la reine Christine en personne ! Nous avons bavardé pendant des heures en savourant sa collation préférée, caviar et vodka, que j'avais fait préparer à son intention. Nos relations étaient très poétiques. Un soir où je m'extasiais sur ses lèvres prune – une couleur très inédite pour l'époque –, elle s'est emparée d'un mouchoir, y a imprimé sa bouche et me l'a tendu en souriant. Lorsqu'elle est venue passer la journée aux Loges avec Schlee, nous nous sommes amusés comme des fous. Après le déjeuner, nous avons poussé les meubles car Greta m'avait demandé de lui apprendre à danser le twist. Des photographes étaient encore dissimulés dans les taillis une semaine après son départ pour les Etats-Unis, mais l'intervention de la police parvint finalement à calmer les esprits.» Seuls quelques clichés volés dans le jardin et publiés aussitôt témoignent du séjour bref et enjoué de la Divine aux Loges.

« Depuis déjà un certain temps, je sentais que Philippe avait de nouvelles aspirations, son enthousiasme n'était plus le même, constate Hubert de Givenchy. Comme nous avions une passion commune pour les antiquités, je lui ai demandé s'il ne désirait pas ouvrir une galerie. " Non, en réalité j'aimerais avoir ma propre maison de couture ". Sa réponse a été un véritable choc, après tant d'années de collaboration, mais je l'ai immédiatement encouragé dans sa quête, car c'était un tel bonheur de le voir s'exprimer enfin. Il avait gardé ce désir si longtemps en lui-même, sans m'en parler, de peur de me peiner. Sa délicatesse m'a bouleversé.» Après avoir découvert le local idéal, au n° 62 de la rue François-Ier, Philippe s'installa le plus rapidement possible. « Il manquait un lustre dans son salon, précise Givenchy. J'en ai découvert un en cristal qui lui plaisait beaucoup, et que j'ai fait livrer avec ce mot : " J'espère que toutes ces bougies éclaireront pour toi de nombreuses collections. " » La première, présentée en 1962 – au moment même où Yves Saint Laurent lançait lui aussi sa propre griffe –, fut saluée à la fois par la presse et par les clientes. La perfection des tailleurs et des manteaux, spécialités maison, offrit à Philippe Venet une place de choix dans l'univers de la haute couture jusqu'en 1994.

XI

Paris-Hollywood

En 1963, les tensions internationales liées à la guerre froide étaient enfin en voie d'apaisement, mais la nouvelle décennie n'avait encore rien révélé de ses multiples dégoûts. Protestations contre les massacres américains au Vietnam, liberté sexuelle, féminisme... Les bouleversements n'allaient pas tarder à frapper de plein fouet la société dans son ensemble – politique, religion, cellule familiale, musique, art ou mode, bien sûr –, sans épargner personne. On pouvait déjà noter, dès 1963, de nombreux signaux d'alarme. Assassinat du président Kennedy, marche sur Washington de deux cent mille personnes dénonçant les ravages du racisme, discours de Martin Luther King – « J'ai fait un rêve... » –, création à New York de la *Factory* argentée d'Andy Warhol, devenue un lieu emblématique de cette ébullition, à laquelle l'Europe n'échappait pas. A Londres – où les toutes premières *Chelsea Girls* n'étaient autres que Julie Christie et Jean Shrimpton –, le *I want to hold your hand* des Beatles se vendait à un million d'exemplaires avant même sa diffusion sur les ondes, alors que les « Jeunes Hommes en colère » n'en finissaient plus de cravacher la scène théâtrale du West End. Quant à la France, malmenée par une décolonisation chaotique en Algérie, elle oscillait entre passé glorieux – en portant le deuil de la môme Piaf et de Jean Cocteau – et futur incertain, par l'intermédiaire de personnalités aussi *avant-gardistes* que Marguerite Duras – dont la nouvelle pièce, *Des journées entières dans les arbres,* créait la polémique à Paris – ou Pierre Cardin qui présentait sa première collection de prêt-à-porter, répondant ainsi aux nouveaux codes vestimentaires des enfants du « baby-boom » parvenus à l'âge adulte. Pour Hubert de Givenchy, qui ciselait inlassablement son idéal de perfection loin des aléas planétaires, 1963 fut avant tout une année cinématographique, puisque son nom s'inscrivit au générique de quatre nouveaux films, et non des moindres.

Jeanne Moreau, Capucine et Liz Taylor rejoignirent à leur tour le panthéon des actrices *givenchisées* à l'écran. La première dans *La Baie des Anges* de Jacques Demy, où elle incarnait avec sa singularité coutumière une sirène blond platine – l'actrice se rebaptisa elle-même avec malice Marilyn Moreau – dérivant d'un casino à l'autre... La seconde dans *La Panthère rose*, une comédie désopilante de Blake Edwards – toujours citée en référence aujourd'hui – grâce à laquelle la jeune femme révéla un talent comique insoupçonné, face à Peter Sellers... Et la troisième dans *Hôtel international,* une superproduction hollywoodienne réalisée par Anthony Asquith. Le film, créé de toutes pièces pour le couple Taylor-Burton, qui venait de défrayer la chronique dans *Cléopâtre,* contait les mésaventures d'un groupe de passagers prisonniers du brouillard londonien dans un aéroport. Le scénario de Terence Rattigan – dosant judicieusement drame et comédie, avec une pointe bienvenue de caricature dans certains personnages –, soutenu par des acteurs aussi talentueux que Maggie Smith, Margaret Rutherford – qui obtint un oscar pour son rôle de vieille duchesse excentrique –, Louis Jourdan ou Orson Welles, et le luxe déployé par les producteurs firent d'*Hôtel international* l'un des succès de l'année auprès du public.

« Lorsque la Metro Goldwyn Mayer m'a contacté pour habiller Elizabeth Taylor, j'ai longuement hésité car les rumeurs qui circulaient à propos de *Cléopâtre* ne me disaient rien de bon. On affirmait que la Fox avait été ruinée, et je ne me sentais aucunement l'envie d'être impliqué dans un nouveau naufrage. J'ai donc accepté à une seule condition... que chaque heure d'essayage fût consignée à l'avance par contrat, ce qui me protégeait en cas de retard. Les studios ont accepté sans la moindre protestation, note Givenchy. J'ai donc imaginé pour miss Taylor plusieurs ensembles destinés à mettre en valeur la beauté spectaculaire de son visage, tout en atténuant les courbes trop voluptueuses de sa silhouette, que la caméra pardonne rarement. A ce titre, le manteau qu'elle porte en descendant de l'hélicoptère est un exemple parfait. La capuche de vison rehausse son célèbre regard, et le spectateur ne remarque rien d'autre. Liz avait des idées très arrêtées. Ainsi, pour le déshabillé rose, elle a exigé que ses seins apparussent en transparence. Toujours cette obsession des sex-symbols... Or comme chacun sait, sa poitrine était très opulente. Comment la draper dans un tissu aussi fragile que la mousseline ? Aidé par Gilberte, mon astucieuse première d'atelier, j'ai mis au point un stratagème qui a fait des miracles. Gil a moulé chaque sein millimètre par millimètre, tandis que je les soutenais moi-même à pleines mains... Je comptais jusqu'à trois à voix haute, Liz retenait sa respiration et Gil *sculptait*, puis notre star pouvait reprendre son souffle, et nous recommencions inlassablement. Quel tableau ! Nous refrénions notre hilarité à grand-peine, et je ne cessais de penser en moi-même que bien des hommes auraient tout donné pour être à ma place ! Quoi qu'il en soit, le résultat a enchanté Liz. » Gilberte Thomassin se souvient de cet épisode comme s'il s'était déroulé hier. « Il fallait que l'empreinte fût parfaite, et je devais toujours resserrer un peu plus. Une tâche redoutable car les Burton commandaient whisky sur whisky, dès dix heures du matin. De toutes façons, elle n'était pas une femme Givenchy, souligne-t-elle. Pas assez chic, trop voyante, jamais à l'heure... ce n'était pas Audrey, notre amour à tous » que le couturier retrouva avec joie sur le tournage de *Charade*.

Quelques mois plus tôt, au cours de l'été 1962, les deux amis, auréolés du succès planétaire de *Diamants sur canapé*, avaient collaboré sur le médiocre *Deux Têtes folles* réalisé par Richard Quine, à qui l'on doit pourtant des films aussi enchanteurs que *L'Adorable Voisine* ou *Le Monde de Suzy Wong*. Les retrouvailles du couple Audrey Hepburn-William Holden, que l'on n'avait plus revu à l'écran depuis *Sabrina*, furent noyées dans cette farce indigeste. L'apparition de deux monstres sacrés –

Marlène Dietrich et Noël Coward – ne put sauver l'ensemble et le film ne sortit d'ailleurs en salle que deux ans plus tard, sans laisser aucune trace dans les mémoires. Seule la garde-robe Givenchy de l'actrice – aux couleurs acidulées d'une gardenparty – mérite encore le détour. A l'inverse, le nouveau Stanley Donen était un remarquable millésime 1963, au même titre que *Tom Jones, Irma la Douce* ou *Huit et demi*. « Ce délicieux soufflé – une comédie romantique à suspense qui allait faire date – s'intitulait *Charade* (...). Le scénario était à la fois une parodie et une célébration du genre et des grandes collaborations Hitchcock-Grant du passé, écrit Barry Paris. Dans sa structure comme dans son ton, elle regorge de répliques brillantes, de diversions, de coups de bluff vrais ou faux, et de chic parisien [1].» Dans le rôle de Régina Lambert, une jeune veuve manipulée et naïve qui déjoue pas à pas les manigances de son entourage, Audrey – qui formait avec Cary Grant un duo d'une rare subtilité – excellait à chaque nouvelle scène. Son sens inné de la comédie, allié à ce mélange unique à ce jour de vulnérabilité et d'élégance, captiva autant les spectateurs que la critique. Donen, qui insuffla à son film une alliance parfaite de poésie et de nervosité, avait veillé au moindre détail. Du scénario étourdissant de Peter Stone à la musique d'Henri Mancini, le père de *Moon River*, sans oublier les vêtements imaginés par le couturier, qui imposait une fois de plus son empreinte reconnaissable entre toutes. « Ses créations, ses pensées convergent toujours vers Audrey, il est comme un grand compositeur qui écrit pour une grande artiste, et elle était l'expression physique de son art [2] », déclara le réalisateur en 1995 à propos de son ami Hubert, avec qui il travaillait pour la troisième fois depuis *Drôle de frimousse* et *Chérie, recommençons*. Comme toujours, des millions de femmes à travers le monde auraient souhaité lui ressembler, et rêvèrent elles aussi de porter ces robes qui bien que déconcertantes de simplicité étaient en réalité le comble de la haute couture.

A la joie de l'actrice, *Deux Têtes folles* et *Charade* furent filmés à Paris, et elle put ainsi passer des heures précieuses aux côtés d'Hubert. « Lorsque Audrey tournait en France, Monsieur lui prêtait sa maison des Loges afin qu'elle pût se reposer loin des photographes trop curieux, et il me demandait toujours de veiller sur elle, raconte Simone Valette. Ce qui était un privilège car elle était à mon égard d'une immense gentillesse, jamais méprisante comme certaines personnes avec de simples employées. J'aurais tout fait pour Audrey. Ses journées de travail s'achevaient à minuit, et elle arrivait épuisée, mais toujours souriante, sans jamais se plaindre. Je lui servais une collation, l'aidais à se décoiffer – deux cents épingles dans un seul chignon ! Quelle souffrance... – et la mettais au lit. Le lendemain matin, son chauffeur se présentait à cinq heures précises, et elle ne le faisait pas attendre une demi-seconde. Monsieur venait la rejoindre pour le week-end, et bien sûr, dès leur sortie, il m'emmenait voir ses films.»

Givenchy raconte combien Audrey, naturellement anxieuse, se sentait en sécurité aux Loges. «Nous faisions de longues marches ensemble, ce qui la délassait toujours, et les gestes les plus quotidiens la rendaient heureuse. Je me souviens qu'un jour, nous sommes allés main dans la main chercher du lait frais chez des voisins, et lorsqu'elle est arrivée dans la cour, le fermier, qui était aussi cinéphile, a lâché son seau en la reconnaissant !» Leur tendresse mutuelle les protégeait des dérives de la notoriété. «"C'est mon grand amour", aimait-elle à répéter [3]...» Givenchy se souvient avec émotion que l'affection d'Audrey se manifestait même si elle se trouvait à l'autre bout du globe. «Elle m'appelait simplement pour dire "Hubert, je t'aime", et elle raccrochait aussitôt. Très étrangement, je savais toujours que c'était elle, avant même de décrocher.» Ce que confirme Janette Mahler. «Un phénomène télépathique incroyable. Trois téléphones sonnaient en permanence toute la journée, et Monsieur devinait pourtant qu'il s'agissait d'elle. Soudain, il levait la tête et me disait : "Janette, c'est Audrey, j'en suis sûr." Et je reconnaissais immédiatement sa voix...»

La fascination qu'ils exerçaient sur un public toujours plus vaste se reflétait dans le nombre impressionnant d'articles qui leur furent consacrés tout au long de la première moitié des années soixante. Leur impact dépassait alors de très loin la seule presse féminine ou cinématographique, puisque des parutions d'actualité générale, comme *Paris-Match* ou *Life* leur accordaient couvertures et reportages au même titre qu'un événement politique, social ou sportif. Bien entendu, les magazines de mode les premiers ne tarissaient pas d'éloges sur l'alliance de leurs talents respectifs. A commencer par les différentes éditions de *Vogue*, qui en firent le couple phare de leur génération. « Il faut bien reconnaître que *Vogue* était alors tout-puissant, précise Susan Train, et nous soutenions la maison Givenchy à 100 %, Diana Vreeland en tête. Elle me disait toujours qu'à ses yeux, Hubert était l'un des quatre ou cinq couturiers les plus importants du siècle avec Chanel, Balenciaga ou Saint Laurent. Pour nous, Audrey et Hubert incarnaient une image idéale des années cinquante et soixante, et de nombreuses pleines pages ont consacré ce duo mythique. Audrey acceptait toujours de présenter une sélection de ses robes pour nos photographes les plus talentueux comme Irving Penn, Bert Stern, Henry Clarke ou William Klein. Le résultat demeure magique. En coulisses, elle était vraiment une femme délicieuse, et d'un professionnalisme surhumain, refusant même de s'arrêter pour déjeuner ou pour une tasse de thé. Audrey pouvait poser sept ou huit heures d'affilée sans un soupir. Avant de partir, elle remerciait personnellement chaque personne présente, de l'assistant éclairagiste à l'habilleuse. Hubert lui ressemble comme un frère sur le plan des relations humaines. » Alexandre, qui l'a souvent coiffée au cours de ces séances, confirme qu'« Audrey n'avait à la ville rien d'une actrice, tout comme Hubert est bien plus qu'un couturier. Deux aristocrates, courtois, raffinés, à mille lieues de la mesquinerie inhérente au monde de la couture et du cinéma ».

« La mode est un épouvantable phénomène qui ravage la moitié du globe en deux équinoxes, dits mode de printemps et mode d'automne [4] », écrivait Françoise Sagan en 1963, alors que sa pièce *La Robe mauve de Valentine* était le succès théâtral de l'année. « Elle s'abat sur les deux Amériques, l'Europe et la Russie et l'Australie, que sais-je, épargnant simplement l'Asie où – sauf en Chine – le sari est immuable. Une Cingalaise m'a raconté à ce sujet que la mode consistait pour elle à changer de bijoux, ce qui ne doit pas être beaucoup plus économique mais doit faire gagner un temps fou. » Chaque saison, la clientèle

Givenchy changeait bien plus que ses bijoux. Comment résister à cette robe de twill noir et blanc à décolleté bénitier dans le dos, portée avec un manteau bouton d'or ? Et ce long fourreau en tulle de nylon rose thé, rebrodé de nacre et de fils d'argent ? Et que dire de cet imperméable en vernis *crocodile* doublé de vison ? Sans oublier cette robe de cocktail en dentelle émeraude avec aux genoux une frange de plumes d'autruche ton sur ton. Ces modèles, choisis au hasard des collections haute couture 1962-1965, expliquent à eux seuls le prestige de la griffe. Ses clientes considéraient d'ailleurs comme un honneur de poser elles aussi pour les magazines dans des vêtements qui étaient les leurs au quotidien, à l'instar d'Audrey, l'égérie maison. « Les jeunes femmes les plus en vue de l'époque – comme Dolorès Guinness, Marella Agnelli ou Fiona Thyssen – ont été ses ambassadrices dans les revues de mode. Elles ont joué un rôle très important dans l'imaginaire des lectrices, car leur prestige était illimité – sans caricaturer, on peut oser dire qu'elles étaient belles, riches et célèbres – mais aussi parce que Balenciaga et Hubert détestaient que leurs créations fussent photographiées sur d'autres mannequins que les leurs. Ce qui n'était pas sans problèmes, car si ces filles avaient un maintien incroyable, elles étaient rarement très photogéniques, à l'inverse des clientes que nous venons d'évoquer », constate Susan Train. « Il est impossible d'imaginer aujourd'hui, dans ce climat de morosité où tout paraît si hideux, la féerie des salons Givenchy dans les années soixante. Le cosmopolitisme y régnait en maître, et les femmes les plus importantes venaient des quatre coins de la planète pour être habillées par Hubert, avoue une Sao Schlumberger nostalgique. Entre deux essayages, je croisais des légendes comme Audrey Hepburn, bien sûr, mais également la princesse Grace, Babe Paley, Barbara Hutton, Garbo ou la duchesse de Windsor, maigre à faire peur mais d'un chic extraordinaire et si spirituelle. »

Bien que les années soixante aient consacré les personnalités les plus représentatives de l'époque, comme David Hockney, Marianne Faithful, Roman Polanski, Mary Quant ou Vidal Sassoon, le public et la presse n'ont jamais cessé d'être captivés par le duc et la duchesse de Windsor – deux êtres aux antipodes des priorités de la nouvelle décennie –, que l'on retrouvait pourtant inlassablement au fil des pages des magazines, dérivant luxueusement entre l'Europe et les Etats-Unis. La duchesse occupait désormais une place à part dans la vie du couturier. Depuis 1954, date à laquelle Wallis était venue pour la première fois en tant que cliente, Givenchy l'avait revue très régulièrement, à titre professionnel ou privé. Au fil des ans, il s'était lié d'amitié avec le couple en exil, à tel point que son nom revenait fréquemment sur la liste des proches que l'on retrouvait chez eux, à Paris ou à la campagne. Ils s'entouraient surtout d'amis de confiance – qui ne trahiraient pas leur intimité par de malencontreuses indiscrétions – comme Diana Mosley, également très proche du couturier, Fred et Daisy de Cabrol, Ghislaine de Polignac ou Margaret Biddle, autre fidèle habituée des salons de l'avenue George-V. Sans oublier Walter Lees, témoin précieux de ces heures révolues. Héros de la Seconde Guerre mondiale – « personne ne fut plus décoré que lui », rappelle Marie-Charlotte Vidal-Quadras –, attaché à l'ambassade de Grande-Bretagne à Paris, bras droit de l'armateur grec Stavros Niarchos et de l'homme d'affaires Pierre Schlumberger, globe-trotter infatigable, ce gentleman écossais organise aujourd'hui des expositions-ventes de ses photos à travers le monde, dont les profits sont reversés à des causes comme la lutte contre le sida. Selon toutes les sources, les Windsor l'appréciaient au plus haut point.

« J'ai rencontré Hubert au début des années cinquante à Los Angeles au cours d'un déjeuner donné chez Yul Brynner en l'honneur d'Audrey Hepburn. Cela n'a pas été le coup de foudre entre nous, ce qui est toujours très bon signe, raconte Walter Lees, devenu depuis son meilleur ami. En fait, nous avons vraiment fait connaissance chez les Windsor, qui avaient beaucoup d'estime pour lui. Je tiens à préciser que les deux seuls couturiers qu'ils invitaient furent Hubert et Simonetta, la duchesse Colonna di Cesaro, car ils étaient infiniment plus que des personnalités importantes du monde de la mode. Ce mélange – si rare dans leur profession – de séduction, de talent, d'éducation et de sens de l'humour enchantait les Windsor – qui ne redoutaient qu'une seule chose, l'ennui – et leur ouvrait les portes les mieux fermées. Hubert était très recherché par des hôtesses aussi exclusives et cosmopolites que la duchesse, la comtesse Mona Bismarck ou lady Diana Mosley, pour ne citer qu'elles, et je ne vois guère que Coco Chanel dans le même cas. Même si la haute société d'alors n'avait rien à voir avec celle de Proust, bien plus intolérante quant aux critères d'admission en son sein, elle n'en demeurait pas moins encore très élitiste. Ce qui ne nous empêchait pas de nous amuser follement. Ainsi, à la fin de chaque soirée, je me mettais au piano et nous chantions ensemble quelques airs des plus célèbres comédies musicales de l'époque... la duchesse aimait particulièrement *Getting to know you*, l'un des succès d'*Anna et le roi*, et nous le reprenions tous en chœur !»

Givenchy, si naturellement sensible aux nuances de l'art de vivre, ne cache pas son admiration pour le raffinement avec lequel la duchesse recevait. Une aura de perfection, que beaucoup considèrent névrotique, nimbait le moindre de ses gestes. La duchesse n'hésitait-elle pas à faire venir par avion spécial des langoustines fraîches pour un seul dîner ? « Et pourtant elle était absolument spontanée et très attachante, précise Givenchy. On a si souvent répété qu'elle se comportait durement avec le duc. Après les avoir côtoyés pendant des années, je n'ai rien noté de semblable, bien au contraire. Jamais je n'oublierai que lorsqu'il souffrait atrocement des yeux, à la fin de sa vie, elle allait jusqu'à changer plusieurs fois la position des chandeliers pour le soulager. Chaque instant amenait une nouvelle attention. Enfin, la duchesse n'avait rien de la femme sèche et désagréable que certains – qui visiblement ne l'ont jamais connue – décrivent. Elle était très divertissante, avec un esprit de repartie où se mêlait toujours de l'auto-dérision. Ainsi, en arrivant un soir, j'ai remarqué qu'elle avait changé de coiffure.

" Duchesse, pourquoi avoir abandonné cette raie si associée à votre image ?

— Cher ami, ce n'était plus une raie mais une autoroute ! »

La duchesse consacrait de longues heures à sa garde-robe, ainsi que le rappellent ses proches. « Tous les matins, nous tenions la *conférence du temps*, précise Alexandre. Elle choisissait trois tenues différentes pour chaque étape de la journée –

ce qui pouvait faire plus de dix ensembles –, sans oublier les accessoires. Chapeaux, chaussures, gants, sacs, bijoux, fourrures, et jusqu'au mouchoir, qui changeait aussi. Bien entendu, nous tenions compte des variations de température les plus imprévues car elle voulait être impeccable en toutes circonstances. Et vers dix-neuf heures, lorsque je revenais la coiffer, le rituel recommençait. Plusieurs robes du soir étaient déjà étalées sur le lit. Les créations Balenciaga et Givenchy étaient ses favorites.» Les essayages chez les couturiers donnaient lieu à de véritables expéditions, et le plus souvent la duchesse emportait avec elle une malle à pique-nique, partageant avec ses vendeuses de savoureux sandwichs préparés par son chef. Pourtant, sa minceur spectrale était pour Wallis une obsession, alors que de nombreux observateurs s'en gaussaient. « Elle ressemble au squelette d'un oiseau minuscule lorsqu'elle sautille dans sa jupe entravée [5] », écrivit Nancy Mitford à sa sœur lady Mosley. « La duchesse, qui savait qu'elle n'était pas une beauté, avait deux priorités : que les robes, très souvent des fourreaux, missent en valeur à la fois sa silhouette et ses bijoux qu'elle emportait toujours avec elle – comme Daisy Fellowes et la comtesse Camargo – afin que je pusse étudier tous les contrastes possibles. Son arrivée était un événement pour le personnel et les clientes présentes, toujours désireuses de l'apercevoir. Il faut imaginer que bien des femmes voulaient imiter ses choix, et cela nous mettait dans une situation délicate car naturellement la duchesse souhaitait être unique. Or, ses amies complotaient pour connaître l'heure de ses essayages et venir soi-disant l'embrasser par hasard. Je me souviens que lors d'un bal chez la princesse d'Arenberg, une dizaine d'invitées portaient la même robe que celle que j'avais réalisée pour la duchesse – dans l'esprit d'un pull de marin à rayures marine et blanc mais en crêpe et organza superposés. Nous avons frisé l'incident diplomatique ! Néanmoins la duchesse, amusée, a réagi avec bonne humeur et a demandé à toutes ces dames de se prendre par la main et de danser une farandole à travers les salons. Pour décourager les espionnes en herbe, j'ai fait fabriquer comme Cristobal – confronté lui aussi à ce problème – une housse *bleu Wallis* brodée avec les trois plumes du prince de

Galles et deux W entrelacés, afin de préserver le secret.» Lorsqu'on demande à Hubert de Givenchy s'il trouve justifié que l'on accuse la duchesse de Windsor de n'avoir été qu'une femme inutile et pathétique, il répond, furieux : « La haute couture, la joaillerie et l'univers du luxe dans son ensemble lui doivent tant ! Heureusement que des clientes aussi sophistiquées que la duchesse ont existé. Tant d'artisans purent faire la démonstration de leurs talents grâce à elles. Et je n'ai aucune honte à avouer combien sa présence me comblait. Elle fut son propre chef-d'œuvre, et ce mélange de discipline extraordinaire, de charme et d'énergie était irrésistible.»

En 1963, l'assassinat à Dallas de John Fitzgerald Kennedy bouleversa le monde entier. La popularité du président, qui était sorti vainqueur de la crise cubaine tout en soutenant un projet de loi révolutionnaire pour les droits civiques de la communauté noire, ne connaissait aucune limite. Sa mort paraissait d'autant plus tragique qu'elle détruisait à jamais l'image d'une Amérique jeune et libre. Les obsèques du président-*martyr* furent orchestrées de main de maître par sa veuve, qui décida de porter un ensemble Givenchy pour la cérémonie retransmise en direct à la télévision. Une fois de plus, l'Histoire associait le couturier à sa course folle. « J'ai également habillé Rose pour les funérailles, se souvient-il. Elle aussi faisait partie de ces femmes pour qui chaque détail a son importance. Alors que son fils préféré venait de disparaître dans des circonstances tragiques, Rose a pensé à me demander de faire coudre son collier sur le décolleté de sa robe de deuil. Ainsi, lorsqu'elle embrasserait le cercueil, ses perles ne s'entrechoqueraient pas sur le bois, risquant par là même de rompre la solennité de l'instant. Rien n'était laissé au hasard. Plus tard, j'ai créé avec joie sa garde-robe pour la candidature de Bob.» Ces choix du clan Kennedy illustrent parfaitement le succès du couturier aux Etats-Unis, plus spectaculaire encore que partout ailleurs – il y eut même un *bal Givenchy*, donné à Houston en décembre 1965 –, et le créateur ne cache pas son attachement à ce pays, auquel le liait tant d'affinités.

Pour les Américaines, Givenchy réunissait le charme de la culture française, associé à la détermination et à l'esprit d'entreprise si caractéristiques du Nouveau Monde. Les journalistes furent ses plus fidèles alliées, détaillant à longueur de pages sa vie à Paris, sa complicité avec Audrey Hepburn et Jacqueline Kennedy – si admirées de Washington à San Francisco –, ou encore sa prédilection pour la mode locale, chemises Sears ou lingerie de Sylvia Pedlar. Entre 1929 et 1972, cette dernière imposa sous la griffe Iris des créations imaginatives et raffinées, comme des pyjamas *Torero* ou des déshabillés *Toge*, mêlant batiste, dentelles et satin d'une manière absolument unique. « Elle a beaucoup été copiée dans le monde entier mais rien ne l'enchantait plus que la visite annuelle d'Hubert de Givenchy, qui rapportait la collection entière à Paris afin de faire des cadeaux [6] », écrit Ernestine Carter. « Avant de reprendre l'avion, je m'accordais toujours plusieurs heures pour lui rendre visite et choisir des surprises pour maman, Audrey, Capucine, Marie-Charlotte, la sœur de Cristobal, Marie-Louise Bousquet ou Janette, note-t-il. Je n'ai jamais retrouvé ailleurs un talent comparable à celui de Sylvia, malheureusement disparu avec elle. »

Au fil des ans, ses voyages aux Etats-Unis lui permirent également de signer de nouveaux contrats de licences avec diverses firmes, mais surtout de découvrir ses nombreuses clientes américaines chez elles, dans leur intimité. Betsey Whitney et sa sœur Babe Paley, Kitty Miller, Jayne Wrightsman, Mary Wells-Lawrence, Pamela Harriman, Deeda Blair, Estée Lauder, Dina Merrill, Katherine Prentis-Murphy, Simone Levitt, Lynn Wyatt, Mercedes Bass, Carroll Petrie et bien sûr Bunny Mellon, pour ne citer que quelques noms. « Elles sont toutes devenues des amies, et les retrouver à New York ou ailleurs était toujours une joie intimement liée à ces déplacements, au même titre que de découvrir les nouvelles comédies musicales à Broadway ou de dîner avec des légendes de la Vieille Europe comme la princesse Natalie Paley, Fulco di Verdura, Johnny Schlumberger ou Nicky de Gunzburg. »

C'est avec un plaisir tout particulier que le couturier rejoignit Audrey en Californie sur le tournage de *My Fair Lady*, qui avait débuté en mai 1963. « Je séjournais dans la maison qu'elle louait à Hollywood, et j'étais très heureux d'être à ses côtés car ce film était capital pour sa carrière. Quel bonheur ce fut de l'accompagner aux studios de Burbank où j'ai eu le privilège d'assister à la fameuse scène des courses d'Ascot. Je déjeunais avec Audrey dans sa loge, et entre deux prises nous discutions avec Cecil Beaton, qui avait conçu ses somptueux costumes *Belle Epoque*, ou avec George Cukor, devenu un ami très cher dès 1954, lorsque nous nous étions rencontrés sur *Une étoile est née*. A l'époque, il m'invitait le soir à visionner les rushes chez Jack Warner en présence de Judy Garland, et je me souviens avoir été une fois assis entre Ava Gardner et Robert Taylor, venus en voisins ! C'est d'ailleurs chez lui que j'ai enfin été présenté à mon idole de toujours... Katharine Hepburn, et nous avons beaucoup ri en évoquant le quiproquo qui reste lié à l'arrivée d'Audrey rue Alfred-de-Vigny. George, qui avait une tendresse particulière pour Audrey, lui avait fait faire une chaise spéciale à son nom afin qu'elle pût se reposer sans froisser ses robes tout en respirant dans ses corsets affreusement serrés. Par la suite, Audrey me l'a offerte en souvenir après avoir rajouté mon nom. Elle a trôné longtemps dans le studio de l'avenue George-V, et aujourd'hui, je la garde précieusement chez moi.» Le couturier ne précise pas que sa présence était d'autant plus exceptionnelle que le plateau de *My Fair Lady* était aussi défendu que celui *d'Autant en emporte le vent*, des années plus tôt. Pour Audrey, qui souffrait des rapports haineux entre Beaton et Cukor, mais également des accusations selon lesquelles le rôle aurait dû revenir à Julie Andrews, seule capable d'interpréter les standards d'Alan Jay Lerner et de Frederick Lœwe, la tendresse de son meilleur ami était un soutien inespéré. Enfin, à la sortie de *My Fair Lady*, Hubert l'habilla pour la présentation du film dans chaque ville importante des U.S.A., et l'escorta à la première parisienne, à l'Empire Cinérama, et au dîner qui suivit la projection, chez Lasserre.

    Retrouver Balenciaga, loin de ce tourbillon d'activités, de rencontres et de voyages, demeurait l'un des repères essentiels de son existence. « Cristobal privilégiait toujours l'intimité d'un tête-à-tête ou d'un groupe très restreint de proches car il haïssait le bruit et l'agitation du monde dit moderne. A tel point que lorsqu'il faisait construire des immeubles en Espagne, Cristobal – qui se réservait toujours les deux derniers étages – se rendait sur place pendant les travaux et passait une nuit ou deux sur les chantiers dans un sac de couchage pour vérifier si la chambre était suffisamment éloignée de l'ascenseur. Si, par malheur, ce n'était pas le cas, les architectes devaient impérativement modifier les plans, explique Givenchy. Bien que très sédentaire, la joie de faire découvrir son pays lui donnait le courage d'affronter un déplacement à l'étranger. Nous sommes allés ensemble à Madrid, à Tolède ou à San Sebastian, et il retrouvait églises, antiquaires ou petits marchés de pêcheurs avec le même plaisir. Son attitude rappelait celle d'un chat. Ses mains minuscules mais très effilées disséquaient avec une précision extraordinaire... une robe, un objet d'art ou un poisson sur le port de Guetaria. »

Givenchy assista également à sa première rencontre avec Audrey. « Un soir, très tard, alors que la lumière était toujours allumée dans mon studio, il m'appelle pour prendre un verre. Or je faisais des essayages avec Audrey. " J'admire beaucoup ses talents d'actrice. Comme vous avez de la chance d'avoir une amie aussi belle. J'aimerais tant la connaître. " Inutile de dire qu'Audrey fut enchantée à cette perspective. Nous nous sommes donc rendus avenue Marceau, et j'ai senti un élan de sympathie extraordinaire entre eux.

" Je ne veux surtout pas que vous trompiez Hubert, mais moi aussi je vais vous faire quelques robes ", a-t-il murmuré avec malice. Ce jour-là, il a même proposé son appartement à Audrey, qui s'apprêtait à tourner une fois de plus à Paris.

" Tous ces horribles journalistes vont vous harceler à l'hôtel, et rien ne me ravirait plus que de vous recevoir à la maison. Je pars justement pour l'Espagne, et vous serez tranquille, choyée par mon personnel. " Audrey, toujours si discrète, a commencé par refuser, mais il ne s'est pas avoué vaincu, et elle a fini par accepter son offre. Leur amitié me touchait infiniment. »

Un épisode très éprouvant reste pourtant lié à sa complicité avec Balenciaga. « Pendant des années, nous avions pris l'habitude de dîner avec Coco Chanel, rue Cambon, car sa solitude faisait peine à voir dès la nuit tombée, comme c'était aussi le cas de Schiaparelli. Cristobal la connaissait depuis les années trente, et personne ne fut plus patient, plus attentionné à son égard que lui. A ses yeux, Coco était l'un des êtres les plus raffinés qui fût. Il faut imaginer que son plaid de voiture avait été doublé d'hermine et que les boutons de ses blouses en soie étaient de véritables perles. Nous étions la plupart du temps tous les trois, et parfois Philippe ou Marie-Louise Bousquet nous rejoignait. Je dois reconnaître que l'atmosphère m'envoûtait. L'escalier de miroirs, les paravents de Coromandel, les sièges tapissés de daim havane, et jusqu'à la table de la salle à manger... un morceau de parquet Versailles où seule brillait l'argenterie la plus précieuse, comme ces salières – des coquillages en vermeil –, cadeaux du duc de Westminster. J'aimais beaucoup parler d'antiquités avec Coco, qui m'a fait découvrir les *noirs-miroirs*, ces vases très rares de la fin du XVIIe siècle que je collectionne depuis. Elle m'a d'ailleurs offert un bronze doré qui est toujours chez moi à Paris, dévoile Givenchy. Coco était surtout une bavarde intarissable, évoquant ses débuts, et des personnalités hors du commun – par exemple la courtisane Emilienne d'Alençon qu'elle avait bien connue – mais s'égarant le plus souvent dans les méandres de sa mythomanie. Combien de fois ai-je entendu la même histoire dans les variantes les plus contradictoires ? Malheureusement, de nombreux témoins étaient encore en vie et démentaient fermement ses propos... C'est pourquoi chaque diversion était la bienvenue. Un soir, nous sommes descendus dans les salons, et par jeu Coco défila pour nous... un souvenir merveilleux. Comme elle redoutait plus que tout de se retrouver seule, ces dîners étaient interminables, bercés par son flot de paroles. Quand enfin nous la raccompagnions au Ritz, elle refusait là encore de nous laisser partir. " Quelle migraine ! Vite deux cachets d'aspirine ", me disait Cristobal épuisé. " Hubert, rentrez vite vous coucher. " Jusqu'au jour fatidique... »

A ce stade de son récit, le couturier hésite, visiblement toujours ému après tant d'années. « Rappelons d'abord que Coco, en vrai despote, ne pouvait imaginer qu'on lui résistât, poursuit-il. Or un jour, John Fairchild, le propriétaire du *WWD*, qui savait combien elle était proche de Cristobal, lui a annoncé qu'il aimerait plus que tout publier une photo des deux amis. Ce qui aurait été un scoop, car chacun sait que Cristobal fuyait les objectifs, et n'apparaissait même pas à la fin de ses défilés. La plupart de ses clientes ne l'ont jamais rencontré, c'est dire... Pourtant, certaine de son bon droit, Coco a affirmé à Fairchild que rien ne serait plus simple. Elle n'était pas au bout de ses peines. " Si c'est pour toi, j'accepte, mais il est hors de question de la donner à un magazine ", a répondu Cristobal. Une attitude sans surprise pour ceux qui le connaissaient. Coco a eu beau supplier, il ne revint pas sur sa décision. La célèbre mademoiselle Chanel avait donc perdu la face. Furieuse, Coco décida de se venger en accordant une interview exclusive à *WWD*, racontant des horreurs sur Cristobal. Elle est allée jusqu'à dire qu'un couturier comme lui ne pouvait comprendre les femmes puisqu'il faisait partie de ces hommes qui ne les aimaient pas. Tant de fiel vous donnait la nausée. Comme Cristobal ne parlait pas anglais, personne n'a mentionné cet article devant lui, jusqu'à ce qu'une *bonne âme*, comme il en existe malheureusement tant, s'empressât de le lui traduire. Jamais je ne l'ai vu si bouleversé et défait. Il ne pouvait comprendre la trahison d'une amie si chère à son cœur. Du jour au lendemain, les cadeaux de Coco – dont son portrait par Cassandre – ont disparu de l'avenue Marceau, et Cristobal est parti se réfugier huit jours en Espagne pour cacher sa peine. Rongée par le remords, Chanel a tenté de le joindre par tous les moyens, sans résultat. Par la suite, elle a essayé, en vain, de se réconcilier avec lui. Maggy van Zuylen et les frères Mille sont même venus me demander d'intercéder en sa faveur auprès de Cristobal, ce que j'ai refusé, bien sûr, tant je méprisais son attitude. Nous ne nous sommes plus jamais revus, et lorsqu'elle est morte, en 1971, je n'ai même pas assisté à ses obsèques, contrairement à Cristobal, qui voulait être enfin en paix avec elle. »

Entre 1964 et 1966, Hubert de Givenchy assista, protégé par sa tour d'ivoire de l'avenue George-V, aux multiples séances d'électrochocs qui n'en finissaient plus d'ébranler la vie de ses contemporains. Bombardements américains au Vietnam, condamnation de Nelson Mandela à la prison à vie en Afrique du Sud, révolution culturelle en Chine, assassinat à New York de l'extrémiste Malcolm X... Une âpreté que l'on retrouvait partout. Dans les voix de Bob Dylan et de Mick Jagger, dans les pièces d'Harold Pinter et de Tom Stoppard, dans l'apologie des drogues psychédéliques et dans des films emblématiques comme *The Servant, Docteur Folamour, Qui a peur de Virginia Woolf?* ou *Darling*, portrait désenchanté d'une jeune Anglaise du Swinging London. Dans un tel contexte, on comprend mieux les réticences qui accueillirent dès sa sortie, en 1966, *Comment voler un million de dollars*, une comédie très sophistiquée dans laquelle Audrey Hepburn et Peter O'Toole incarnaient des personnages liés à un univers à jamais révolu.

William Wyler – réalisateur de classiques comme *L'Insoumise, Les Hauts de Hurlevent, La Vipère* ou *L'Héritière* –, qui avait déjà dirigé l'actrice dans *Vacances romaines* et dans *La Rumeur*, lui avait confié le rôle de la fille d'un faussaire de génie, prête à tout pour sauver son père de la prison. Parisienne élégante, Nicole Bonnet vivait dans un hôtel particulier place de l'Etoile, roulait en voiture décapotable et paraissait sortir des pages de *Vogue*. Une héroïne idéale pour Givenchy, qui imagina à son intention une garde-robe mêlant le plus pur style maison à des accessoires d'une étonnante excentricité. Une alliance résumée à la perfection dans cette scène au cours de laquelle Nicole donne un rendez-vous secret à Simon Dermott (Peter O'Toole) pour échafauder un plan de bataille. Elle porte une robe de mousseline noire des plus sobres mais le loup en dentelle de Chantilly qui dissimule son regard pailleté d'argent donne une touche d'humour surréaliste absolument irrésistible. Pour la première fois à l'écran, une conversation évoquait sous forme de clin d'œil la complicité légendaire des deux amis. Ainsi, lorsque Nicole se déguise en femme de ménage pour détourner l'attention, Simon s'exclame :

« Parfait, juste ce qu'il faut...

— Ce qu'il faut pour quoi?, interroge-t-elle.

— Juste ce qu'il faut pour faire bisquer monsieur de Givenchy... » Un échange de répliques qui en dit long sur la popularité de leur duo. Malheureusement, le film – qui est pourtant à classer parmi les perles du genre – n'obtint ni les faveurs de la critique, ni celles du public. On reprocha à *Comment voler un million de dollars* son atmosphère trop raffinée en pleine guerre du Vietnam, marquée par des images aussi atroces qu'un bonze s'immolant en pleine rue de Saïgon, sans oublier la vision insoutenable de cette petite fille hurlant de douleur après avoir été brulée vive au napalm. Il est vrai qu'à voir Audrey dans ce film, on a envie de s'écrier, comme ce personnage de *My Fair Lady*, découvrant la nouvelle Eliza Doolitle : « Quelle grâce immatérielle ! Elle semble avoir été élevée parmi les fleurs ! » *Comment voler un million de dollars* fut la dernière des collaborations cinématographiques importantes du couple Hepburn-Givenchy, après plus de dix ans de règne absolu, et ils ne retravaillèrent ensemble qu'en 1979. Désormais les nouvelles idoles féminines – entre musique rock, liberté sexuelle et prêt-à-porter bon marché – seront à des années-lumière de l'Ondine haute couture imaginée par Givenchy pour Audrey Hepburn – la femme la plus copiée de sa génération, avec Jacqueline Kennedy –, à jamais évocatrice d'une certaine idée de la civilisation, mise à mort par la deuxième moitié des années soixante.

XII

À chacun son Mai 68

Assassinats de Martin Luther King à Memphis et du sénateur Robert Kennedy à Los Angeles, révoltes étudiantes et grève générale en France, écrasement du printemps de Prague par l'armée rouge, offensive du Têt au Sud-Vietnam et massacre de la population de My Laï par des soldats américains... 1968 fut une année pour le moins chaotique. Pour Hubert de Givenchy, alors âgé de quarante et un ans, elle sonna également le glas d'un monde qu'il avait défendu depuis toujours. En effet, à la surprise générale, Cristobal Balenciaga décida de fermer les portes de sa maison de couture parisienne. Une résolution irrévocable.

Horrifié par ce qu'il voyait autour de lui, le Maître, ne pouvant accepter le triomphe de la rue dans tous les domaines, choisit de cesser à jamais « les éternelles recherches qui ont pour objet de rendre le Beau presque intelligible et de vous donner des raisons d'en être supérieurement émus » (Paul Valéry).

« Cristobal a présenté sa dernière collection au début de l'année, et personne n'est parvenu à le convaincre de rester. La médiocrité ambiante le consternait. A ses yeux, les femmes avaient définitivement renoncé à séduire, et les accoutrements qu'elles se choisissaient alors l'attristaient au plus haut degré. Lui qui avait connu l'époque où elles voyageaient avec des dizaines de malles-cabine et se changeaient quatre fois par jour dans le seul but d'être en harmonie avec une certaine conception de l'art de vivre... Or, à cette date, même les plus privilégiées renonçaient peu à peu à un tel degré de raffinement. Cristobal souffrait de ce nivellement par le bas. Pourtant, il n'a pas agi sans problèmes de conscience. Car tant de gens dépendaient toujours de sa générosité. Il refusa de se mettre en faillite et mit un point d'honneur à payer des indemnités faramineuses à ses employés. Cinq cents personnes rien qu'à Paris ! Sans compter les ateliers de Barcelone, suivis par ceux de Madrid en 1969. Les dédommagements financiers se chiffraient en centaines de millions, témoigne Givenchy. De mon côté, j'ai pu engager immédiatement plusieurs ouvrières et vendeuses, et Cristobal est parvenu à calmer certaines clientes en leur disant qu'elles n'auraient qu'à traverser la rue pour être entre de bonnes mains. Il m'a d'ailleurs amené en personne madame Mellon, sa plus fidèle habituée, mais Bunny n'était guère rassurée à la perspective de s'habiller désormais chez moi. Ne lâchait-elle pas la proie pour l'ombre ? J'étais d'ailleurs aussi terrifié qu'elle ! La confusion la plus totale régnait parmi ces femmes qui lui faisaient confiance depuis tant d'années. Certaines ont commandé des dizaines de modèles de cette dernière collection afin de *faire des réserves* pour l'avenir ! Un vent de panique soufflait sur l'avenue George-V. Dans ce tourbillon, je me sentais désemparé à l'idée de ne plus le voir chaque jour, orphelin une seconde fois. Ma tristesse a été encore plus vive lorsque furent dispersés aux quatre vents les objets de la boutique et des salons. J'ai pu obtenir l'enseigne géante à son nom, souvenir dérisoire et bouleversant du plus grand d'entre nous. J'ai même loué un camion spécial pour la transporter à la campagne, et un jour elle sera dans un musée. »

Cristobal n'avait jamais été plus en décalage avec les impératifs d'efficacité de la génération montante. Ainsi, lorsque Air France lui demanda en 1967 de concevoir l'uniforme des hôtesses de l'air de la compagnie nationale, il s'était mis en tête de superviser lui-même les essayages des trois mille jeunes femmes. « On l'en a dissuadé à grand-peine. Pour Cristobal, il ne s'agissait pas de perdre son temps, bien au contraire. La perfection a toujours eu un prix, précise Givenchy. Il n'en a pas

moins déployé des trésors de raffinement pour chaque détail, blouses et foulards compris. J'en veux pour preuve la réaction de Bunny Mellon arrivant un matin dans son studio. Elle aperçoit un imperméable bleu marine, s'extasie devant tant de chic, l'essaye et l'adopte sur-le-champ. Bunny, qui possède un œil de lynx, était la première à porter l'imperméable d'Air France ! Que dire de plus ? »
Givenchy et ses proches collaborateurs se remirent difficilement de son départ. « Quelle période affreuse, déplore Gilberte Thomassin. Monsieur de Givenchy masquait difficilement sa mélancolie, comme nous tous. C'était vraiment la fin d'une époque. Les rituels que nous chérissions ont disparu du jour au lendemain. Ainsi, saison après saison, les collections Givenchy avaient été présentées en exclusivité à monsieur Balenciaga dans les salons déserts. J'étais seule à ses côtés, et il me tenait la main pendant la durée du défilé. Nous étions terrifiés en attendant son verdict. Voilà que brutalement, ces moments de grâce nous étaient enlevés à jamais. »
Pour oublier son désarroi, Givenchy se réfugia corps et âme dans le travail. Ses collections 1968 confirmèrent une fois de plus ce que le *Sunday Press* résumait quelques mois plus tôt par cette formule : « On retrouvera dans six mois chez ses confrères ce que Givenchy montre aujourd'hui – (...) il a été rebaptisé le couturier des couturiers [1]. » Et il est vrai que l'ensemble de la profession avait alors jeté son dévolu en un temps record sur la nouvelle formule Givenchy, le short, décliné sous toutes ses facettes, du tailleur-short en flanelle coupé comme ceux des joueurs de cricket d'Eton, à la robe-short en crêpe de soie accompagnée d'un léger manteau de cour en satin nacre parsemé d'éléphants miniatures, pour Salzbourg ou Bayreuth. Une proposition immédiatement photographiée dans les pages de *Vogue* sur les cover-girls les plus célèbres, comme Jean Shrimpton ou la spectaculaire Verushka, mais aussi sur les clientes les plus jeunes et les plus audacieuses, comme madame Paul Anka ou la duchesse de Cadaval. « Bien sûr, c'était peu flatteur pour une femme qui n'avait pas des jambes parfaites, mais dans le cas inverse, quoi de plus séduisant ?, constate-t-il aujourd'hui. Ce mélange de chic et de

provocation incarnait pour moi la liberté de la nouvelle génération, car bien que comprenant les réticences de Cristobal, j'ai toujours essayé de déchiffrer mon époque et de la traduire à ma manière. Le passéisme n'a jamais rien résolu.» Une gifle pour tous ceux qui auraient volontiers cantonné le travail du couturier au classicisme le plus strict. Quelle femme n'a pas rêvé de porter un short à la suite de ce défilé? On vit même Claude Pompidou, épouse de Premier ministre, arriver à l'Opéra Garnier vêtue de bermudas en lamé or, ce qui suscita un flot de lettres indignées.

La collection printemps-été 1968 dévoila le soir le plus original des collections parisiennes. Givenchy s'était réellement surpassé dans le « savoir jusqu'où aller trop loin », sans jamais perdre l'élégance racée qui était le signe de reconnaissance de ses modèles, même les plus excentriques. Après avoir sublimé les jambes des femmes – un principe qu'il reprenait cette fois-ci avec un bloomer en pétales de nylon noir éclairé par une casaque rose néon –, le couturier n'avait jamais autant joué sur les frontières de la sensualité, soit par le biais de subtiles transparences – cigalines arachnéennes ou résilles de perles à même la peau –, soit grâce à des vêtements suicidaires pour quiconque n'avait pas une plastique irréprochable, comme ces brassières-*bijoux* constellées de cristal du Tyrol et de paillettes, portées avec de vaporeux pantalons de sultanes. Une séduction *Mille et Une Nuits* pour Shéhérazades de la jet-set. Journalistes – Eugenia Sheppard loua son style « romantique-sexy [2] » –, acheteurs et clientes succombèrent dans l'instant... Notons que parmi ces dernières, la très sage Audrey Hepburn commanda immédiatement plusieurs ensembles, dont un pyjama d'hôtesse en mousseline panthère qui laissait le ventre entièrement nu. Du jamais vu dans les salons.

« Beaucoup pensaient qu'Hubert se contenterait de reprendre le flambeau de Balenciaga à partir de 1968, en réinterprétant à sa manière les thèmes classiques du Maître, ce qui aurait été très logique puisqu'il avait hérité de sa clientèle, encore fort nombreuse. Or, avec cette collection, Hubert n'a jamais été plus imaginatif, plus personnel. Et quel souffle! Tout le monde était ébloui. Il était loin d'être seulement le couturier des petites robes toutes simples les plus copiées du monde », se souvient Susan Train.

Alors qu'on le pensait en train de savourer son triomphe, Givenchy volait déjà vers de nouvelles aventures. Le prêt-à-porter des couturiers connaissant alors un essor spectaculaire – Yves Saint Laurent venait de lancer *Rive gauche* avec l'impact que l'on sait –, il décida d'ouvrir dès le mois de mars un *Givenchy Nouvelle Boutique* au n° 66 de l'avenue Victor-Hugo. Ses inconditionnelles moins fortunées pouvaient ainsi y retrouver l'essentiel du style maison à des prix infiniment plus accessibles dans un décor futuriste sur deux niveaux : dominante de blanc, éclat du chrome et de l'acier, espace modulable à l'aide de panneaux réglables et chaises de plastique transparent. Financée par Henriette et Simon Brandwin et manufacturée par Mendès, cette première saison de soixante modèles – encore moins onéreux que ceux du rez-de-chaussée de l'avenue George-V, plus proches de l'esprit couture –, proposait manteaux-redingotes (huit cents francs), robes de jersey (six cent cinquante francs) et même blousons de cuir perforés d'œillets dorés (sept cents francs) dans un esprit qui fit très vite la conquête du public visé. L'inauguration, à laquelle Hubert de Givenchy assista en présence d'une multitude de personnalités, comme Audrey Hepburn ou Dewi Sœkarno, fit l'objet d'une intense couverture médiatique et, dès le lendemain, la foule s'y pressait. En l'espace de quelques années, des dizaines de *Givenchy Nouvelle Boutique* allaient éclore de par le monde.

« Même en haillons, il aurait l'air d'un prince », notait *Vogue* en mars 1968. Plus que jamais, à cette date, Givenchy incarnait une virilité toute en nuances aristocratiques, dont l'écho rebondissait d'un magazine à l'autre des deux côtés de l'Atlantique. Phénomène d'autant plus révélateur que le couturier avait choisi de demeurer en retrait des chantres de la mode masculine, dont les moindres lubies étaient détaillées par la presse. Pas de panoplie « retour de Katmandou » – caftans brodés et autres gilets afghans – dans son dressing-room, où étaient soigneusement alignés ses costumes Savile Row. A peine lui connaissait-on des peignoirs japonais de coton blanc ramenés d'un récent voyage à Tokyo. Personne n'aurait imaginé le comparer à une idole pop, comme par exemple Yves Saint Laurent, rebaptisé « le Beatle de la rue Spontini. » Fidèle à sa réserve légendaire, Givenchy n'en demeurait pas moins l'une des personnalités du monde artistique les plus sollicitées. Ainsi, pour la première fois en 1968, il accepta enfin d'ouvrir les portes de la rue Fabert pour le numéro d'avril de *La Maison de Marie-Claire*. Un reportage signé Marie-Charlotte Vidal-Quadras... Ceci explique certainement cela. En fait, seule la chambre d'amis fut photographiée. Il s'agissait d'un véritable appartement à l'étage au-dessus, où séjournèrent bien des proches comme Maxime de la Falaise ou Bettina. Les clichés révèlent que l'essence du goût Givenchy – qui fera tant couler d'encre dans les années 80-90 – était déjà perceptible en ce lieu. Et particulièrement dans ce sens très subtil des mélanges inattendus qui l'a toujours caractérisé : tableau de Vasarely et soie chinoise du XVIIe siècle, icône grecque et mobilier Knoll, lit à baldaquin non pas recouvert de brocart mais d'une toile de lin rugueuse... Le Saint des saints était encore réservé aux seuls intimes et nul objectif ne pouvait en franchir le seuil. Qu'auraient donc découvert les lecteurs s'ils avaient été conviés ? Un musée d'art moderne en miniature. Picasso et Arp dans l'entrée... Nicolas de Staël, Matisse et Braque dans le salon, où Candy et Lippe, les deux bassets, se poursuivaient avec la plus parfaite insouciance... et toujours une prédilection des alliances imprévues, comme cette toile abstraite associée à un « pot à feu » dont les bronzes étaient signés Gouthière – considéré à juste titre comme le ciseleur de référence pour la période Louis XVI. Un style qui fera date dans l'histoire de la décoration, et qu'il avait fait sien après avoir intégré bien des influences diverses – le couple Sert, Georges Geffroy, Jeanne Toussaint... – au fil des ans.

« Hubert était très en avance sur l'époque, et on a beaucoup pillé ses idées depuis. Je me souviens d'un intérieur audacieux, personnel, avec de remarquables tableaux modernes. Un ensemble très intense, d'une sensibilité rare. D'autant plus que les couturiers, à l'exception d'une Coco Chanel, ne brillaient guère par leur intuition dans ce domaine, il faut bien le reconnaître. Hubert, puis Yves Saint Laurent et Karl Lagerfeld ont contribué à faire évoluer favorablement cet état de fait », note Hélène Rochas, souvent invitée à dîner aux Invalides. « Etant bien plus indépendant financièrement, je m'adonnais le cœur léger à cette passion de l'art et des antiquités – j'aurais pu aisément consacrer ma vie à l'architecture et à la décoration –, aidé par Charles Sévigné, dont le soutien me fut très précieux. C'est lui qui eut l'idée de ces paravents en glace fumée qui doublaient l'espace des trois pièces dont je disposais. L'armoire Boulle de Misia Sert, que j'avais fini par racheter à Boulos, s'y reflétait entre un Miró et un Rothko. Elle fut d'abord restaurée pendant un an, car nous avions retrouvé des spécialistes de ce style de mobilier, afin de rendre leur splendeur aux précieuses marqueteries, abîmées par le chauffage d'appartement, leur pire ennemi ! Ils ont utilisé des matériaux aussi rares que le bois de Hongrie ou l'écaille naturelle, et le résultat dépassa toutes mes espérances, détaille Givenchy. La lumière, surtout à la nuit tombée, était magique. Des dizaines de bougies éclairaient la salle à manger tapissée de glaces qui donnait sur la terrasse plantée d'arbres. La sculpture que j'avais commandée à Pomodoro – un triangle de bronze doré, comme tombé du ciel – se détachait de manière spectaculaire sur le sol de galets blancs. »

Dès que son emploi du temps le permettait, Givenchy s'envolait pour les contrées ensoleillées qu'il prisait tant. Entre deux collections – au printemps, et plus tard à l'automne –, il partait en Grèce retrouver Maïa Kalligas, à Marbella en compagnie d'Audrey, en Turquie, ou se posait quelques jours au Maroc. « J'ai découvert Marrakech en 1966 lorsque Christine, l'un de mes mannequins, a épousé Hassan El Glaoui. Un coup de foudre instantané », rappelle le couturier. Chaque année, en novembre, il y retrouvait son amie Boul de Breteuil, personnalité généreuse et fantasque – hybride enjoué de Marlène Dietrich, pour la blondeur chic, et de Mistinguett, pour l'humour gouailleur – dont le goût le fascinait. Sa maison, la villa Taylor – une tour berbère –, était à son image, d'un éclectisme inspiré, et elle y mélangeait avec poésie artisanat marocain traditionnel, XVIIIe siècle français et mobilier anglais. Un lieu mythique – Roosevelt et Churchill y tinrent une conférence secrète au cours de la dernière guerre – où furent reçus Charlie Chaplin,

Pierre Fresnay et Yvonne Printemps, ou Rita Hayworth et le prince Ali Khan. « Vêtue de somptueux caftans, elle organisait des dîners inoubliables de drôlerie, car rien n'échappait à son œil acéré. Dans la journée, Boul m'emmenait partout avec elle, y compris dans les endroits les plus insolites. J'ai d'ailleurs failli acheter un terrain là-bas tant son voisinage m'enchantait. »
En France, la chaleur et la mer guidaient également ses pas. Pendant plusieurs années de suite, Givenchy loua la villa *Mes Rochers* à Saint-Jean-Cap-Ferrat, en alternance avec son ami Gregory Peck. « Maman aimait beaucoup s'y retrouver à la belle saison, et nous tenions table ouverte pour nos proches. Capucine, Walter, les enfants de Jean-Claude... Audrey m'a même confié son fils Sean alors qu'elle tournait *Voyage à deux* sur la Côte d'Azur. Aujourd'hui père de famille, Sean se souvient encore y avoir fait son premier baise-main... à Greta Garbo, venue un jour prendre le thé. Sa nurse, on ne peut plus impressionnée de rencontrer la Divine en personne, l'avait fait répéter consciencieusement, et miss G. a été vraiment séduite par le petit garçon de six ou sept ans désireux de lui plaire malgré sa main couverte de confiture. Une atmosphère informelle, très bon enfant. »
Pendant le mois de mai 1968, alors que la révolte étudiante faisait rage dans la capitale, le couturier s'était retiré à Saint-Tropez avec Philippe et Capucine, loin de la foule. Tandis que des véhicules prenaient feu dans les rues et que les supermarchés étaient dévalisés en vue de *tenir le siège*, les trois complices vivaient heureux mais cachés, dans une maison de la baie des Canoubiers. Ils quittaient parfois leur paisible retraite pour un dîner au Café des Arts, une soirée au Voom-Voom ou au Papagayo, ou encore une représentation désopilante de la revue *Riviéra Z'en Folie*, donnée par la troupe fellinienne de Jean-Marie Rivière.
« Entre les collections haute couture et prêt-à-porter, l'ouverture de *Givenchy Nouvelle Boutique* et le départ de Cristobal, j'étais émotionnellement et physiquement éreinté. Par malheur, notre séjour fut de courte durée car Cap, qui venait d'apprendre le décès de Charles Feldman, son mentor, est partie immédiatement assister aux obsèques à Los Angeles. Nous

n'avons pas voulu rester sans elle. Comme la situation était désastreuse à Paris, Philippe et moi avons décidé de rentrer en voiture, sans précipitation aucune. Nous sommes repartis avec les chiens et des piles de bagages, fermement décidés à savourer notre école buissonnière. Simone, qui nous accompagnait toujours, a été le plus adorable des guides, car nous nous sommes attardés en Bourgogne, sa région d'origine. Les communications à travers le pays étant quasi inexistantes, nous avons visité des joyaux de la Renaissance comme Ancy-le-Franc ou Tanlay, pour une fois désertés par les incontournables touristes. Nous étions absolument seuls. Je n'ai plus jamais retrouvé par la suite cette sensation luxueuse d'espace et de sérénité, impossible à éprouver au contact de la foule. Nous avions l'impression fascinante d'être dans *La Belle et la Bête*. Enfin, de retour à Paris, j'ai préféré fermer momentanément salons et ateliers pour éviter le moindre incident, et je suis allé défiler sur les Champs-Elysées afin de soutenir le général de Gaulle, que j'admirais déjà adolescent, comme tous ceux qui ont vécu le cauchemar de la dernière guerre. A mes yeux, il était seul capable de mettre fin à la crise. Et Dieu sait pourtant que j'ai horreur de la politique! Un milieu sordide, aux antipodes des valeurs que je défends depuis toujours. J'ai la faiblesse de croire que l'intégrité est une vertu. Etre accusé de naïveté importe peu. Ces malversations constantes m'écœurent au plus haut point, et à l'exception du Général, je n'ai jamais accordé ma confiance à personne.»

L'été 1968 ne fut en rien synonyme d'apaisement pour lui, bien au contraire. Après un voyage au Japon, à l'occasion des deux cent cinquante ans du grand magasin Daïmaru – comme pour les Etats-Unis, la maison Givenchy tissa avec ce pays des liens de fidélité extrêmement durables –, il était rentré à Paris les bras chargés de cadeaux – métrages de tissus précieux ou statuettes d'animaux du xviiie siècle en papier mâché – sans s'accorder un instant de répit. Nouvelle collection de haute couture à préparer, essayages des clientes prêtes à s'envoler pour le Portugal au début du mois de septembre... En effet, le bal donné par Beatriz et Antenor Patiño pour l'inauguration de leur Quinta, au Portugal, était *l'événement* de la rentrée et chaque invitée rivalisait d'imagination dans cette perspective. A commencer par Audrey, qui porta son choix sur une robe longue spectaculaire en crêpe de soie blanc, révélant une taille entièrement nue sous des croisillons de perles de porcelaine et de strass. Givenchy, également convié, ne savait plus où donner de la tête. Il travailla sans interruption des semaines durant, secondé par quelques jeunes assistants, comme Issey Miyake. Un souffle d'excentricité caractérisait à nouveau les modèles destinés au soir de la saison automne-hiver 1968-1969. Justaucorps de fourrures *Pop Art* – visons rose et bleu étaient à l'honneur –, barboteuses en lamé, manteau de plumes vert menthe qui donnait des airs d'oiseau de paradis à Marisa Berenson dans les pages de *L'Officiel*[3]... le trousseau d'une Barbarella haute couture.

Dès le lendemain du défilé, le Portugal était à nouveau sur toutes les lèvres, l'impatience des invités ne connaissant plus de limites. Personne n'avait jamais rien vu de plus somptueux que le bal Patiño depuis la fête vénitienne de Beistegui en 1951. Qui pourrait encore aménager une grotte en piste de danse et illuminer des hectares de jardin à l'aide de milliers de torchères ? « L'excitation était à son comble car suite au projet de Beatriz et d'Antenor, plusieurs amis portugais avaient décidé de donner à leur tour une fête. Sao Schlumberger fut la première, dès le 4 septembre, et pendant presque une semaine les invitations se sont succédé midi et soir. Je me souviens en particulier d'un dîner idyllique donné au bord de l'eau par Claudine et Jimmy de Cadaval. Sans oublier la réception des Vinhas, qui avaient transformé leur propriété en village traditionnel et tous les figurants – jusqu'à la diseuse de bonne aventure – nous ont accueillis vêtus de costumes ancestraux. Les convives vinrent par avions privés des quatre coins du globe, et l'atmosphère était à l'allégresse. Je suis parti avec Audrey, Philippe, Capucine ainsi que Doris Brynner, et notre groupe – qui séjournait au Ritz de Lisbonne – arrivait partout ensemble, se remémore le couturier, toujours sous le charme. J'étais particulièrement ému de sentir Audrey aussi radieuse, après avoir assisté, impuissant, à la dégradation de son mariage avec Mel Ferrer. Je me souvenais encore d'eux sur scène à Broadway dans *Ondine*, au début de leur passion. Audrey était d'ailleurs venue un jour rue Fabert m'annoncer leur séparation avant que la presse ne s'emparât de la nouvelle. A ce moment-là, nous sommes devenus encore plus proches l'un de l'autre, si c'était possible. " Tu sais, je serai toujours là pour toi, quoi qu'il arrive ", lui avais-je alors promis. Nous nous retrouvions soit chez moi à Paris, soit à la Paisible, sa maison de Tolochenaz, en Suisse, achetée grâce au succès de *My Fair Lady*. Et puis soudain, j'ai appris lors de notre arrivée au Portugal qu'elle avait rencontré deux mois plus tôt Andrea Dotti, un psychiatre romain, lors d'une croisière sur le yacht de notre amie Olimpia Weiller. Le soir du bal, alors que nous étions presque arrivés, Audrey m'a annoncé, un sourire aux lèvres, qu'elle devait être de retour à une heure du matin... car Dotti devait la joindre par téléphone. " Mais mon Audrey, un bal s'achève à l'aube, et nous allons nous amuser toute la nuit ! Enfin, la Quinta Patiño est à plus d'une heure de route de Lisbonne ! " C'est à cet instant que j'ai mesuré combien Andrea comptait pour elle. Audrey, dont la décision était irrévocable, voulait rentrer seule pour ne pas me priver de cette fête, mais à l'heure dite, je l'ai bien entendu raccompagnée. Ce qui fait que nous avons peu profité du légendaire bal Patiño. » Exit la tumultueuse année 1968.

XIII

« Baudelaire a très bien parlé de Givenchy... »

« Préserver notre savoir-faire, qui est unique au monde, le donner en héritage aux nouvelles générations, c'est sauvegarder à la fois nos racines et l'idée d'une certaine identité française. Notre métier est autant une culture qu'un patrimoine », aime à rappeler Hubert de Givenchy, convaincu qu'il s'agit bien là d'un acte de foi. En 1969 – alors que les héros du jour se nommaient Joan Baez, chanteuse et activiste, Neil Armstrong, premier homme à marcher sur la Lune, ou Jack Nicholson et Peter Fonda, interprètes rebelles du film-phare *Easy Rider* –, le couturier était devenu le symbole vivant de ce combat de chaque instant. Il poursuivait inlassablement sa voie et faisait confiance aux intuitions qui l'avaient toujours guidé, sans désir frénétique de créer l'événement, de devancer son époque ni de *démoder* ses confrères à n'importe quel prix, mais en refusant le refuge des valeurs sûres et frileuses, qui auraient anesthésié la créativité qui caractérisait son travail depuis toujours. A l'aube d'une nouvelle décennie – ces années soixante-dix qui fragiliseraient plus que jamais l'idéal d'élégance qu'il défendait depuis l'âge de dix-sept-ans –, Givenchy, après avoir été successivement *l'enfant terrible de la couture* et l'héritier de Cristobal Balenciaga, connaissait parfaitement ses priorités, ainsi que les responsabilités qui lui incombaient. Développer avec cohérence le style qui avait fait sa renommée – en perfectionnant saison après saison les vêtements *essentiels* sans jamais se laisser contaminer par les dérives de la mode –, tout en accueillant à bras ouverts « la folle du logis » – l'imagination définie par le philosophe Malebranche –, sans qui audaces et défis, indispensables et salutaires, sont impossibles.

En 1969, il décida d'ajouter un nouveau fleuron à sa couronne – on parlait déjà dans la presse d'un empire Givenchy –, en se lançant dans l'aventure du prêt-à-porter masculin, car ce marché, encore très inégalement défriché, représentait des opportunités à ne pas négliger. Que n'inventait-on pas alors pour séduire les Brummel en herbe ? On vit même des robes brodées unisexes chez Jacques Estérel, et Mary Quant est allée jusqu'à commercialiser à leur seul usage un coffret à maquillage avec tube de khôl pour les cils. Loin d'encourager de tels extrêmes, Givenchy pensait s'adresser en priorité à des quadragénaires raffinés et désireux d'apporter un souffle de renouveau intelligemment dosé à leur garde-robe, surtout pour le soir et pour le week-end, le duo costume-cravate demeurant immuable dans les sphères strictement professionnelles. La première saison – confiée à la styliste Annie Paquet – proposait des vêtements aussi originaux et élégants que des chemises et des pantalons en soie sauvage, ou des knickers en peau glacée pour le golf, sans oublier de nombreux accessoires exclusifs, comme des foulards et des parapluies. La boutique-pilote, située dans la cour de l'hôtel particulier de l'avenue George-V, accueillit dès l'ouverture, en janvier, les hommes les plus en vue de leur génération, le prestige Givenchy opérant une fois de plus des miracles, du moins en termes de création. « En effet, nous avons été d'abord confrontés à bien des obstacles. Annie avait un talent merveilleux, et nous avons collaboré ensemble avec joie des années durant, mais il faut bien reconnaître, qu'au début, notre diffusion fut chaotique. Nous vendions à perte et des sommes gigantesques ont été englouties, car nous n'utilisions que des tissus d'une qualité remarquable. Pourtant, je n'ai jamais capitulé, et peu à peu nous sommes parvenus à instaurer un équilibre durable, en montant une véritable structure *Givenchy Gentleman* à travers le monde », précise-t-il. A quarante-deux ans, le couturier – tempes argentées et hâle de *yachtman* –, qui plus est amateur d'art respecté et chef d'entreprise célèbre de Paris à New York, était l'ambassadeur idéal pour promouvoir ce nouveau département, comme cela avait été le cas lors du baptême de *L'Eau de Vétiver*, des années auparavant. Il posa d'ailleurs pour les magazines vêtu de certaines créations, comme cette veste en velours à col Mao ou ce long pardessus en daim rouge – dessiné par lui-même et commercialisé à la boutique – qu'il associait dans la vie à une combinaison réalisée dans le même matériau, pour conduire sa jeep à la campagne. On le vit même porter un manteau de fourrure pour hommes – suite à une demande émanant des Etats-Unis –, dont le prototype avait été exécuté par Révillon d'après ses propres croquis. « En réalité, j'ai très peu porté nos modèles, car mes goûts me portaient plus vers les tailleurs londoniens à la ville, et le *sportswear* américain pour les loisirs. Mais je dois bien avouer que cette fourrure – conçue sur le principe de celles que portent en plein hiver certains spectateurs des matchs de football aux U.S.A. – ne manquait pas d'un certain panache sur un complet en flanelle anthracite. Ce fut mon époque dandy, s'amuse-t-il à déclarer aujourd'hui. Malheureusement, leur poids était effrayant – une véritable chape de plomb sur les épaules – et j'ai très vite reconverti la mienne en couverture pour le salon de la rue Fabert ! »

« Vendredi, 9 h 30. Givenchy. Pour moi, c'est un nom blanc et vert. Une grande étendue d'herbes et de neige où l'on s'attarde. Baudelaire a très bien parlé de Givenchy : là tout n'est qu'ordre et beauté, luxe, calme et volupté [1] », écrivait Patrick Modiano – qui venait de recevoir à vingt-deux ans le prix Roger Nimier pour *La Place de L'Etoile* – dans *Vogue*, à propos de la collection automne-hiver 1969-1970. « Je retenais mon souffle en voyant arriver les robes du soir. Je craignais qu'au moindre geste le miracle de leur asymétrie ne se dissipe. Mais je comptais sans lui, funambule qui marche sans hésiter sur cette corde raide où viennent se confondre le rêve et la réalité. » En amateur éclairé, le jeune romancier détaillait avec volupté la coupe savante des modèles, jusque dans l'utilisation éblouissante du biais et du droit-fil, et son enthousiasme fut partagé avec l'ensemble du public présent ce jour-là. De nombreux passages au cours du même défilé furent en effet salués par une marée d'applaudissements, comme ces manteaux de fourrure d'une rare originalité – vison pamplemousse ou breitschwanz carmin – que s'arrachèrent bien des clientes. Raffinement, technicité, imagination... en un mot, le credo Givenchy depuis toujours. Le couturier appartenait désormais à une espèce en voie de disparition – sort partagé avec quelques survivants comme Coco Chanel et surtout Yves Saint Laurent, très admiré par Hubert –, celle des adeptes incorruptibles de la haute couture dans son expression la plus pure. La presse n'en finissait d'ailleurs plus de le solliciter sur ce sujet délicat, à commencer par le puissant *WWD* qui publia une série d'entretiens virulents, ainsi que l'illustre l'extrait suivant : « Notre époque est une ère de (...) déguisement et (...) de vulgarité. Aujourd'hui la couture n'a plus rien de comparable avec ce qu'elle a été. Même les mannequins que l'on voit dans les magazines sont repoussants. A quarante-deux ans, je suis peut-être déjà trop vieux... mais ce n'est pas maintenant que je vais changer mon fusil d'épaule. (...) Car je crois par-dessus tout à la beauté. Notre profession est affaire de continuité. Vous créez un vêtement, et la saison suivante, vous tentez de l'améliorer, en l'épurant. (...) Je ne crois pas que la mode doive descendre dans la rue. (...) Aussi longtemps qu'il me sera possible de pratiquer ce métier dans de telles conditions, je continuerai. Si seuls devaient survivre le prêt-à-porter et le travail de boutique, je partirais immédiatement... Pourtant, rien ne me serait plus facile que de faire ce que l'on voit partout. Un bout de tissu par-ci, un morceau de plastique par-là... Alors qu'il n'y a pas trente-six mille façons de procéder. Sens des proportions, de la couleur, de la coupe... une " qualité " qui fait qu'une robe devient à la fois belle et portable, au-delà de la versatilité des tendances. Mais attention, il ne s'agit pas d'un tableau. Ne me faites pas dire ce que je n'ai pas dit. Il n'y a pas de confusion possible. [2] »

Les clientes – qui adoptaient immédiatement ses dernières propositions, comme les pyjamas de piscine (1969-1970) destinés au cocktail en plein air – lui manifestaient plus que jamais une approbation inconditionnelle. Certaines, comme Mary Wells-Lawrence ou Sao Schlumberger devinrent des amies très proches. « Après les essayages, nous déjeunions souvent ensemble avant d'aller chez les antiquaires, raconte cette dernière. J'ai beaucoup appris grâce à lui, et il éduquait sans cesse mon œil. Seul Hubert pouvait déceler dès le premier regard un tapis mamelouk d'une exceptionnelle rareté ou des biches de bronze provenant du palais d'été à Pékin. C'était absolument fascinant. Parfois nous échangions nos trésors, deux urnes étrusques contre un tableau de Ben Nicholson. On s'amusait comme des fous, non seulement à Paris, mais également à New York, au Portugal, dans le Sud de la France, et même à Houston, où il séjournait à la maison. Pourtant, je dois bien avouer qu'il m'était impossible d'être complètement à l'aise avec un être aussi épris de perfection, surtout dans des situations quotidiennes. Son rapport au monde est essentiellement d'ordre esthétique. Je ne me suis jamais effondrée sur un canapé devant lui, en soupirant : " Mon Dieu comme j'ai mal aux pieds ! " Alors que je n'aurais pas hésité avec d'autres proches. Je ne voyais Hubert que tirée à quatre épingles, même en vacances. Rien ne le heurte plus que le laisser-aller, physique ou moral. Il est d'ailleurs impossible de le prendre en flagrant délit de négligence. »

Mais parmi les nouveaux membres du clan Givenchy, au début des années soixante-dix, personne ne fut plus proche de lui que Rachel – « Bunny » – Mellon. Tout en étant la cliente la plus importante des salons de l'avenue George-V – les ateliers réalisaient en exclusivité son importante garde-robe, mais aussi ses tenues de jardinage et son linge de maison, soit plusieurs centaines de pièces par an –, l'épouse du milliardaire-philanthrope Paul Mellon, l'une des cinq fortunes les plus importantes des Etats-Unis, avait découvert en la personne de Givenchy bien plus qu'un couturier, un véritable alter ego avec qui partager sa passion de l'art et des jardins. Pour Bunny Mellon, la notion de limites a toujours été parfaitement abstraite. Parmi ses nombreuses résidences de par le monde, ne possède-t-elle pas un domaine en Virginie, véritable État dans l'État, doté d'une poste, d'une école et d'un aéroport privé ? Rappelons enfin qu'après avoir trouvé la crème fraîche helvétique plus délicieuse que partout ailleurs, elle fit venir spécialement aux U.S.A. plusieurs vaches de Suisse afin de ne jamais en manquer. « Dès que Cristobal me l'a présentée, nous sommes devenus très vite complices, et j'ai immédiatement admiré sa culture, son imagination, et la créativité qui caractérise le moindre de ses gestes. Bunny est à des années-lumière de ces femmes du monde riches et désœuvrées que j'ai toujours fuies. Sa conversation, sa connaissance intime de la peinture moderne sont extrêmement motivantes. Nous partageons tant d'affinités, souligne Givenchy. D'autant plus qu'avec Bunny, tout devient un jeu, et nos rapports sont délicieusement ludiques. " Hubert, j'aimerais tant rencontrer les Maeght et acheter quelques tableaux aujourd'hui. " Je leur téléphonais aussitôt, ils nous invitaient à déjeuner le jour même, et nous prenions sans plus attendre son avion personnel pour Saint-Paul-de-Vence. Cela est très représentatif de l'enthousiasme qui règne entre nous. C'est ainsi que de ce voyage de quelques heures est née l'idée de ces manteaux du soir rebrodés en hommage à Braque et Miró, présentés lors de la collection automne-hiver 1971-1972. Ses maisons, et en particulier celle d'Antigua – l'esprit d'une plantation du XVIIIe siècle aux Antilles –, sont aussi de puissantes sources d'inspiration pour moi. De mon côté, j'ai toujours essayé de la surprendre et de l'amuser, car nous rions beaucoup. Ainsi, lorsque nous sommes partis en croisière le long des côtes yougoslaves et en Turquie sur *le Calisto*, un bateau somptueux loué par les Mellon pour l'occasion, Bunny avait alors une passion pour... le blue-jean. Je lui ai donc offert un couvre-lit haute couture réalisé en toile denim, tout en commandant chez Cartier une pendulette gainée de jeans. Bunny était aux anges ! »

Audrey Hepburn demeurait néanmoins l'égérie et l'amie la plus intime du couturier. Personne ne put jamais la détrôner dans son cœur. En 1969, elle épousa d'ailleurs Andrea Dotti dans une mini-robe de jersey rose qu'il avait imaginée pour l'occasion. « Je dépends de Givenchy comme certaines Américaines dépendent de leur psychiatre[3] », devait-elle déclarer peu après dans une interview. « J'accompagnais souvent Monsieur en Italie pour les essayages d'Audrey à domicile, et leurs retrouvailles étaient toujours une fête. Si par hasard il annulait bien malgré lui au dernier moment, par surcroît de travail à Paris, elle était affreusement déçue. J'arrivais, et dès qu'Audrey me voyait seule, son visage se décomposait. Cela me bouleversait. On ne peut imaginer combien ils s'aimaient », témoigne Gilberte Thomassin. Givenchy avait même envisagé d'acheter un appartement dans la Ville éternelle, ce qui donna lieu à un savoureux quiproquo dans la presse. Un paparazzo ayant photographié à son insu le célèbre duo à la sortie d'un immeuble sur lequel un panneau indiquait « A louer », des journalistes sans scrupules suggérèrent qu'ils cherchaient un pied-à-terre discret pour abriter leur liaison... le couturier en rit encore.

Italie, Grèce, Maroc, Tunisie... Hubert de Givenchy a toujours désiré une maison à lui dans ces pays associés à des instants de bonheur. Il chargeait des proches comme Audrey ou Maïa Kalligas de faire des recherches dans cette perspective, et dans le cas de son ami de jeunesse Nicolas Feuillate, cela a bien failli aboutir. « Il possédait Dar-Tefkir, une villégiature à Hammamet, où j'étais très souvent invité. Comment ne pas tomber amoureux de cet endroit ? A l'arrivée, la ville se découvre comme un tableau de Nicolas de Staël. Au loin, le fort espagnol à la chaude teinte brique, les coupoles blanches, la plage doucement incurvée... images de sérénité et de beauté, qui m'ont souvent inspiré dans mon travail, déclare-t-il. J'avais une admiration particulière pour la demeure de Georges Sebastian, et rien ne m'aurait plus stimulé que d'édifier, à mon échelle, une villa dans le même esprit. Encouragé par Nicolas, je me suis donc décidé à acheter un terrain, démarche qui me fut facilitée car Driss Guiga, le ministre du Tourisme, voulait alors réunir en ce lieu une communauté privilégiée de personnalités. J'avais d'ailleurs l'adorable Shirley MacLaine pour voisine. » Animé par sa passion coutumière, il travailla sur les plans avec l'architecte choisi, tout en commandant aux artisans locaux du mobilier, des fontaines ou des tissus, sans oublier de construire un pavillon pour le gardien chargé de surveiller en permanence les travaux. Or, plus le temps passait, plus le chantier n'en finissait pas de stagner. « Alors que je me rendais une fois encore sur place pour en vérifier l'évolution, j'ai soudain découvert que dix-huit habitants différents affirmaient être eux aussi propriétaires, bien qu'étant le seul à posséder un acte de vente. En fait, ils me reprochaient de les empêcher de jouer au football ! Devant tant de confusion, j'ai préféré renoncer, à regret, cela va sans dire. »

C'est finalement à Megève, où il se rendait régulièrement en hiver, que le couturier put apaiser sa fièvre *bâtisseuse*. Un jour, en flânant avec Capucine, il découvrit par hasard l'endroit idéal — à plusieurs kilomètres de la ville — protégé des indésirables par un accès très difficile. Peu après, au cours de nouvelles explorations, Givenchy trouva une ferme savoyarde du XVIIIe siècle que les propriétaires rêvaient de vendre, lui préférant les *charmes* cimentés d'un bâtiment moderne. « Un squelette de construction sublime, en croix de Saint-André. Je me suis décidé dans la seconde. Chaque élément fut démonté, numéroté et entreposé sur mon terrain. J'ai également fait l'acquisition de dalles de pierres provenant d'un ancien couvent pour le sol. Voir surgir ce chalet du néant a été une émotion inoubliable. Depuis plus de trente ans, il ne s'écoule pas une saison sans que je m'y réfugie. »

A partir de 1969, divers hommages consacrèrent une fois de plus le couturier à travers le monde. Il apparut sur la première liste des dix hommes les plus élégants, fut choisi entre tous par le très populaire Bob Hope pour collaborer à une adaptation télévisée de la comédie musicale *Roberta*, assista à une rétrospective de son travail, présentée à Londres au Victoria & Albert Museum par Cecil Beaton dans le cadre de l'exposition *Fashion*, et certains de ses modèles figurèrent même sur des timbres en Amérique du Sud. Mais aucun honneur ne fut comparable à celui que lui fit en 1971 Jacqueline Kennedy, en portant l'une de ses robes sur le tableau — réalisé par le peintre Aaron Shikler — destiné, pour l'éternité, à la galerie des portraits officiels de la Maison Blanche. Une préférence qui en dit long sur leur complicité. « Elle semble sortir tout droit du royaume de Camelot [4] », s'exclama le *Washington Post* au moment de l'inauguration, en faisant allusion à la légende du roi Arthur, à jamais associée au règne du couple présidentiel. Il est vrai que dans cette vaporeuse création de soie safran pâle, Jacqueline n'a jamais été plus altière, plus *Guenièvre*. Une fois encore, l'œuvre du couturier entrait dans l'Histoire. Ce palmarès serait incomplet sans le prix reçu le 12 septembre 1969 à Capri, un *Tiberio d'oro* décerné en Italie par la Maremoda. Vêtu d'une veste à col Mao en velours bleu nuit, il assista en personne à la cérémonie, qui se déroula dans les ruines d'un monastère chartreux, décor on ne peut plus romantique pour le défilé de mannequins qui suivit. Récompensé aux côtés d'Irène Galitzine, du coiffeur Alexandre, de Nino Cerruti, du joaillier Bulgari ou bien encore du bottier Ferragamo, il posa longuement pour la presse entre la princesse Ira de Furstenberg et l'actrice Elsa Martinelli, hôtesses de la soirée. Les clichés, qui firent le tour du globe, révèlent un homme en apparence radieux, comblé par le destin, alors qu'en coulisses la vérité était bien différente. « En fait, ce jour-là, j'étais le plus malheureux des hommes car je traversais une phase très éprouvante dans ma vie privée, confie discrètement Givenchy. Dieu merci, je séjournais à Capri chez Mona Bismarck et son amitié fut le plus précieux des réconforts. »

La comtesse Bismarck – qui s'habilla exclusivement en Givenchy dès la fermeture des salons Balenciaga – dominait, depuis les années vingt, la scène sociale internationale. Elle avait patiemment transformé la ravissante fermière du Kentucky qu'elle était encore adolescente en cette « déesse de cristal de roche » – selon l'expression de Cecil Beaton – qui donnait le ton dans tous les domaines. Sa beauté singulière – opulente chevelure argentée, regard bleu glacier, pommettes d'un diamant taillé à facettes, carnation d'une héroïne de Fragonard – avait tant fasciné Salvador Dali qu'il avait fait d'elle un portrait en haillons... seul le visage – admirable jusqu'à en devenir oppressant – devait retenir l'attention. Une démarche d'autant plus insolente que l'élégance de ses vêtements était toujours citée en référence. Le peintre n'était pas un cas isolé, loin s'en faut, et l'impérieuse Mona ne comptait plus ses admirateurs, séduits non seulement par son éclat mais également par la magnificence qui caractérisait le moindre de ses gestes. Rares furent les êtres qui poussèrent l'art du savoir-vivre jusqu'à un tel degré de raffinement. Il Fortino, sa propriété de Capri, en était l'incarnation parfaite. Construite sur les fondations d'un palais édifié pour l'empereur César Auguste, elle dominait de toute sa hauteur le golfe de Naples. Mona avait peu à peu transformé cet endroit abandonné en un éden végétal. Secondée par une armée de jardiniers – pour qui elle avait aménagé aux alentours treize villas peintes en rose – Mona passa outre l'aridité climatique de cette partie de l'Italie et parvint à créer des jardins luxuriants, qui descendaient en cascade jusqu'à la Méditerranée, où s'épanouissaient, comme par miracle, les essences les plus rares. La maîtresse des lieux avait considérablement aidé le destin. Ne faisait-elle pas venir chaque jour du continent par bateau-réservoir l'eau nécessaire à l'arrosage, puisque le précieux liquide était rationné sur l'île ? Cette passion – qu'elle partageait avec le couturier – n'avait cependant rien de mondain, et Mona – qui possédait de profondes connaissances botaniques – passa des journées entières les mains dans la terre, même si ses shorts de lin blanc étaient griffés Balenciaga ou Givenchy. Sa maison, où le couturier fut si souvent reçu, était également un havre de civilisation. Fresques de José-Maria Sert, miroirs peints par Drian, chapelle privée... et jusqu'à sa chambre à coucher – un mur de verre y offrait une vue spectaculaire sur le domaine – où trônait un lit en forme de coquillage soutenu par des dauphins.

« Mona a fait l'impossible pour me dérider, et je ne l'ai jamais oublié. Elle évoquait sa vie, aussi divertissante qu'un roman d'aventures », note-t-il, ainsi que tous ceux qui l'ont rencontrée ; le romancier Truman Capote s'inspira d'ailleurs de Mona pour le personnage de Kate McCloud dans *Prières exaucées*. « Chaque hiver, au cours des années trente, notre héroïne partait avec son troisième mari, Harrison Williams – l'homme le plus fortuné des Etats-Unis – pour une croisière en Chine sur leur bâteau, le *Warrior*, où il y avait même un cours de tennis. Mona me racontait qu'à Pékin, on ne se rendait pas chez les antiquaires, puisque ce sont eux qui venaient à vous – vêtus de somptueuses tuniques traditionnelles – par catégories très précises. Un jour, le spécialiste des jades, le lendemain, l'autorité en matière de laque, et ainsi de suite. Ils arrivaient avec de nombreux baluchons de soie doublés de zibeline pour protéger leurs trésors, et vous pouviez garder les objets choisis plusieurs jours, afin de vous y habituer, et n'acheter, avant votre départ, que vos préférés. Par la suite, Mona a occupé une place très à part dans ma vie. Que de soirées inoubliables avons-nous passées dans son hôtel particulier parisien de l'avenue de New-York. Elle aimait s'entourer d'un groupe d'intimes – comme Diana Mosley, le duc et la duchesse de Windsor, le roi Umberto d'Italie ou Walter Lees, dont elle fut si proche –, et les conversations étaient très spirituelles. Bien sûr, à la disparition de son quatrième mari, Eddie Bismarck, je l'ai à mon tour soutenue de toute mon affection.»

Fin octobre 1969, Givenchy – ayant apaisé le conflit qui l'avait rendu si mélancolique – s'accorda quelques jours de répit en Irlande, où il se reposa chez son amie et cliente lady Eileen Plunkett. Les derniers mois ayant été très épuisants – collections de haute couture et de prêt-à-porter, inauguration de plusieurs boutiques, aux U.S.A. ou à Monaco, en présence de la princesse Grace, remise de prix à Capri... –, cette trêve était la bienvenue. Il aimait retrouver dans ce pays des proches comme la styliste Sybil Connolly ou la duchesse de Devonshire – Deborah ou *Debo*, pour ses intimes –, qui le reçut à Lismore Castle mais également à Chatsworth, sa propriété du Derbyshire. Cette dernière n'était autre que la sœur d'une amie fidèle du couturier, lady Diana Mosley, la Garbo de l'aristocratie anglaise, mais qui, contrairement au sphinx suédois, a toujours brillé par l'intelligence malicieuse de ses propos. Distinction suprême et irrévérence désopilante... personne ne jongle mieux avec les paradoxes que les membres de cette tribu légendaire. Les deux femmes appartenant au célèbre clan Mitford – dont les excentricités sont passées à la postérité grâce aux livres de Nancy, la romancière de la famille –, leur sens de l'humour enchante Givenchy, comme d'ailleurs tous ceux qui les connaissent. «Elles sont simplement irrésistibles!, s'exclame-t-il en riant. Il existe une photo de Debo qui résume la situation à la perfection. Elle est en train de nourrir ses poules en robe du soir, avant d'assister à un bal ! A Chatsworth, où elle vit entourée de chefs-d'œuvre – Holbein, Rubens, Sargent... –, Debo a installé un téléphone qui représente Elvis Presley une guitare à la main. Son mari, Andrew, m'a raconté que lorsqu'il sonnait, et que la rock-star se mettait à jouer de son instrument alors que quelqu'un, à l'autre bout de la ligne, annonçait un décès, le contraste ne manquait pas de piquant ! Diana et Debo, qui m'ont fait le bonheur de porter mes créations avec ce chic qui n'appartient qu'à elles, sont le charme sur terre. »

Pour les sœurs Mitford, Hubert de Givenchy a été bien plus que leur couturier favori, et ses vastes connaissances en histoire de l'art et en architecture en font un compagnon recherché pour des femmes aussi cultivées. La duchesse de Devonshire évoque aujourd'hui une anecdote – liée à ces vacances irlandaises – avec une verve toute *mitfordienne*. « Alors qu'il séjournait à Lismore Castle, une cousine d'Andrew est venue déjeuner, en voisine. C'était une vieille dame très candide qui avait toujours vécu à la campagne et n'avait jamais entendu parler d'Hubert. Avant son arrivée, je lui avais expliqué qu'il était un couturier très célèbre. Une fois à table, j'ai entendu qu'elle s'adressait à lui en ces termes : " Je vais rejoindre mon frère à Rome, or je crois savoir que vous êtes couturier. Pourriez-vous me dire si mes robes d'été doivent être raccourcies ou rallongées cette année ? " Il va sans dire qu'elle n'avait pas la possibilité de s'en offrir de nouvelles. Hubert s'est alors tourné vers elle et a répondu : " Madame, je ne peux répondre à votre question, mais je serais enchanté de vous prêter mon concours pour ce voyage. " Plus tard, il a pris ses mesures, et je le revois encore dans son salon, chaussé de bottes Wellington, car c'était le moment de l'année le plus humide en Irlande. La vieille dame avait un corps pour le moins étrange, et Hubert a démontré sa parfaite éducation en ne riant pas. Elle était très voûtée, et à son étonnement, le tour de poitrine était plus important à l'arrière qu'à l'avant. Quelques semaines plus tard, deux immenses boîtes ont été livrées à son domicile. Hubert lui avait réalisé des manteaux, des robes et une ravissante étole. Imaginez la jalousie des voisins – qui eux connaissaient Hubert –

lorsqu'elle leur a montré son trousseau. Elle n'arrivait pas à croire à tant de chance ! J'ai toujours pensé qu'il s'agissait de l'un des gestes les plus généreux qui fût, mais je pense que cela est très typique de lui. »
En 1970, l'empire du couturier était en progression constante à travers le monde. En l'espace de deux ans, vingt-deux *Givenchy Nouvelle Boutique* avaient été ouvertes seulement aux Etats-Unis, sans compter celles de Lausanne, Genève, Munich, Rome, Caracas ou Londres. C'est à cette date que fut lancé le cinquième parfum maison, *Givenchy III*. Un triomphe de plus pour la griffe. « Dans un univers où la compétition est aussi féroce, il faut retenir l'attention du public au moment du lancement, car les enjeux financiers sont immenses. Personne n'imagine la complexité d'une telle opération, du dépôt du nom en France et à l'étranger au dessin de l'emballage. C'est alors qu'une fois de plus mon frère a eu une idée merveilleuse. La presse et les personnalités ont reçu une corbeille dans laquelle avaient été disposées racines et fleurs composant le jus – roses de Bulgarie ou vétiver – autour du flacon. On m'en parle encore. De mon côté, j'ai inventé le sigle comportant les quatre G qui est toujours aujourd'hui l'estampille officielle de la maison », commente le couturier. *Qui sait pourquoi on se souvient d'une femme et pas d'une autre ? Givenchy III donne de la mémoire aux hommes.* Une formule qui fit florès. « Le succès était tel que nous avons décidé de construire notre propre usine de conditionnement de parfums à Beauvais, en clin d'œil à notre enfance. Nous étions loin de nos débuts, dans une pièce chez Balenciaga ou dans le garage de Levallois, précise Jean-Claude. Par sa modernité, notre structure a été une référence pour de nombreux industriels. Hubert me laissant carte blanche, j'avais pensé au moindre détail. Ainsi, nos ouvrières ont toujours porté des gants, luxe oblige. Dans l'après-midi, je rejoignais l'avenue George-V, car Hubert m'avait chargé de m'occuper des licences et des relations avec le comité d'entreprise. A la couture, nous avons eu les pires problèmes avec les employées C.G.T. qui, pour un oui ou pour un non, se mettaient en grève. A chaque nouvelle collection, nous avions le couteau sous la gorge. J'allais voir Hubert qui me pressait

d'accepter leurs revendications car le défilé devait être impérativement présenté. Ce chantage permanent angoissait beaucoup mon frère, mais avec sa réserve habituelle, il n'en laissait jamais rien paraître en public. »
Plus que jamais à l'époque, la presse rapportait avec force détails les apparitions publiques du couturier, dont le prestige était aussi important des deux côtés de l'Atlantique. Inauguration de l'exposition Matisse au Grand-Palais, premières de *Hair* à Paris et de *Oh! Calcutta!* à New York, dîner donné par le décorateur Jean-François Daigre, où le couturier fut remarqué au milieu d'un essaim de *professional beauties* comme Cappy Badrutt ou Maria Felix... « Bien sûr, j'étais sans cesse invité, et parfois j'acceptais. Mais étant réveillé chaque matin à 5 heures 45, et après des journées harassantes – sans même parler des voyages –, je désirais surtout profiter de mes intimes. Soudain, vos proches disparaissent, et vous regrettez de ne pas leur avoir consacré plus de temps. Ma vie a été bien trop souvent une course contre la montre », avoue-t-il aujourd'hui. D'autant plus que, dès les années soixante-dix, les décès commencèrent à frapper le clan Givenchy. Cristobal Balenciaga fut le premier à disparaître le 24 mars 1972. « Lui qui supervisait jusqu'à cent essayages quotidiennement s'est soudain retrouvé inoccupé à la fermeture de ses salons. Il voyageait entre la France et l'Espagne, et je lui avais offert à cet effet une superbe Mercedes rachetée à Bunny Mellon. Un cadeau pour sa nouvelle existence. Mais ces déplacements ne comblaient pas ses frustrations. Dès son arrivée à Paris, il m'appelait souvent et me demandait : " Hubert, si cela ne vous importune pas, puis-je venir vous regarder travailler ? " Un après-midi, trois jours avant un défilé, il apparaît alors que j'achevais la robe de mariée. Silence général et garde-à-vous des personnes présentes. Balenciaga en personne ! Avec sa spontanéité couturière, Cristobal m'a alors suggéré tel ou tel changement, et je lui ai finalement laissé terminer le modèle à son idée. En quelques instants, il avait tout transformé ! Cela a duré des heures et nous étions éreintés, le mannequin chancelant sur ses talons et la première d'atelier au bord des larmes. Soudain, il s'exclame : " En fait, ce que vous aviez fait était parfait...

remontez-la." D'autres fois, il s'installait dans un coin et caressait les tissus en silence. J'étais bouleversé, confie Givenchy. A un moment donné, il avait décidé de s'installer définitivement à Valence, où la douceur du climat lui convenait, et d'y construire une maison. Ce projet l'enthousiasmait au plus haut point. C'est alors qu'il a été emporté par une crise cardiaque. Gustav Zumsteg, le propriétaire des tissus Abraham, m'a prévenu rue Fabert... quel souvenir atroce. L'un de ces chocs dont on ne se remet jamais complètement. Nous sommes partis avec Philippe et Emmanuel Ungaro – son fidèle disciple – dans l'avion loué par Gustav, et avons retrouvé sur place la marquise de Llanzol, si proche de Cristobal. Chacun de nous était désorienté, comme orphelin. La cérémonie, qui se déroula dans l'église de pêcheurs de Guetaria, accompagnée par des chants basques, était à son image, simple et intense, sans rien de solennel, car Cristobal avait détesté l'apparat sa vie durant. Puis nous nous sommes rendus à pied jusqu'au cimetière afin de lui rendre un dernier hommage. Une ultime épreuve. Depuis, il ne se passe pas un jour sans que je communie avec lui par la pensée.»

Les amis d'Hubert de Givenchy pouvaient compter sur son indéfectible soutien dans les situations les plus dramatiques. «En 1971, mon premier mari est décédé dans un terrible accident d'avion, me laissant seule avec cinq enfants alors que je n'avais pas quarante ans, murmure Monique Domange-Laborie, son ancienne collaboratrice de la rue Alfred-de-Vigny. Même si je les voyais beaucoup moins qu'auparavant, Hubert et Philippe sont pourtant venus me rejoindre en Bretagne, me couvrant de cadeaux et m'épaulant de leur affection. Peut-on imaginer deux êtres plus merveilleux? J'avais bien conscience qu'une relation extraordinaire les unissait, et le simple fait de les voir m'a redonné courage.» Un sentiment que partage son cousin, André Alavoine. «Sa disponibilité ne vous fait jamais défaut dans les épreuves infligées par l'existence. Ainsi, lorsque mon épouse Denise a été très gravement malade, il nous a proposé immédiatement sa maison des Loges durant les semaines de convalescence, ce qui a été une joie pour nous. Elle put ainsi se reposer en toute quiétude, loin de l'agitation d'une famille nombreuse. Et imaginez-vous que le week-end, Hubert téléphonait timidement pour savoir s'il pouvait venir nager, promettant de ne pas nous déranger... alors qu'il était chez lui ! De même, il a enchanté la vieillesse de sa marraine Eliane, qui a tant compté pour lui enfant à Beauvais. Ses colis pleins de surprises faisaient la joie de cette dame âgée qu'il aurait très bien pu laisser à son triste sort. »

Dans un registre plus officiel, 1972 fut également l'année de la disparition du duc de Windsor, dont Givenchy avait tant goûté la compagnie. « La duchesse m'a appelé immédiatement, et je suis arrivé dans leur maison du bois de Boulogne à l'aube. Pour la première fois, je la voyais effondrée, elle qui maîtrisait toujours parfaitement ses émotions. En larmes, les cheveux défaits, vêtue d'un simple peignoir, les carlins du duc serrés contre ses jambes... Son chagrin était immense. " Hubert, pourriez-vous me faire très vite une robe et un manteau pour les obsèques ? " Je l'ai assurée que tout serait fin prêt et nous avons travaillé jour et nuit avec mon équipe, sans un instant de repos. » Les photos qui la représentent le visage bouleversé derrière son voile de cigaline noire, à l'entrée de la chapelle Saint-George, ont été publiées dans le monde entier. La duchesse – qui avait également porté un modèle Givenchy lors de leur dernière apparition publique à l'étranger, au cours d'une réception à la Maison Blanche donnée par le président Nixon en leur honneur – savait que lui seul pouvait comprendre ses priorités en de telles circonstances. Ils se voyaient depuis de longues années, et son affection pour lui ne connaissait aucune restriction. « Pour la duchesse, Hubert fut bien plus que son couturier favori, un homme du monde à qui il était inutile d'expliquer l'importance du protocole lors d'une cérémonie aussi importante. Son éducation, mais aussi le milieu dans lequel il évoluait depuis toujours, jouaient en sa faveur, alors que ses confrères, aussi talentueux fussent-ils, ignoraient de telles nuances », souligne leur ami commun Walter Lees. « Après la disparition de son époux, Hubert fut son chevalier servant, l'accompagnant très souvent dans les quelques sorties qu'elle acceptait encore, précise lady Diana Mosley, intime et biographe de la duchesse. Wallis, de plus en plus fragile, lui accordait une confiance illimitée, et il a toujours été à la hauteur de ce sentiment. Combien de fois ne sont-ils pas venus dîner chez moi à Orsay, au Temple de la Gloire ? Nous parvenions à la dérider, ce qui est une consolation lorsque l'on pense à sa fin affreuse, coupée du monde dans une solitude absolue.

Hubert restera à jamais lié aux dernières heures de bonheur de celle pour qui un homme avait renoncé au trône de l'empire le plus puissant du monde. »

XIV
« C'est dans l'extraordinaire que je me sens le plus naturel... »
(André Gide)

En 1973, la crise pétrolière provoquée par la guerre du Kippour entraîna la plus violente récession économique à l'échelle planétaire depuis les années trente. Aucune sphère ne fut épargnée. La haute couture, plus vulnérable que jamais face à la popularité du prêt-à-porter, survécut tant bien que mal à l'onde de choc, sa clientèle traditionnelle n'échappant pas à l'hécatombe. « Mais elle est un des derniers refuges de la créativité [1] », constatait *Le Point* à propos de cette institution qui ne concernait pourtant plus que trois mille élues mais employait encore trente mille salariées. « Il est vrai aussi que les quelques privilégiées qui s'habillent faubourg Saint-Honoré ou avenue Montaigne ne font plus la mode de la rue. Mais elles assurent à la haute couture une renommée qui fait vendre tout ce qui porte sa griffe. De l'accessoire en l'occurrence. Une signature, un emballage prestigieux constituent les meilleurs atouts des (...) parfums, de la lingerie ou des cravates. Les industries annexes rapportent 5 milliards de francs contre 500 millions à la haute couture. » En janvier 1973, *France-Soir* [2] annonçait que le chiffre d'affaires mondial de la maison Givenchy était de trente-cinq millions de francs. Plus financièrement indépendant que jamais, le couturier garda son sang-froid face au chaos général.

Il comptait toujours quatre cents clientes régulières – qui dépensaient cinq millions de francs par saison –, tout en possédant plus de cinquante boutiques à son nom dans le monde, ainsi qu'une usine de parfums dont la productivité était citée en référence. On murmurait alors qu'un flacon de *Givenchy III* se vendait toutes les cinq secondes à travers le globe.

« Givenchy, c'était un chic introuvable ailleurs, des trésors de raffinement, note la baronne Elie de Rothschild, longtemps une inconditionnelle de l'avenue George-V. Hubert attachait de l'importance aux détails les plus invisibles. Je crois bien qu'au cours des années soixante-dix, il était le seul couturier chez qui l'on pouvait encore commander des escarpins réalisés dans le même tissu que votre robe du soir. Cela faisait toute la différence ! » Surtout pour une femme dont les uniformes d'écolière étaient déjà griffés Schiaparelli. « Sa maison a toujours été dotée d'une organisation remarquable, sans jamais le plus petit grain de sable dans les rouages, précise encore Sao Schlumberger. Ainsi, lorsqu'il m'était impossible d'assister à une nouvelle collection, Marie-Thérèse, ma vendeuse, m'envoyait croquis et échantillons aux Etats-Unis – les cassettes vidéo ne vinrent que bien plus tard –, et nous fixions alors des heures précises pour chaque essayage. Comme les ateliers possédaient un mannequin de couturière à mes mesures – c'était le cas de toutes les habituées –, je ne perdais pas une minute. Bien sûr, Hubert, perfectionniste à l'extrême, n'était jamais satisfait du résultat. Combien de fois n'a-t-il pas fait démonter entièrement une robe terminée ? » L'œil du couturier traquait inlassablement la moindre imperfection. « Un tissu écossais doit être proportionné par rapport à la taille et au poids de celle qui le porte. Une femme trop petite sera *noyée* au milieu d'un motif trop grand ! De même, les couleurs s'harmonisent en fonction des saisons. Le soleil brille différemment. Un rose d'hiver doit être soutenu, alors qu'un rose d'été aura la fraîcheur d'un sorbet », souligne Givenchy comme s'il s'agissait d'une évidence première. Deux démonstrations éloquentes parmi tant d'autres. Rappelons qu'il exigeait même que les pneus de ses luxueuses camionnettes de livraison fussent aussi immaculés que la neige en hiver... et donc lavés plusieurs fois par jour. « Les prix haute couture justifiaient amplement cette rigueur », affirme-t-il.

Son attitude explique l'attachement de la clientèle, décennie après décennie. Ses amies américaines, bien sûr, si souvent évoquées au cours de ce récit, mais aussi de nombreuses étrangères, plus fidèles que les Françaises. Citons seulement madame Walther Moreira Salles, Rosy Catao, Magda de Liega, Jeanette Longoria, Elizinha Goncalves ou Carmen Mayrink-Veiga. Certaines inconditionnelles faisaient parfois appel à lui pour des commandes très particulières, qui ne concernaient plus les collections proprement dites. Un ensemble unique pour une occasion qui ne l'était pas moins. Elles conservaient alors précieusement en souvenir le croquis offert par Givenchy. Ainsi, la comtesse Anita von Galen lui demanda de créer la robe de baptême de son fils Ferdinand. « J'avais retrouvé un document sur lequel était reproduite celle du roi de Rome, et nous l'avons refaite en haute couture. Assistant à la cérémonie en Allemagne, j'ai moi-même habillé l'enfant, qui est aujourd'hui un garçon superbe. » Selon la journaliste Susan Train, « Hubert, contrairement à la majorité de ses confrères, menait la vie de ses clientes. Tout comme elles, il voyageait sans cesse entre Paris et New York, la Côte d'Azur et la Grèce. Il assistait aux mêmes soirées prestigieuses et partageaient leur goût pour l'art et la décoration intérieure. Hubert les comprenait parfaitement, et connaissait mieux que quiconque leurs besoins intimes. Ses défilés en étaient le reflet. Il créait en connaissance de cause. » Au-delà de l'anecdote, la presse mondaine de l'époque, qui soulignait toujours la présence du couturier, illustre parfaitement ces propos. Déjeuner à Manhattan avec Babe Paley, Diana Vreeland et Vladimir Nabokov – l'auteur de *Lolita* – à La Grenouille... Bal vénitien donné au palazzo Volpi en l'honneur d'Olympia Aldobrandini – « Elle porta ce soir-là l'une de mes robes, ainsi que sa mère et sa grand-mère » –, auquel Givenchy se rendit, Audrey Hepburn à son bras... Croisières sur *La Belle Simone*, yacht de ses amis William et Simone Levitt... Soirée franco-américaine pour la sauvegarde de Versailles, en novembre 1973, à laquelle il participa avec Capucine... Les exemples abondent.

Si une nouvelle cliente franchissait pour la première fois le seuil des salons de l'avenue George-V – sur simple rendez-vous téléphonique –, le rituel était immuable. Elle choisissait d'abord le ou les modèles de ses rêves, avec la possibilité de changer tissu ou couleur selon son humeur. Puis il lui était demandé de verser la moitié de la somme correspondant à sa commande. Ce simple geste donnait le feu vert aux ateliers. La vendeuse lui ayant été assignée établissait alors un calendrier d'essayages, en général trois à quatre séances d'une demi-heure chacune pour un seul ensemble. Après les traditionnelles mesures – aux dix-neuf points stratégiques –, le processus suivait normalement son cours, et Givenchy acceptait de superviser personnellement l'opération si la demande en était faite. Fait très rare, le couturier leur conseillait toujours d'assister à d'autres collections que les siennes, afin de ne porter que ce qui leur était idéalement destiné, sans tenir compte de la griffe. « Hubert est un cas unique au monde, s'exclame Hélène Rochas. Il n'éprouve aucune jalousie envers le travail d'un autre. Ainsi, à partir de 1966, je n'ai plus acheté que du Saint Laurent, or je croisais très souvent Hubert à Paris ou à Venise, quand nous ne dînions pas ensemble. Avec sa gentillesse coutumière, il m'a toujours félicitée pour mon allure. Très *fair-play*, pas un soupçon de mesquinerie. Sans citer de nom, je peux vous dire qu'il m'est arrivé de croiser certains couturiers qui préféraient changer de trottoir dans le même cas ! »

Délicate comme une porcelaine de Meissen, à la fois discrète et gracieuse, Jacqueline Aubry – veuve du visagiste Fernand Aubry, autre légende du monde de la beauté – est en adéquation parfaite avec l'idée que l'on se fait de la directrice des salons d'une maison de couture, poste qu'elle occupa avenue George-V entre 1974 et 1989. Le souvenir de ses années Givenchy illumine son visage d'un doux sourire. « Grâce à Monsieur, j'ai découvert une atmosphère d'un luxe feutré difficilement concevable aujourd'hui. Tout était tellement civilisé autour de lui. Peut-on imaginer que, chaque matin et en début d'après-midi, la standardiste vaporisait les lieux de *Givenchy III* ? Bien sûr, nous étions prêts à recevoir des visiteuses à chaque instant, et le défilé quotidien, à 15 heures précises, a été maintenu jusqu'en 1985-86, car nous avions encore une cabine permanente de douze mannequins. J'ai rencontré ainsi Greta Garbo, Estée Lauder, Marie-Hélène de Rothschild, Julie Andrews – la délicatesse incarnée –, madame Giscard d'Estaing – alors première dame du pays –, Jacqueline Kennedy-Onassis, la princesse Grace ou la duchesse de Windsor, pour ne citer qu'elles. Une telle excitation flottait dans l'air. Les clientes avaient tissé des liens très étroits avec leur vendeuse. Madame Schlumberger voulait seulement Marie-Thérèse et Suzette s'occupait toujours de la baronne Elie de Rothschild, alors que la duchesse de Cadaval ne faisait confiance qu'à Marie-Caroline. Tout était très codifié. Notre seule priorité était de les combler. Une tasse de thé, un bouquet en telle ou telle occasion – je disposais d'un " budget fleurs " –, sans parler du plan de salle un jour de présentation... un calvaire pendant des semaines. Aucun diplomate n'a été confronté à de telles nuances d'étiquette, j'en suis certaine ! Les vendeuses me harcelaient pour placer leurs *protégées* au premier rang – une question de vie ou de mort –, honneur réservé en priorité à des femmes aussi importantes qu'Audrey Hepburn ou madame Mellon. Il y avait tant de monde... Jusqu'en haut des escaliers ! Pour épargner leur susceptibilité, Monsieur avait pensé à me faire réaliser des modèles exclusifs, qui n'apparaissaient jamais dans les collections, bien entendu. Il s'agissait la plupart du temps d'impeccables robes de jersey dans des tons très neutres. Je devais être élégante, tout en évitant des impairs. Elles n'auraient pas toléré de me voir porter un ensemble coûtant une fortune. Dans le même ordre d'esprit, Monsieur avait pour principe de ne jamais pratiquer des prix variables, plus ou moins bas, car il considérait cela désobligeant pour celles qui en payaient la totalité. Elles ne devaient surtout pas être désavantagées. Autre règle inflexible, il refusait toujours de prêter des robes. La seule exception, au cours de ces quinze années à ses côtés, fut Capucine. »

Le couturier raconte aujourd'hui avec jubilation les excentricités de certaines fidèles. « J'ai tant de souvenirs cocasses... mais rien ne m'a plus enchanté que l'histoire de cette femme très connue – épouse d'un collectionneur célèbre –, dont je tairai le nom. Elle m'avait demandé de lui créer spécialement des robes pour dîner dans des cabinets particuliers avec ses amants. Des fourreaux courts et *sexy*, avec un simple zip dans le dos – afin de les enlever facilement – mais réalisés dans de somptueux brochés or, rubis ou émeraude. Pendant les essayages, elle se contorsionnait dans tous les sens, et se couchait par terre dans des positions invraisemblables pour en vérifier le tombé et la résistance... elle souhaitait être impeccable dans les situations les plus torrides ! Pour avoir en tête l'esprit du décor et choisir les tissus en fonction des couleurs, je me suis donc rendu chez Lapérouse, sur les quais, restaurant célèbre pour ses rendez-vous galants. Le personnel, qui ignorait les circonstances, s'est mépris en me voyant inspecter les lieux. Une situation d'autant plus hilarante qu'ils m'ont vu revenir quelques jours plus tard en compagnie de... Pierre Cardin ! Il m'avait invité dans cet endroit discret pour des motifs strictement professionnels, mais les sourires en disaient long. Malheureusement pour eux, la journaliste Viviane Greymour nous a rejoints, coupant court à tous commérages. J'en ai ri aux larmes. »

Givenchy évoque encore le cas de son amie et voisine, Nina Dyer. Fille d'un planteur de Ceylan, cette beauté anglo-indienne, successivement mariée au baron Thyssen et au prince Sadruddin Khan, était connue pour l'étrangeté de ses lubies. Dans sa maison des Loges-en-Josas, Nina vivait entourée d'une véritable ménagerie, et les passants entendaient souvent d'incroyables rugissements car ses animaux de compagnie favoris étaient... des panthères noires en cage. Un jour, la panique s'empara du village lorsque l'une d'entre elles s'accorda une promenade à travers les rues ! « Nina m'invitait souvent à déjeuner, et c'est ainsi qu'une fois, après avoir admiré longuement ses pensionnaires, elle me demanda de lui créer un manteau dans cette fourrure très rare, afin de mettre en valeur ses célèbres perles. Or il faut savoir que ce type de peaux est réservé en Afrique aux plus grands chefs des tribus. Par miracle, nous en avons découvert un lot ! Nina fut plus que ravie par le résultat. » Citons aussi Claude Arthaud, qui lui commanda une robe de mariée inspirée de la tenue de couronnement de la dernière tsarine, ou bien encore Nicole de Montesquiou qui désirait des tissus aux couleurs de ses yeux... un gris-vert avec un soupçon de nacre rappelant l'intérieur d'une huître. Des métrages spectaculaires furent rejetés avant de parvenir à la nuance exacte ! « Rien n'était plus stimulant que l'imagination de certaines clientes. »

Pour Jacqueline Aubry, la cliente la plus extravagante fut, sans conteste possible, Barbara Hutton. « Elle était alors princesse Doan Vinh Na Champassak. Nous nous rendions dans sa suite du Ritz avec sa vendeuse, Anita, ainsi qu'un mannequin et Felisa, la première chargée de ses essayages, car elle comptait parmi les clientes les plus importantes. Barbara nous accueillait dans son lit, et les doubles rideaux étaient invariablement tirés, même en plein après-midi. Une pénombre oppressante régnait dans la pièce. Fellini aurait pu imaginer le personnage de cette femme maquillée à outrance, comme une impératrice byzantine, qui buvait du Coca-Cola à longueur de journée et convoquait son personnel à l'aide d'un sifflet d'agent de police en or massif ! Mais son extrême gentillesse, et ce désenchantement qui ne la quittait jamais, nous la rendaient très émouvante. » L'héritière Woolworth avait, sa vie durant, cultivé sa singularité, libre de toutes justifications aux yeux du monde. N'avait-elle pas commandé à Balenciaga, après avoir découvert *Les Très Riches Heures du duc de Berry*, des costumes d'après les enluminures de ce livre de prières ? Manches doublées d'hermine, manteaux rebrodés de fleurs de lys en fil d'or, hennins recouverts de perles véritables... Cristobal avait respecté ses désirs à la lettre.

« Lorsque nous sommes devenus proches, Barbara, qui vivait sa période russe, souhaitait qu'on l'appelât Varvara. Il y eut également sa période égyptienne, car elle pensait être la réincarnation de Néfertiti ! J'allais très souvent lui rendre visiste au Ritz, et le spectacle avait de quoi surprendre, précise le couturier. Ainsi, au cours de la période indienne, ses infirmières – de solides Suédoises ou Suisses – vous receviez vêtues de précieux saris. Le contraste entre leur blondeur vigoureuse et la délicatesse des étoffes ne manquait pas d'un certain comique. Il y avait autour de Barbara un mélange de mystère et de somptuosité absolument envoûtant. Avec pour seule lumière des dizaines de bougies, elle me faisait des commandes inouïes. " Hubert, comme vous le savez, j'ai un palais à Tanger, or les vingt jeunes filles qui y travaillent sont tellement ravissantes que je veux cacher leur visage. Voici un article sur le Yémen, pouvez-vous réaliser ces masques que portent les habitantes ? " Et nos ateliers les ont fabriqués, en soie et tulle. Une autre fois, Barbara m'avoue qu'elle aimerait beaucoup dîner chez moi, rue Fabert. J'organise aussitôt une soirée intime avec Rita Caras – une amie grecque –, ainsi qu'Alejo et Marie-Charlotte, très proches de mon invitée d'honneur. Le jour J, la Rolls arrive et notre héroïne fait son apparition dans les bras de son chauffeur-garde du corps, car un problème de hanche rendait ses déplacements très difficiles. Parée de ses plus beaux bijoux, Barbara était splendide dans sa robe longue de dentelle, que j'avais créée spécialement pour l'occasion. En fait, j'ai été au supplice pendant tout le repas, car elle n'a pas touché à un seul plat. Inutile de dire que le menu avait été réalisé en fonction de ses goûts. Aux fourneaux, Simone s'était surpassée pour lui plaire. Pourtant, Barbara, parfaitement détendue, nous a fait part de sa joie. Plus tard, j'ai appris, avec un mélange de soulagement et de tristesse, qu'elle se nourrissait exclusivement de bouillies de bébé diluées dans du Coca-Cola, un breuvage infect qu'elle sirotait du matin au soir. »

Comme l'écrit David Heymann [3], biographe de Barbara Hutton, Givenchy fut l'un des seuls à venir la réconforter à la fin de sa vie, alors que ruinée et très diminuée par la maladie, elle était abandonnée de tous. Notons enfin que quelques jours après le dîner rue Fabert, Jacqueline Aubry, se rendant au Ritz pour de nouveaux essayages, trouva Barbara plus radieuse que jamais. « " Si vous saviez ce qui m'arrive, à mon âge, c'est impensable ! " Elle m'apprend sa passion pour monsieur de Givenchy ! Barbara me remet alors un attaché-case en crocodile de chez Morabito, comme cadeau pour Monsieur qui, très mal à l'aise, l'a refusé, car il détestait toute ambiguïté. Et Dieu sait que la princesse Champassak ne fut pas un cas isolé. » Sao Schlumberger confirme cet état de fait. « Pauvre Hubert. Tant de femmes s'éprenaient de lui et se jetaient à son cou ! Quelle hystérie... C'était insupportable, car croyez-moi j'ai assisté à des

scènes invraisemblables, et pourtant, il a toujours fait preuve d'un tact et d'une patience d'ange. Je tiens à préciser que jamais Hubert n'a encouragé de tels sentiments.»
« Créer, douter, rechercher inlassablement, ne jamais croire que tout est acquis, me remettre sans cesse en question... J'ai construit ma vie et ma carrière sur ces bases-là, avoue aujourd'hui Givenchy. Le plaisir que je lisais dans le regard de mes clientes récompensait tant d'efforts.» Lorsqu'elles arrivaient avenue George-V, une nouvelle surprise les y attendait souvent. Ainsi, en 1972, elles découvrirent dans les vitrines de spectaculaires arbres en plexiglass du sculpteur grec Pavlos.
«J'avais découvert son travail en Italie, chez les Agnelli, qui vivaient dans des lieux très *avant-garde*. J'ai d'ailleurs été guidé dans certains choix personnels de décoration intérieure par ce que j'y ai vu. Rotin, vermeil, Modigliani et orangers dans des vasques de terre cuite blanche... A l'époque, de telles alliances étaient encore inconnues. Gianni et Marella avaient demandé à Pavlos de concevoir pour leur domicile milanais des colonnes grecques réalisées entièrement avec le papier de vieux bottins et recouvertes de plexiglass. Ayant adoré cette technique – grâce à laquelle il imaginait des objets aussi oniriques que d'immenses ailes d'ange d'une hauteur de deux mètres cinquante –, j'ai rendu visite à Pavlos dans son atelier afin de lui commander un arbre. Il a eu la délicatesse de m'en prêter deux autres, et je dois reconnaître que nos vitrines ont connu un franc succès. Par la suite, j'ai collectionné ses œuvres, et je les prête de temps à autre pour des expositions. Travailler avec des artistes comme Pavlos, Pomodoro ou Diego Giacometti a été à la fois une joie et un privilège.»
Une démarche qui caractérisa également, tout au long des années soixante-dix, les présentations du couturier. Car si ses fidèles étaient certaines de pouvoir retrouver, saison après saison, les classiques maison – il «se soucie moins des modes que d'une certaine continuité dans la ligne, la perfection des détails, la plus haute qualité possible de tissu», résumait le magazine *Marie-Claire* en septembre 1973 –, bases incontournables de leur garde-robe, l'imagination de certains passages a marqué bien des esprits. Shorts – pour l'opéra – en mousseline et

tuniques chinoises fendues jusqu'à la taille, portés avec des sandales à semelles compensées taillées dans un bloc de plexiglass (printemps-été 1971)... Tailleur-pantalon d'astrakan gris et pardessus de panthère noire (automne-hiver 1971-72)... Poncho de lynx et fuseau de daim vert (automne-hiver 1972-73)... Audacieuses brassières de soirée, poétiquement rebaptisées « bains de lune » (printemps-été 1973)... Manteau en cobra feuille morte et toque de boyard en marmotte bronze (automne-hiver 1973-74)... « Le "python bicolore couleur de rocher" de Rudyard Kipling (...) est présent du matin au soir dans toute la collection à tel point qu'il est permis de se demander s'il en reste encore quelques mètres dans la jungle [4] », put-on lire à propos de ce défilé pour lequel le couturier avait travaillé les peaux de reptiles, rouge laque ou argent, comme de la soie.

Parfois, Givenchy s'amusait même avec les valeurs sûres, comme ce tailleur bleu marine et blanc (printemps-été 1973), possédant en apparence ce « je-ne-sais-quoi d'exquis et d'approprié » (Lord Byron), et qui s'ouvrait pourtant sur une brassière en piqué révélant un ventre entièrement nu. Une gifle aux idées reçues. « A chaque collection, je présentais de nouvelles recherches, toujours très personnelles. Je me souviens en particulier d'un hommage à Mark Rothko, l'un de mes peintres favoris. Nous avions juxtaposé un fond de crêpe de Chine imprimé et un voile d'organza avec le même motif. Une fois en mouvement, c'était irréel. Au cours du défilé, dix mannequins sont arrivés ensemble, présentant chacune une robe-tableau de Rothko. Le public en avait le souffle coupé. J'ai également conçu une robe d'après-midi d'après *La Blouse polonaise* de Matisse, mais en la réadaptant, bien sûr, car il ne s'agissait pas de transformer les femmes en pièces de musée, ce qui aurait été pathétique, détaille Givenchy. Et contrairement à ce que l'on pourrait croire les modèles les plus *difficiles* à porter partaient toujours. Je me souviens de Sao Schlumberger dans un manteau rebrodé de plaques en plastique noir, ou de Simone Levitt arrivant chez Maxim's dans une redingote de python or doublée de vison blanc, avec le chapeau assorti. Citons encore, au hasard, Tony Osborne dans un ensemble en singe vert, assorti à ses émeraudes, ou l'impératrice Farah d'Iran portant une robe du soir retenue par des *serpents* de diamants qui descendaient le long de chaque bras et se terminaient en bracelets. Elle était d'une beauté renversante et fut d'ailleurs la seule à la commander. »

Depuis ses débuts, les inconditionnelles de la griffe avaient toujours accepté avec empressement de poser pour la presse dans ses créations. Le renouvellement de clientèle n'y changea rien. Tout comme leurs aînées, les jeunes femmes des années soixante-dix qui portèrent ses vêtements ressentaient la passion avec laquelle Givenchy les avait imaginés. La princesse Caroline de Monaco – pour qui il avait dessiné une robe d'organdi rebrodé de citrons alors qu'elle était enfant – fit ainsi ses débuts dans le monde (août 1973) en Givenchy – les magazines s'arrachèrent les photos –, alors que la splendide Sylvia de Waldner affichait sa prédilection pour lui dans les pages de *Vogue*. Fille du président de l'Institut de biophysique à Rio et épouse du baron Gérard de Waldner, cette « orchidée brésilienne qu'il faut arroser chaque jour avec amour » – ainsi que la définissait Marie-Hélène de Rothschild – possédait toutes les qualités requises pour rejoindre le groupe des fidèles de l'avenue George-V. « Adolescente, Audrey Hepburn dans *Diamants sur canapé* était pour moi l'incarnation de l'élégance idéale. J'aurais tant voulu lui ressembler. C'est grâce à ce film que j'ai découvert le talent d'Hubert, et je l'ai vénéré dès lors comme d'autres une idole de cinéma! D'autant plus qu'en Amérique du Sud, Givenchy est synonyme de perfection sur terre. Lorsque je me suis mariée en France, en 1973, personne d'autre n'a créé ma robe bien sûr. Mousseline blanche et taille de guêpe... le romantisme de Scarlett O'Hara. J'ai cru m'évanouir lorsque Gilberte m'a dit : " Monsieur va descendre dans un instant... " Comme par miracle, notre amitié a été instantanée, se rappelle Sylvia de Waldner. Je crois qu'il me trouvait très différente des autres clientes. On ne peut imaginer l'atmosphère qui régnait dans les salons. Toutes ces femmes très mondaines et aussi impeccables que si elles avaient été sur le point de poser pour Cecil Beaton. Et moi j'arrivais en jeans, les cheveux au vent, mes bébés dans les bras, avec un panier de paille à mon nom, un cadeau d'Hubert que j'ai gardé jusqu'à ce qu'il tombât en miettes. On offrait des chocolats à mes enfants pendant que j'essayais et il paraissait ravi de cette atmosphère familiale... la bohème brésilienne! Il me disait toujours qu'en général, ses habituées cachaient soigneusement leur progéniture, confiée à des nurses. Hubert appréciait mon instinct maternel. Très vite, je l'ai aussi accompagné chez les antiquaires. Ses conseils valent leur pesant d'or, il a tant de flair. C'est un peu comme une promenade avec un conservateur de musée, l'humour en plus.»

Le couturier a toujours entretenu des rapports de travail très privilégiés avec ses nombreux fournisseurs. Créativité et excellence... seules priorités dans les deux camps. « Une collection débutait avec le choix des tissus, première confrontation essentielle. S'il y avait *rencontre*, les idées affluaient et je faisais alors de nombreux croquis. Une *cérémonie* capitale. Pouvoir les caresser, apprécier leurs couleurs, m'enivrer de leur parfum. L'odeur de la soie est unique », raconte-t-il à l'imparfait, avec toujours autant de gourmandise. Les fabricants de textiles – Abraham, Beauclère, Bucol, Corisia, Colcombet, Dormeuil, Forster Willi, Hurel, Pétillault, Racine, Schlaepfer ou Taroni, pour ne citer qu'eux – admiraient autant ses connaissances techniques que son goût très affirmé.

Contexte économique oblige, Givenchy avait dû renoncer aux matériaux réalisés pour lui en exclusivité d'après ses croquis – comme ce fut le cas lors des premières collections – pour choisir parmi les milliers d'échantillons proposés chaque année à l'ensemble des couturiers parisiens. Non sans suggérer régulièrement des motifs inédits, tout en participant de près à l'élaboration de nouvelles textures comme le satung, mélange de satin et de shantung, ou le gazar – baptisé en hommage à la ville de Gaza –, aussi connu sous le nom de *brouillard du soir*. Une tradition haute couture. On se souvient encore de la mousseline *cheveux de la reine*, du tulle *illusion*, de la *charmeuse*, aussi aérienne qu'une brise d'été, ou du *kashangora*, si prisés par Jacques Doucet. Givenchy, lui, appréciait particulièrement le nanghaï, une faille shantung très rigide tissée à la main dans la province du Yunnan. Elle était si difficile à travailler que seules les maisons Givenchy et Saint Laurent la commandaient encore. « Je faisais appel à tous les corps de métier tant leur dextérité me fascinait. Préparer mes collections avec eux fut un enseignement de chaque instant. » Du plumassier Lemarié au brodeur François Lesage, du bottier Mancini à des créateurs de bijoux fantaisie comme la comtesse Zoltowska ou Michael Moraux et Peter Dubow, la diversité de ses collaborateurs au fil des ans parle d'elle-même.

« Je me suis rendu avenue George-V chaque saison entre 1964 et 1995 », raconte Jacques Dransart, président de la société Roga, spécialisée en articles *pluie-sportswear* haut de gamme. « Comme il arrivait très tôt le matin, je n'hésitais pas à prendre rendez-vous dès 7 heures 30, ce qu'il appréciait beaucoup. Nous avions alors le temps de discuter sans interférences extérieures, et je lui présentais matières et maquettes dans le plus grand calme. C'était un homme très ouvert et curieux, tout en restant fidèle à son style. Contrairement à d'autres couturiers comme Pierre Balmain ou Guy Laroche, toujours prêts à accepter nos dernières innovations, il désirait une continuité avec ses lignes. Et le coup de crayon Givenchy était identifiable au premier coup d'œil! Connaissant le style maison en profondeur – puisque j'assistais à tous ses défilés –, ainsi que la gamme de ses coloris préférés, je ne lui faisais jamais perdre une minute, éliminant systématiquement ce qu'il aurait rejeté d'office. Je me souviens particulièrement d'un mélange somptueux ciré noir-cachemire, qui fut un succès commercial, surtout aux Etats-Unis et au Japon. Cela est très représentatif de ses goûts. Sur le plan humain, les gens du métier le considéraient comme le Grand Seigneur de la mode. Professionnel – j'ai toujours été payé rubis sur l'ongle –, d'une courtoisie extrême mais sans jamais aucune familiarité. Il n'y avait pas de confusion possible. Je suis devenu très proche de certains de ses confrères, comme André Courrèges – que mon épouse et moi-même retrouvions souvent pour dîner –, mais ce ne fut jamais le cas avec Hubert de Givenchy, dont je garde néanmoins le meilleur des souvenirs. »

XV

Louis XV au studio 54

« Peu à peu, ma maison des Loges a été encerclée par des lotissements sortis de terre comme des champignons. J'avais toujours demandé à Nina Khan de me revendre ses terrains, mais elle n'a pas tenu compte de ma requête, et d'autres en ont profité. Affligé par la dégradation de l'environnement, j'ai décidé de partir, déclare Givenchy aujourd'hui. Puis soudain, mon professeur de gymnastique m'a parlé d'une propriété à vendre, à 235 km de Paris. C'est ainsi que j'ai découvert le Jonchet, en novembre, sous la brume. Nous étions dans *Le Grand Meaulnes*! Le coup de foudre fut instantané. Comment résister à la sobre harmonie du corps de bâtiment, associée à la beauté préservée de la campagne environnante ? J'ai rêvé pendant des mois, la photo du Jonchet sur mon bureau. Finalement, on m'apprend qu'il est sur le point de trouver acquéreur. Pris de panique, je me suis précipité chez mon frère, qui m'a conseillé de demander un prêt à notre banquier. Je n'y avais jamais songé! Trois jours plus tard, j'en étais l'heureux propriétaire. Philippe et moi sommes partis pour Marrakech avec les plans car de nombreux travaux s'imposaient. »

Situé à Romilly-sur-Aigre, non loin de Tours, le domaine du Jonchet – où vécurent aussi bien la duchesse de Tourzel, gouvernante des enfants de Marie-Antoinette, que l'architecte Fernand Pouillon – doit son nom à la rivière plantée de joncs qui le traverse. « Toute l'originalité architecturale de cette demeure réside dans la façade principale. Elle n'est, en effet, constituée que d'un seul étage légèrement surélevé et orné au centre d'un avant-corps : une lanterne qui s'inspire du Pavillon du roi Henri IV, place des Vosges, à Paris. On y retrouve les mêmes arcades, constituées de trois ouvertures. L'ordonnance est remarquable : cinq fenêtres hautes, dépassant largement le toit de leur fronton triangulaire, rythment la façade de part et d'autre de la tour lanterne », explique Catherine Join-Diéterle. Ceinturée de douves – le royaume des hérons et des cygnes –, le manoir devint dès 1975 la thébaïde du couturier. « J'ai choisi cet endroit non pas pour y donner des soirées ou impressionner les gens, mais pour m'y retirer dans la sérénité avec quelques proches, et offrir un écrin exceptionnel à des objets que j'ai découverts au gré de mes recherches. »

Au fil des ans, il restaura les six cheminées Renaissance et mélangea dans chaque pièce époques et cultures, avec l'imagination qui a toujours caractérisé ses intérieurs. Housses de lin blanc, mobilier Louis XVI recouvert de tissus créés par lui, livres d'art, photophores de Diego Giacometti, coussins monogrammés d'un double G bleu marine, table en écaille de la collection Misia Sert, toiles de Braque ou de Miró – le célèbre *Bleu 1*, qui a rejoint depuis le centre Pompidou afin de compléter le triptyque –, rideaux en shantung naturel, sculpture *Cerf* de François Pompon rapportée d'un voyage à New York, l'animal étant indissociable de la légende de saint Hubert... sans oublier le papier de riz chinois peint à la main qui orne les murs de la salle à manger. Séduit par la délicatesse de son motif – le mariage d'un mandarin –, Givenchy en fit l'acquisition chez un antiquaire parisien. Comme un rouleau manquait à l'appel, un peintre fut convoqué immédiatement pour compléter la fresque... « Si vous aimez une maison, elle vous le rend bien. J'ai toujours un nouveau cadeau pour le Jonchet. Mon ami Alexis Weissenberg, qui possédait deux pianos Steinway exceptionnels, *Phénomène I* et *Phénomène II*, a même accepté de me céder l'un d'entre eux pour la campagne. Il contribue à la magie des lieux, déclare-t-il aujourd'hui. Mon seul regret concerne maman. Lorsque je lui ai raconté que la cour d'honneur était pavée, elle s'est écriée : " Quelle horreur ! Cela va me rappeler Beauvais, où pendant toute ma jeunesse, je me tordais sans cesse les chevilles ! " »

Hélas! elle nous a quittés avant de s'y rendre. J'aurais tant souhaité lui offrir ce dernier bonheur.»
« Grand-mère était le phare de notre famille, une reine que nous vénérions, raconte Hubert (Junior) de Givenchy, neveu et filleul du couturier. Pendant les dernières années de sa vie, rien ne la comblait plus que de réunir les siens chez elle aux Invalides. Malheureusement, à l'époque, son état de santé ne lui permettait plus de se déplacer, et elle avait dû renoncer à regret aux vacances qu'organisait mon oncle Hubert à son intention. Depuis sa disparition, oncle Hubert est devenu à son tour notre phare, le patriarche du clan. Même intensité, même force d'âme.» Il est vrai que face à la souffrance, Béatrice de Givenchy fit preuve d'une bravoure héroïque. «Mon premier mari, le chirurgien Dick Dieckmann, était ce que l'on pourrait appeler familièrement un dur à cuire! Rien ne l'impressionnait car il avait été confronté aux pires situations, se souvient Marie-Charlotte Vidal-Quadras. Or, il m'a confié après l'avoir eue en consultation que jamais de sa vie, il n'avait rencontré un être plus courageux, affrontant la douleur physique avec autant de vaillance.» Les derniers temps, une dame de compagnie-infirmière était à ses côtés de jour comme de nuit. «Cela a été une période très éprouvante car maman doutait sans cesse des compétences de ces saintes femmes, et me suppliait chaque fois de lui en trouver une nouvelle. En fait, elle désirait que l'on s'occupât d'elle en permanence. Dès que cela était possible, je me précipitais à son chevet, mais je reconnais que maman ne me voyait pas aussi souvent qu'elle l'aurait souhaité. Je vivais dans un tourbillon, travaillant quinze heures par jour et voyageant en permanence. Et puis un jour, alors que nous rentrions de Venise, je me suis aperçu qu'elle était en train de partir, murmure-t-il. Je n'avais jamais vu quelqu'un mourir auparavant. L'infirmière m'a préparé en douceur, mais ce fut l'un des moments les plus effrayants de mon existence. J'ai demandé à passer la dernière nuit seul avec elle, et maman s'est éteinte dans mes bras. Le lendemain matin, Philippe est venu me chercher, plus prévenant que jamais, et Jean-Claude, entouré de ses enfants qui l'avaient beaucoup soutenue, ont pris le relais. Après une cérémonie très simple au Temple de l'Etoile, elle fut inhumée au cimetière de Passy.»

Béatrice de Givenchy, complice de la première heure et modèle de perfection féminine pour son fils, est décédée le 10 septembre 1976, à l'âge de quatre-vingt-huit ans.

« Dernière réussite américaine de Givenchy : Ford vient de lui demander de concevoir (...) la décoration intérieure de sa nouvelle voiture de prestige, la Mark Ford. Et de le faire savoir en participant à une série d'émissions promotionnelles à la télévision, annonçait *Le Nouvel Economiste* en novembre 1975. Avec son frère Jean-Claude, il a bâti un véritable petit empire de la mode. Il emploie plus de 400 personnes et a réalisé l'an dernier 62 millions de chiffre d'affaires, dont les deux tiers avec ses parfums de luxe et eaux de toilette. En fait la haute couture ne rapporte rien. Parce que le coût d'une collection est de plus en plus élevé (alors que) le nombre de clientes – environ 600, en majorité d'origine américaine – n'augmente pas. (...) Mais c'est la haute couture qui sert de locomotive à toutes les autres activités de Givenchy. C'est elle qui fait vendre [1]. » Le succès des divers départements de la maison était tel aux Etats-Unis que le couturier décida de créer la société Givenchy Inc., à l'automne 1976 – une date qui coïncidait avec le vingtième anniversaire du lancement des premiers parfums –, afin de le représenter en permanence à New York. Bureaux et *showroom* furent installés au n° 680 de la Cinquième Avenue, adresse des plus prestigieuses. « La présidence a été confiée à John Rizzuto, qui travaillait pour nous depuis déjà douze ans, et en qui nous avions une confiance absolue, déclare Jean-Claude de Givenchy. Les propositions de licences ne cessaient d'augmenter et Hubert était plus sollicité que jamais, de Manhattan à San Francisco. John s'occupait non seulement de négocier les contrats – il fallait être très vigilant, et refuser systématiquement ce qui aurait discrédité notre image –, mais également de gérer l'emploi du temps promotionnel de mon frère, conférences de presse ou interviews. » Parfums – *Givenchy Gentleman* fut commercialisé en 1975 –, accessoires, lingerie, fourrures, sportswear, bagages... et toujours l'ouverture de diverses *Givenchy Nouvelle Boutique*. Pour la dernière en date, à Los Angeles, George Cukor en personne était venu prononcer un discours en hommage à son ami Hubert. « Du nord au sud du pays, les consommateurs accordent une importance

extrême au goût des couturiers, et Hubert de Givenchy est devenu une personnalité très célèbre », déclarait alors John Rizzuto au *WWD* [2]. « Un homme dont la créativité et le sens esthétique sont aussi grands peut concevoir un parfum, une maison ou une lampe, aussi bien que des vêtements. »
Dès 1977, le grand magasin new-yorkais Altman's fut le premier à organiser une rétrospective de son travail pour fêter les vingt-cinq ans de la maison Givenchy. Ses clientes et amies les plus fidèles – comme Bunny Mellon, Sao Schlumberger, Betsey Whitney et sa sœur Babe Paley, Simone Levitt, Mona Bismarck, Marie-Charlotte Vidal-Quadras ou Audrey Hepburn, bien sûr – acceptèrent spontanément de prêter leurs robes, précieusement conservées au cours des décennies, et l'exposition fut un triomphe pendant des semaines. Touché par tant de sollicitude, Givenchy assista au cocktail d'inauguration avant de s'envoler presque immédiatement pour la Belgique, car le Hilton de Bruxelles dévoilait au public les cinq étages qu'il venait de redécorer de fond en comble à la demande du président de la chaîne. « J'ai accepté son offre avec joie car cela représentait un nouveau défi pour moi, qui rejoignait cependant mes activités favorites. L'amour des maisons a toujours été une priorité dans mon existence. Comme il m'avait donné carte blanche, j'étais libre de choisir tissus et mobilier au gré de mon imagination. J'ai commencé par y passer plusieurs nuits afin de comprendre l'agencement des chambres à coucher. Eclairages, espaces pour les bagages, penderies, salles de bains, literie... autant de paramètres essentiels, au même titre que les harmonies de couleurs. Seule impossibilité, modifier le volume des pièces. De plus, la situation géographique me paraissait déterminante. Il ne s'agissait pas de se comporter comme si cet hôtel avait été construit sur la Riviera. En hommage à la forêt située à proximité, j'ai privilégié des tons d'automne très chaleureux – rouille ou tabac blond –, comme s'il s'agissait d'une résidence intime à la campagne. Mon budget m'a également permis d'acheter des lithographies aux Maeght – qui m'ont fait des prix par amitié –, ainsi que des gravures illustrant l'œuvre du père Castiglione en Chine, découvertes à la galerie Pouillon, place des Vosges. Sans oublier une touche d'exotisme apportée par des statuettes égyptiennes. J'ai

même dessiné le motif des tapis. Le résultat était très intime, et face au succès rencontré auprès des clients – ravis de ne plus avoir la sensation de séjourner dans un lieu anonyme –, ils m'ont demandé de m'occuper aussi de Singapour, où j'adorais me rendre afin de rencontrer des artisans à qui je commandais les plus merveilleuses vanneries pour les diverses suites. En Asie, les normes européennes n'étaient pas souhaitables, et je me suis inspiré de l'état d'esprit local, à la fois dépouillé et sophistiqué. Sur ce chantier, j'étais secondé par mon neveu Hubert, qui se lançait dans une carrière d'architecte d'intérieur », déclare le couturier.

« Son influence sur moi a été déterminante dès l'enfance, car ses maisons, où nous nous retrouvions régulièrement, stimulent votre sensibilité esthétique. Tant de beauté vous aide à créer à votre tour. Et pourtant, je n'ai jamais eu l'impression de me retrouver dans un musée. Il m'a toujours accueilli chaleureusement et l'atmosphère qui règne dans ses divers domiciles est très familiale. Les chiens entrent ou sortent à chaque instant. Ses intimes – comme Philippe ou Walter – sont des êtres généreux et attentifs que l'on ne peut qu'aimer. Au cours des années, il a fait mon éducation artistique, et je lui dois mes plus beaux souvenirs. Venise, les jardins du Jonchet, une robe du soir brodée comme une marqueterie Boulle... Combien d'adolescents ont eu le privilège de rencontrer à la table familiale des personnalités aussi talentueuses qu'Audrey Hepburn, Cristobal Balenciaga, Marc Chagall, Diego Giacometti ou Gregory Peck? Les meilleurs dans leur domaine. Ce sentiment d'excellence est intimement lié à mon oncle, souligne Hubert Junior, à la fois admiratif et ému. J'ai eu la chance d'avoir des liens plus privilégiés avec lui que mes frères et ma sœur, et il a été pour moi un guide dans tous les sens du terme. Enfin, son soutien alors que je débutais dans l'univers féroce de la décoration a été inestimable, puisqu'il m'a très souvent recommandé à qui de droit. Pouvoir le regarder travailler à Singapour fut la plus enrichissante des formations. »

Hubert de Givenchy séjournait si souvent à New York qu'il finit par louer au Carlyle un appartement à l'année – décoré par lui-même, cela va sans dire. Dès son arrivée, il participait à des émissions aussi populaires que le *Dinah Shore Show,* se rendait au théâtre et à des expositions – son amie Diana Vreeland lui présentait toujours en exclusivité les rétrospectives qu'elle organisait au Metropolitan Museum –, ne manquait pas de découvrir les nouveaux décors de table présentés chez Tiffany's et assistait à de nombreuses soirées en son honneur. « Les Américains étaient fascinés par ce qu'incarnait Hubert, une image très idéale de la France, lance le couturier Tan Giudicelli, qui le croisait très souvent, à Paris et à Manhattan. Que d'atouts! Son talent, ses objets d'art, la perfection de ses maisons, et son physique, très XVIIIe siècle... Il possède les traits réguliers et classiques de Louis XV, et lorsque Hubert apparaissait au Studio 54, on avait l'impression qu'il venait de descendre d'un tableau du château de Versailles! Sa célébrité était impressionnante, et plus que jamais au cours des années soixante-dix, en perte d'identité culturelle. » Il est vrai que la presse américaine détaillait à longueur de pages l'existence du couturier-châtelain au Jonchet. Les journalistes racontaient ses promenades dans le parc de quatre-vingt-dix hectares – traversé de quinze allées cavalières – où les animaux s'ébattaient en toute liberté, la chasse étant interdite sur ses terres... Ici la description d'un tapis de l'école de Saint-Cyr – tissé à la main –, et le fantôme de madame de Maintenon resurgissait... Ailleurs, l'évocation romantique d'une *réserve à glace* ensevelie sous la mousse, où, dès le XVIIe siècle, l'on conservait la neige hivernale afin de confectionner – en été – sorbets et thés glacés que les convives dégustaient sous les frondaisons, non loin de la chapelle privée, dédiée à Notre-Dame-de-Lorette... Autant de détails qui captivaient le public.

« Pourtant, je soulignais toujours dans mes interviews combien l'époque me fascinait. Entre 1975 et le début des années quatre-vingt, l'air du temps, surtout à New York, était terriblement excitant, sur le plan artistique et humain. J'ai essayé de traduire dans mes présentations l'énergie de la jeunesse d'alors, cette électricité fabuleuse qui s'emparait de vous dès votre arrivée. En Amérique, on a envie de réussir, toutes les audaces sont permises, et les gens vous aident et manifestent spontanément leur admiration. En France, le succès n'apporte que jalousie et rancœur. Ce n'est pas dans les rues de Paris que quelqu'un vous aborderait, sourire aux lèvres, en disant : " Vous êtes Hubert de Givenchy, puis-je vous serrer la main? " Les Américains reconnaissent avec une gentillesse désarmante que vous les avez fait rêver, et vous remercient simplement d'être vous-même. Cela a toujours été une joie pour moi. Enfin, après une journée de travail avec des industriels ou des journalistes, certains lieux m'enchantaient par l'esprit qui y régnait.» A commencer par le restaurant chinois Mr. Chow, l'une des adresses les plus exclusives de la ville depuis 1978. Tina Chow, la maîtresse des lieux – tragiquement emportée par le sida en 1992 – était admirée pour la grâce androgyne de sa beauté eurasienne, mais également pour l'élégance inspirée qui caractérisait ses choix d'existence. Hôtesse, mécène, amateur d'art éclairé... Avec une intuition jamais démentie, elle collectionnait aussi bien les robes *plissées Delphos* du peintre-couturier Mariano Fortuny – si chères à Marcel Proust – que le mobilier Art déco – Dunand et Rulhmann connurent ses faveurs bien avant de reconquérir le marché. Sans oublier la peinture contemporaine, à travers ses amis Jim Dine, Paul Huxley, Jean-Michel Basquiat, Julian Schnabel ou Andy Warhol, dont elle était l'une des muses. Les boîtes d'allumettes de ses restaurants étaient même illustrées d'un portrait de son époux Michael par David Hockney. *Grande prêtresse du chic*, selon le cliché consacré, Tina posait dans *Vogue* en Givenchy ou Saint Laurent, utilisait une poudre à la lavande fabriquée à Londres pour elle seule et répétait que sa mission sur terre était de bannir la laideur. Sa pâleur mystérieuse et désincarnée – elle était devenue végétalienne, se nourrissant exclusivement d'herbes et de graines après avoir entendu des crustacés hurler de douleur dans l'eau bouillante – dissimulait une femme chaleureuse, attentive et très spirituelle. «Tina – qui me rappelait beaucoup Daisy Fellowes, par son goût remarquable – est maintenant considérée comme une icône, mais sa vivacité, la douceur de son charme et la spontanéité avec laquelle vous étiez reçu sont inoubliables. J'ai d'ailleurs conservé précieusement un dessin d'Eileen Gray qu'elle m'a offert un jour, et ce geste généreux la résume à la perfection. Après un dîner chez Mr. Chow, nous allions toujours danser, le plus souvent au Studio 54, où nous avons passé des nuits inoubliables.»

A partir de 1977, les nuits *dionysiaques* imaginées par Steve Rubell au Studio 54 – situé au n° 254 de la Cinquante-quatrième

Rue Ouest, entre Broadway et la Huitième Avenue –, auraient aisément transformé le célèbre Palace, à Paris, en dancing lugubre de sous-préfecture. Chaque soir, la foule, venue du monde entier, patientait inlassablement, même sous une pluie diluvienne, en espérant pouvoir y pénétrer... la majorité se voyait pourtant refuser l'entrée. Sous le regard avide de centaines d'anonymes, un flot de limousines perturbait la circulation jusqu'à l'aube, alors que des nuées de paparazzi traquaient les célébrités présentes – parmi lesquelles le couturier figurait en tête de liste –, protégées par des gardes du corps. Certaines personnes reconnaissent aujourd'hui qu'elles se seraient volontiers damnées pour y avoir accès. A tel point qu'un prince arabe avait même promis à Steve Rubell de lui offrir une résidence en Europe à la seule condition d'être admis aux côtés des élus... Elton John, Liza Minnelli, Mick Jagger et Jerry Hall, Mikhail Baryshnikov, Barbra Streisand, Grace Jones ou Diana Ross. « De toute ma vie, je ne me suis jamais autant amusé qu'au Studio 54, et pourtant, j'ai participé à des fêtes légendaires. Mais la folie de ces soirées sur fond de musique disco reste inégalée. Quel spectacle inouï ! », s'exclame Givenchy. « Devant Andy Warhol, à qui rien n'échappait, le mannequin Pat Cleveland jouait les équilibristes sur un fil, tandis qu'un inconnu très beau dansait sur patins à roulettes, déguisé en tsarine, avec crinoline et diadème. Je m'y suis rendu avec Capucine, mon ami le photographe Victor Skrebneski, Bunny Mellon et même Janette, qui fut courtisée par un garçon très séduisant, costumé en parachutiste. » Dominique Sirop, son assistant préféré pendant douze ans, se souvient « de lui, déchaîné sur les chansons des Bee Gees et de Gloria Gaynor, en faisant tournoyer un foulard de soie imprimé *Love, Love, Love*. Il était si détendu, et riait à en perdre haleine avec la duchesse de Cadaval ou Janette. Peu de gens connaissent cette facette de sa personnalité. En voyage, et surtout aux Etats-Unis, il n'était plus le même, serein, délivré des responsabilités de l'avenue George-V, et enfin disponible. Nous conversions longuement ensemble, ce qui fut très édifiant pour le jeune homme que j'étais. Souvent, à l'étranger, je l'accompagnais chez les antiquaires, autre source d'émerveillement pour moi. Sa sollicitude me touchait beaucoup. Il pensait toujours à

m'envoyer un mot gentil et des fleurs dans ma chambre d'hôtel. Combien de couturiers aussi célèbres se seraient comportés ainsi avec un simple collaborateur ? »
Très vite, l'esprit disco devint une influence importante pour le couturier. Un thème que l'on retrouvait dans les dîners et déjeuners qu'il donna au West Boondocks à New York et au Relais Boccador à Paris – au cours desquels il portait le blouson en nylon des pilotes du Concorde –, et dans des défilés présentés sur des airs comme *I Am What I Am*. « Merveilleux Givenchy qui sait être coquin et même ose avec une superbe distinction. Les femmes adoreront ses petites " robes de bar ", fendues haut sur la cuisse, incrustées d'un cœur de velours sur la poitrine, ses tenues de " loubards " de luxe, blouson et jupe de satin (...) gansés de strass, ses toques de renard noir faites d'une seule tête aux yeux de diamants, ses pantalons de satin moulant la jambe [3]... », écrivit une journaliste à propos de la présentation automne-hiver 1978-1979, qui coïncidait avec les heures de gloire du Studio 54. A cinquante et un ans, il créait une fois de plus l'actualité en recevant le dé d'or – ultime récompense pour un couturier, décernée par un jury international composé des journalistes de mode les plus célèbres –, pour cette collection *Disco*, à la fois très originale et parfaitement maîtrisée, comme toujours, sur le plan strictement technique. L'histoire de la mode n'est-elle pas une chronique de l'air du temps ?

Un défilé d'autant plus remarqué, qu'il demeure associé aux retrouvailles à l'écran du couturier et de sa muse, Audrey Hepburn. Après un silence de douze ans – l'époque privilégiait alors au cinéma un naturel débraillé aux antipodes du style Givenchy –, le duo mythique se reformait enfin, à la joie de leurs admirateurs inconsolables, et des dizaines d'articles saluèrent cette nouvelle collaboration. Les essayages se déroulèrent d'ailleurs avenue George-V à volets tirés car des paparazzi *planquaient* dans l'immeuble d'en face afin d'obtenir des clichés exclusifs. Malheureusement, l'actrice avait accepté un film sans grand intérêt, pour ne pas dire plus. Adapté du best-seller de Sidney Sheldon, *Liés par le sang* contait sur le ton du thriller les mésaventures d'Elizabeth Roffe, l'héritière d'un empire pharmaceutique, mais la faiblesse de l'ensemble voua le projet au naufrage, en dépit d'une distribution éblouissante – Ben Gazzara, James Mason ou Irène Papas donnaient la réplique à Audrey – et du luxe déployé par la Paramount. Seule consolation, la garde-robe Givenchy de l'héroïne principale. Huit modèles d'une simplicité graphique – non pas conçus spécialement pour elle, comme cela avait été le cas auparavant, mais choisis dans la collection qui remporta le dé d'or –, dont un fourreau aux transparences d'une audace vertigineuse mêlant velours noir et tulle rebrodé de cristal de roche et de sequins. « Le simple fait de la voir dans cette robe vaut en soi le prix du billet », résumait l'une de ses inconditionnelles à la fin d'une projection. « A cette date, ses derniers films n'avaient pas été des succès, et elle remettait en doute son talent, persuadée que son avenir professionnel ne lui sourirait plus, explique Givenchy. Or Audrey pensait que ce scénario était intéressant car il lui offrait un rôle qui reflétait sa maturité. Elle n'était plus la gamine sophistiquée adorée du public vingt-cinq ans plus tôt, mais une femme de cinquante ans d'une allure incroyable. Son visage d'une beauté grave portait les traces des épreuves traversées, car elle vivait très douloureusement la dégradation de son mariage avec Andrea Dotti. Sa vulnérabilité me bouleversait mais le bonheur que nous avons eu à retravailler ensemble domine dans mes souvenirs. *Liés par le sang* fut un nouvel échec qui ne fit que renforcer son insécurité. Très vite, elle se consacra exclusivement à sa famille et à l'UNICEF. » Il fallut attendre 1987 pour revoir une dernière fois Audrey à l'écran vêtue de créations Givenchy. Pourtant, *La Rançon mexicaine*, téléfilm où elle incarnait une élégante pianiste obligée de voler un œuf Fabergé afin d'honorer la rançon de son fiancé retenu en otage, ne laissera aucune trace dans les mémoires tant le résultat respirait l'indigence.

« La haute couture est à la fois continuité et tradition, et l'on peut créer les vêtements les plus fous s'ils restent équilibrés dans leurs excès. Pureté de la silhouette et finitions impeccables n'étaient pas incompatibles avec l'inspiration disco de certaines saisons. D'ailleurs je travaillais en écoutant des cassettes enregistrées à la radio new-yorkaise, et à un moment donné tous mes mannequins étaient noirs, car leur beauté traduisait l'essence même de cette époque. Quelle manière de bouger irrésistible, à la fois sophistiquée et désinvolte. » Les nouvelles égéries du couturier – Carol Miles, Sandy, Lynn Watts ou Diane Washington – étaient loin de faire l'unanimité auprès de la clientèle. « Beaucoup ne cachaient pas leur contrariété. Elles estimaient que les couleurs ne jouaient pas de la même façon sur leur peau. Sans parler d'un a priori raciste effrayant, particulièrement chez certaines Américaines. Mais Monsieur a toujours suivi ses intuitions, sans jamais tenir compte de leurs remarques, qu'il jugeait très mesquines », se souvient Jacqueline Aubry. « Et Dieu sait pourtant l'importance des clientes américaines dans la maison ! Ce qui rendait l'attitude de Monsieur encore plus courageuse car il prenait le risque de les perdre, précise Gilberte Thomassin. Il faut imaginer qu'à elle seule, Betsey Whitney, l'épouse du célèbre homme d'affaires et ambassadeur, commandait une centaine de robes par an ! A chaque nouvelle collection, je partais avec mes secondes d'atelier une semaine entière chez elle à New York, afin de m'occuper de ses essayages. Une saison, elle a commandé les vingt plus belles robes du soir du défilé. Avec la même somme, d'autres auraient pu acheter une maison ! Alors inutile de dire que la plupart des couturiers les auraient ménagées. »

Le mannequin Mounia, découverte par Givenchy derrière un guichet à l'aéroport d'Orly, décrit dans son livre de souvenirs la réaction d'une fidèle cliente américaine s'écriant à sa vue : « " Hubert ! Hubert ! " M. de Givenchy arrive, toute distinction, souriant. " Ecoutez, cette négresse chez vous, non, ce n'est pas possible ! C'est une insulte. Si vous ne la faites pas disparaître immédiatement de ma vue et de vos collections, je vous assure que c'est moi qui disparaîtrai (...) " » Sans un instant d'hésitation, il lui préféra Mounia qui conclut : « Je crois qu'elle a tenu parole et n'est jamais revenue. C'était une scène à double visage. L'insulte, d'une part, et l'intelligence de l'autre [4]. »

XVI

Le temps des hommages

Le 10 mai 1981, François Mitterrand fut élu président de la République et, sans perdre une seconde, son gouvernement approuva plusieurs projets de loi qui divisèrent le pays, à commencer par l'abolition de la peine de mort et la nationalisation de sociétés industrielles et de diverses banques. Le *règne* mitterrandien commençait dans la polémique, sentiment indissociablement lié à ses deux septennats. Pour les créateurs de mode, jamais aucun ministre de la Culture ne fut plus bienveillant à leur égard que Jack Lang. Tout au long des années quatre-vingt, il encouragea constamment leurs initiatives, les reçut à l'Elysée, et eut même le courage d'apparaître à l'Assemblée nationale vêtu d'une veste à col Mao de Thierry Mugler, sous une pluie d'invectives. Une décennie tumultueuse qui couvrit d'honneurs Hubert de Givenchy à travers le monde et confirma son renom aux yeux des nouvelles générations.

L'Eau de Givenchy fut la dernière fragrance que le couturier lança, en décembre 1980, avant de se séparer de son département parfums. Avec un chiffre d'affaires de près de cent millions par an, l'usine de Beauvais, qui avait quadruplé sa superficie en moins de dix ans, attisait bien des convoitises. « Nous recevions des demandes de rachat tous les six mois. Colgate ou les laboratoires Beecham nous ont fait des offres inimaginables ! Il y avait une surenchère constante. Mais Raymond Barre, alors Premier ministre, a refusé de nous laisser négocier à l'étranger car le nom Givenchy faisait partie du patrimoine français et du rayonnement de notre pays à travers le monde. Un point de vue inadmissible car le gouvernement n'a jamais levé le petit doigt pour nous aider ! Finalement, après bien des tractations, le groupe Veuve Clicquot l'a emporté en 1982, et j'ai préféré quitter la direction pour entrer chez Caron », rappelle Jean-Claude de Givenchy. « En réalité, je ne tenais pas particulièrement à vendre mais on m'a proposé de telles sommes d'argent que j'ai cru sage d'accepter. Cristobal avait eu raison une fois de plus... Ma retraite s'annonçait on ne peut mieux », annonce le couturier, un sourire aux lèvres.

Disposant désormais de revenus *confortables*, Givenchy s'installa sans plus attendre dans un bel hôtel particulier de la rue des Saints-Pères – l'hôtel de Cavoye –, qu'il fit entièrement restaurer. « Je m'étais d'abord assuré que s'il m'arrivait un accident, Philippe et mon neveu Hubert pussent avoir un avenir serein, et une fois l'esprit tranquille, j'ai organisé avec enthousiasme les travaux de réfection. En effet, si les volumes et les proportions étaient admirables, les lieux avaient été *rafistolés* sans aucun goût au début du siècle. Nous avons donc remis le toit en état, transformé le hall inutilement surchargé et rendu à cette maison son prestige d'antan grâce aux meilleurs artisans. Mais rien ne me rendait plus heureux que de sélectionner de nouvelles pièces rares chez les antiquaires, et de leur trouver une place idéale créant sans cesse des alliances personnelles. Mon but a toujours été de *construire* un ensemble harmonieux, sans jamais donner le sentiment d'une accumulation indigeste. Parfois, j'ai même préféré rendre certaines de mes acquisitions, car l'enthousiasme avait faussé mon jugement. Finalement, elles n'étaient pas faites pour moi. » Bureau plat estampillé André-Charles Boulle, ayant appartenu successivement au duc d'Ashburnham et à Antenor Patiño... Lustre en argent massif – cent vingt-six assiettes plates, chandeliers et salières furent fondus afin de fournir la quantité de métal nécessaire – exécuté en 1736 pour George II, roi d'Angleterre et électeur de Hanovre... Bibliothèque réalisée par Etienne Levasseur pour l'époux d'Elisabeth Vigée-Lebrun, peintre favori de Marie-Antoinette... Appliques acquises par Madame Infante, fille aînée de

Louis XV et duchesse de Parme... Quelques exemples d'une collection très révélatrice de sa prédilection pour les XVIIe et XVIIIe siècles, sans cesse enrichie par de nombreuses lectures. « Les meubles doivent être caressés, regardés et aimés, remarque-t-il avec un enchantement voluptueux. L'idée n'était pas de vivre à Versailles, ce qui aurait été affligeant, mais de pouvoir jouir de la beauté sous toutes ses facettes, en mélangeant mobilier XVIIe et toiles contemporaines de Rothko ou Matisse, et partout des livres, des coussins accueillants, des fleurs... Un simple bouquet de pois de senteur me comble tout autant qu'une table Boulle. Encore plus dans une timbale à vodka russe en vermeil *peau de poisson*! » Les nombreux antiquaires avec qui il collabore étroitement depuis des années s'accordent tous à reconnaître son importance dans le monde de l'art. « Il a les deux pouvoirs indispensables pour parvenir à un tel degré de perfection dans ses choix. Le pouvoir culturel et le pouvoir financier. La synthèse est très rare. Certains ont un goût merveilleux et pas un centime, d'autres possèdent des millions mais ignorent jusqu'au sens du mot esthétique, analyse Maurice Segoura. Hubert appartient à une élite qui ne compte en France pas plus de quatre ou cinq personnes, comme les David-Weill ou les Pinault. » Notons enfin qu'il a toujours suivi ses inspirations sans tenir compte des tendances extérieures. Ainsi, il s'est intéressé au mobilier Boulle dès les années soixante, alors que ce style difficile était très impopulaire, et d'autant plus que l'on confondait les originaux avec des copies Napoléon III. « Ses choix très personnels ne doivent rien aux verdicts des décorateurs en vogue, et aucun intermédiaire n'achète à sa place, conclut Denis Dervieux. Cette liberté est une force, et je ne connais personne de moins influençable. »

« L'atmosphère au studio était fascinante. Je vivais un rêve en travaillant à ses côtés. Tous les jours, de nouvelles surprises... une leçon de perfection qui a duré douze ans, jusqu'à mon départ. Hubert était d'une créativité permanente, sculptant un tissu ou dessinant de nouveaux croquis, et je n'ai jamais oublié l'intensité avec laquelle il définissait le thème d'une collection. Et à chaque instant, des personnalités excentriques venaient l'embrasser. Andy Warhol [1], le journaliste André-Léon Talley ou Capucine, tour à tour mélancolique ou exubérante. Il était ravi de les voir, mais son plus grand bonheur était de retrouver Audrey. Elle arrivait souvent le visage tendu, comme sur le qui-vive, paraissant vulnérable et angoissée, fumant cigarette sur cigarette. Hubert parvenait toujours à l'apaiser. Lorsqu'ils s'embrassaient, pour se dire bonjour ou au revoir, l'intensité de leur tendresse, si discrète, n'appartenant qu'à eux, me coupait le souffle. J'étais très troublé. Autre personnalité légendaire au studio, Janette. Elle représente tout pour lui, encore maintenant, et il l'appelait même le week-end. Qui n'a pas rêvé d'avoir une Janette dans sa vie ? », souligne le couturier Dominique Sirop, entré avenue George-V en 1978, comme assistant du Maître, et aujourd'hui l'un des espoirs de la haute couture française. « Le couple formé par Monsieur et Janette paraissait sortir d'un dessin animé, précise Gilberte Thomassin. Leurs querelles étaient un rituel incontournable. Pas un jour sans une dispute. Elle pleurait, puis il la consolait et la réconciliation se déroulait sans plus attendre. Un duo inséparable. Impossible d'imaginer l'un sans l'autre. Elle s'occupait de tout, y compris de mettre son passeport dans sa poche au moment de partir en voyage. Sa confiance en elle est absolue ». La principale intéressée confirme ces dires. « J'ai toujours été près de lui, au sens physique du terme, dix heures par jour, pendant plus de quarante ans. Et croyez-moi, cela vous maintenait en pleine forme ! Monsieur est l'énergie sur terre. Même terrassé par une sciatique, il arrivait le premier, à sept heures du matin, et travaillait allongé sur une planche de massage sans rien changer à ses habitudes. C'est dire... Et pourtant il souffrait le martyre. Pas une seconde sans noter une nouvelle idée, recevoir quelqu'un, organiser un essayage, passer un coup de téléphone, tenir son agenda en plusieurs langues. Il fallait pouvoir suivre ! C'était une affaire de discipline, et j'ai été autant secrétaire que jongleuse », explique Janette Mahler.

« Ce tourbillon autour de lui n'empêchait pas Hubert de travailler avec sa concentration habituelle, poursuit Dominique Sirop. Rien ne lui échappait. Il recherchait inlassablement la perfection. J'ai encore en mémoire un ensemble rayé qu'il fallut refaire onze fois avant d'obtenir son approbation. Il s'occupait lui-même de la plus petite retouche. Tout était d'une précision chirurgicale. Chaque tenue devait lui être soumise avec les accessoires au grand complet, ainsi qu'un échantillon de la paille ou du feutre du chapeau, le cuir des gants et des escarpins. Il décelait la moindre négligence au premier regard. " Dominique, vous avez oublié le ruban de la capeline ! " Personne n'est plus rigoureux. »

Présentées à partir de juillet 1981 au Grand Hôtel, rue Scribe, les collections des années quatre-vingt se caractérisent à la fois par l'élégance classique qui faisait la renommée de son style depuis toujours – redingotes *School Girl* en lainage bleu marine, stricts tailleurs de flanelle anthracite ou robes de cocktail désarmantes de simplicité – mais aussi par une originalité libre de toute entrave. « Pour la journée, il privilégiait des chignons discrets mais, passé une certaine heure, Hubert acceptait l'audace d'une longue natte jusqu'au sol tressée de rubans », se souvient Alexandre, qui *coiffait* ses collections. « Alexandre fut à la fois un ami et un collaborateur précieux. Il s'occupait avec un goût rare de ma cabine, qui compta jusqu'à dix-huit mannequins. Une autre époque ! Erika, Beryl, Esther ou Betty faisaient l'admiration de nos clientes car Alexandre avait compris l'alliance de retenue et de sophistication extrême que j'appréciais tant, et qu'elles-mêmes recherchaient. » Tradition et excentricité, dépouillement et somptuosité... autant de paramètres faussement contradictoires qui caractérisaient l'esprit maison depuis ses débuts. « Il était encore le seul à présenter, en version haute couture, des robes-chemisiers de petit matin pour faire ses courses dans les artères chic de New York ou Los Angeles. Deux manches ballon, une ceinture vernie, trois fronces à la taille... La clientèle américaine en raffolait », rappelle Janie Samet. « Le soir venu, il laissait libre cours à ses rêves. Quel spectacle inoubliable ! Givenchy et Saint Laurent sont vraiment les deux derniers grands. »

Thème *Douanier Rousseau* de la collection printemps-été 1980, *mise en scène* dans l'appartement du décorateur Alberto Pinto... Robes *flamenco* à bustier de jais pour dulcinées de Grands d'Espagne (printemps-été 1983)... Fourreaux en hommage à Paul Klee ou Matisse (printemps-été 1985), après qu'Hubert eut visité à New York une exposition sur les primitifs dans l'art du xxe siècle... Tout comme il *réinventa* le sari (printemps-été 1986) en hommage à Diana Vreeland, qui venait d'organiser au Metropolitan Museum une rétrospective consacrée à « L'Inde des Maharadjahs »... Imprimés Christian Bérard – visages d'angelots et rubans trompe-l'œil dans les teintes d'aquarelle si chères à son complice Bébé – pour *Charity Evenings* de la haute société *Wasp* (automne-hiver 1987-1988)... Mini-robe du soir en pétales de coquelicot (printemps-été 1988)... Surgissant au milieu de pyramides de tulipes blanches ou dans un décor de théâtre japonais – comme pour le lancement du parfum *Ysatis,* en juillet 1984 –, ces modèles illustraient à la perfection la fertilité sans cesse renouvelée de son imagination.

Plus que jamais, de telles propositions trouvaient un écho enthousiaste auprès de ses fidèles. « Nos carnets de rendez-vous ne désemplissaient pas, se souvient Jacqueline Aubry. Des personnalités comme madame Mellon ou Estée Lauder avaient des responsabilités officielles considérables et faisaient confiance à Monsieur. Quant aux princesses saoudiennes... une manne qui nous est tombée du ciel ! Elles commandaient des collections entières par correspondance. Je citerai également Anna-Maria von Bismarck, la princesse Caroline de Monaco, Geneviève Dalle et des artistes comme Françoise Fabian, Anne-Sophie Mutter, Barbara Hendricks ou Frederika von Stadt. » En 1988, cette dernière lui écrivit d'ailleurs les lignes suivantes : « J'ai l'impression que je chante mieux chaque fois que je suis habillée par vous. » Dominique Sirop évoque encore « madame Osborne, l'image même de la véritable cliente haute couture. Tailleur prince-de-galles, toque et manchon de renard noir, bijoux splendides... Elle ne disait pas un mot mais inclinait son fume-cigarette dès qu'un modèle lui plaisait. Sa vendeuse ne le quittait pas des yeux et notait fébrilement. Et il ne s'agissait pas de trois malheureuses robes ! On lui livrait des portants entiers, avec des dizaines de chapeaux. » Selon Sylvia de Waldner, l'explication est limpide. « Je n'ai jamais eu confiance en moi, mais dès qu'Hubert m'habillait, ce sentiment d'insécurité disparaissait comme par miracle. Je n'oublierai jamais cette fête à

Versailles... Je portais un sari en crêpe blanc et il avait répandu sur mes cheveux une pluie de diamants. Ce soir-là, le monde était à mes pieds ! Combien d'autres ont-elles été transformées par sa baguette magique ? » L'*esprit* Givenchy soufflait sur l'ensemble des départements de la maison. Croisière, mailles, « Givenchy Plus » – pour femmes fortes – et « Givenchy Glamour », sans oublier diverses lignes japonaises. « Il leur accordait autant de soin qu'en haute couture », expose Bernard Devaux, responsable du bureau des licences à partir de 1983. « Ainsi, cette collection de kimonos créée seulement pour les geishas, véritables arbitres du goût en leur pays, avec qui nous collaborions étroitement afin de définir telle superposition de lin rose-fumée ou tel motif de poissons bleu et rouge sur fond or... c'était d'un raffinement absolu. Cependant, à mes yeux, la démarche esthétique Givenchy est parfaitement résumée par l'anecdote suivante. Lorsque je lui montrais la collection funérailles-Japon, Monsieur trouvait toujours cela sinistre. " Enfin, Bernard, les veuves sont déjà suffisamment tristes sans en rajouter ! Donnons un peu de joie et de réconfort à ces pauvres femmes. " Invariablement, il décidait d'égayer mes croquis en ajoutant un somptueux échantillon de soie zèbre ou une dentelle de Marescot rebrodée de rubans noirs et de perles ! Le résultat était sublime mais difficile à tenir en termes de budget. »

Personnalité de l'année 1979, membre fondateur des Césars du cinéma français et du Comité Colbert, nouveau dé d'or (janvier 1982), chevalier de la Légion d'honneur (3 janvier 1983), membre du comité d'honneur de la Biennale des antiquaires... L'énumération deviendrait vite fastidieuse si elle n'était pas aussi révélatrice du rayonnement artistique du couturier. Pourtant, aucun hommage ne le toucha davantage que la rétrospective organisée par le Fashion Institute of Technology de New York pour les trente ans de sa maison de couture, du 11 mai au 2 octobre 1982, suivie d'une tournée dans les principales villes américaines. Une fois de plus, les Etats-Unis lui manifestaient à voix haute leur admiration. Un anniversaire célébré d'abord à Paris dans l'intimité. « Pour cette occasion exceptionnelle, j'ai donné un dîner chez moi, avenue Charles-

Floquet», rappelle le décorateur Alberto Pinto. « Hubert – à qui j'avais été présenté par notre ami commun Nicolas Feuillate – m'a soutenu dès les débuts. Ma première commande importante a été l'hôtel Dorchester à Londres, et il fut le seul à vouloir être à mes côtés au moment de l'inauguration. Personne ne prêtait attention au travail d'un jeune inconnu, surtout dans ce milieu! Dès que vous devenez célèbre, le changement d'attitude est spectaculaire. Hubert, en qui j'ai une confiance totale, est depuis cette date la première personne à qui je me confie lorsque j'ai un nouveau problème à affronter, et sa disponibilité ne m'a jamais fait défaut. C'est pourquoi ce dîner revêtait valeur de symbole pour moi. Je lui avais demandé d'inviter trente personnes, une par année d'anniversaire. Tout avait été élaboré en fonction de sa personnalité. Des piles de boîtes à chapeaux Givenchy et des brassées de fleurs blanches donnaient le ton. Au dessert, trente gâteaux sont apparus... un souvenir merveilleux.»

A New York, un accueil triomphal lui fut réservé par les personnalités les plus importantes – Diana Vreeland, Oscar de la Renta, Estée Lauder... –, mais également par le public et la presse. Exposition de cent soixante modèles dans la galerie du F.I.T., défilé, dîner de neuf cent cinquante couverts – le tissu des nappes avait été créé par Givenchy –, discours d'Audrey Hepburn... « Trente ans de génie, trente ans d'amitié, (...) de chaleur et de courage, de douceur et de délicatesse, d'humour et de secours, de bonté et de bienveillance, de fantaisie et de franchise, de vicissitudes et de victoires, de témérité et de tenue. Trente ans d'infinie intégrité. Hubert est comme un arbre, grand, droit et beau, créant et recréant la beauté été comme hiver. Les racines de son amitié toujours profondes et puissantes, les branches solides de son affection abritent ceux qu'il aime. Hubert n'a peut-être pas... tout ce qu'il aime mais il aime tout ce qu'il a. Depuis toujours il m'a revêtue de son talent et nourrie de sa tendresse. J'ai le privilège de saluer ainsi Hubert de Givenchy, artiste et ami », déclara-t-elle devant des milliers de personnes extatiques. « Je n'ai jamais été aussi ému de ma vie entière, au point d'être paralysé, car j'ignorais tout du texte qu'Audrey avait écrit. On m'a alors tendu un micro, mais j'ai été incapable de prononcer le moindre mot. Je l'ai prise dans mes bras pour l'embrasser, avant de fondre en larmes et de quitter la scène. » Jacqueline Aubry se souvient que « les étudiants hurlaient de joie, saluant Monsieur d'un " hi Hubert ! " très américain. Une véritable ovation. » Envoyée spéciale du *Figaro* pour couvrir l'événement, Janie Samet précise que « dans la rue, des jeunes gens l'arrêtaient et lui demandaient des autographes. Une dévotion logique de la part d'un continent qui l'a toujours vénéré. » Entre deux interviews, le couturier et son équipe se délassaient sur la terrasse-verger de Bunny Mellon... en plein Manhattan. « Vêtue d'un ensemble de jardinage haute couture Givenchy, elle nous cueillait des pommes le plus naturellement du monde ! Des réminiscences à jamais associées au F.I.T., véritable couronnement de sa carrière », explique Dominique Sirop. « Hubert de Givenchy est un géant aux (...) allures boréales. (...) Fauteur de prodiges qui fête aujourd'hui trente ans d'enchantement, il n'a jamais eu d'autre secret que sa ferveur [2] », résuma le romancier François-Olivier Rousseau dans *Vogue*.

« Lors de cet anniversaire, toutes les preuves d'affection me sont venues de l'étranger. Ainsi la reine Noor – qui fut ma cliente – et le roi Hussein de Jordanie m'ont invité à Amman. Ils organisèrent une visite de Pétra où nous avons atterri en hélicoptère avec le ministre de la Culture, puis nous avons survolé le désert de Vadiram en suivant le chemin emprunté par Lawrence d'Arabie. Sans oublier, quelques mois plus tard, l'hommage des grands magasins Daïmaru au Japon, toujours dans le cadre de cette célébration. Audrey, fidèle à sa générosité coutumière, avait tenu une fois de plus à m'accompagner, ce qui ravissait les organisateurs tant notre duo était inséparable pour l'opinion publique, rappelle-t-il. C'est alors qu'un soir, j'ai perçu une gravité particulière dans sa voix. " Mon Hubert, je voudrais te demander une faveur. Peux-tu me promettre de t'occuper de mes enfants dans le cas où je ne serais plus en mesure de le faire ? " Bien que bouleversé par sa requête, je l'ai assurée de mon soutien envers Sean et Luca, qu'elle avait eu avec Andrea Dotti. D'autant plus que je les connaissais depuis leur naissance. Pouvais-je alors imaginer qu'il lui restait si peu de temps à vivre ? »

Par la suite, Audrey assista toujours en personne à chaque nouvel hommage rendu à son meilleur ami. En 1985, elle reçut une mention spéciale de fidélité – en tant que muse – au cours des Oscars de la mode à l'Opéra de Paris, et, en 1988, elle lui remit le premier trophée décerné à un couturier par la Los Angeles County High School for the Arts Foundation. La même année, ils inaugurèrent ensemble à La Haye l'exposition *Givenchy porté par Audrey Hepburn*. « Ne connaissant jamais à l'avance la teneur de ses propos sur notre amitié, je me pinçais jusqu'au sang à travers mon smoking pour ne pas pleurer, tant il m'était difficile de maîtriser mes émotions, se souvient Givenchy. Sa loyauté et son attachement, tant sur le plan professionnel que privé, m'ont accompagné jusqu'à sa disparition. De temps à autre, Audrey choisissait aussi des vêtements de créateurs comme Valentino ou Ralph Lauren, mais cela ne m'a jamais importuné, tant nos existences étaient intimement liées. D'ailleurs, je lui ai dédié les collections printemps-été 1982 et 1988, en symbole de ma reconnaissance. Mais le plus important était surtout de nous retrouver loin de la foule, chez moi, à Paris, ou à la *Paisible,* sa maison en Suisse. Audrey préparait elle-même des dîners succulents. Je me souviens encore d'un *gigot de sept heures* si tendre qu'on pouvait le déguster à la petite cuillère, accompagné de gnocchis tout aussi fondants. Nous étions seulement avec Philippe et Robert Wolders, le dernier compagnon d'Audrey, que j'appréciais beaucoup car il exerçait une influence très bienfaisante sur elle. Son bonheur n'avait jamais été plus lumineux, ce qui me comblait. »

Cette pluie d'honneurs ne modifia nullement le comportement du couturier, qui privilégiait plus que jamais ses proches. « La plupart des gens se manifestent dans les moments de bonheur, mais la situation inverse est infiniment plus rare, déclare ironiquement Alberto Pinto. Contrairement aux autres, Hubert apparaît toujours dès qu'une catastrophe vous frappe. Lorsque mon appartement a été entièrement détruit par un incendie, il a été le premier à me porter secours, proposant non seulement une épaule mais aussi son carnet de chèques, et croyez-moi, personne ne s'est précipité ! De même, lorsque j'ai été opéré à cœur ouvert, Hubert et Philippe étaient là à 5 heures 30 du matin, avant l'anesthésie, alors que ma propre famille ne s'était pas déplacée. Ils ont été les deux dernières personnes que j'ai vues avant de m'endormir. » Pour son ami de jeunesse Didier Aaron, le comportement du couturier est exemplaire. « J'aurai toujours la plus grande reconnaissance pour lui car il s'est occupé de mon épouse jusqu'à son décès, l'entourant de mille attentions. Ainsi, il donnait une fois par mois un dîner pour elle. Sa joie était celle d'une petite fille qui oubliait enfin son calvaire. Se retrouver chez Hubert, où tout est toujours si parfait, adoucissait ses souffrances. Une délicatesse inestimable, surtout dans un univers où beaucoup ne songent qu'à se détruire et à se jalouser. » Le temps n'altérait en rien les élans du cœur. « Il y a quelques années, je faisais partie du *Lyceum Club*, une organisation culturelle internationale qui organisait des voyages dans le monde entier. Au cours d'un séjour à Paris, une délégation de femmes venues d'Athènes m'avouent qu'en plus des musées et de l'opéra, elles rêveraient d'assister à une présentation de haute couture. J'ai immédiatement téléphoné à Hubert, même si la vie nous avait souvent séparés, confie Jacqueline Janet, à qui il devait son entrée chez Jacques Fath. Alors que ce n'était pas la période des collections, et que les défilés quotidiens à quinze heures avaient été supprimés depuis longtemps, il a tout organisé. Mannequins, musique, flacon de parfum pour chacune... Hubert a pris le temps de les recevoir personnellement, et lorsqu'elles lui ont exprimé leur reconnaissance, il a simplement répondu : " Ce n'est pas moi qu'il faut remercier mais Jacqueline à qui je dois tout. Sans elle, serais-je seulement là aujourd'hui ? " »

S'ils n'entretenaient pas avec lui des liens aussi privés, ses collaborateurs de l'avenue George-V soulignent également la prévenance du couturier. « Il nous faisait de merveilleux cadeaux, sans jamais oublier une vendeuse, explique Jacqueline Aubry. Jugez-en par vous-même... cette table de Diego Giacometti. » Selon Gilberte Thomassin, le rituel avec ses ouvrières était immuable. « Lorsque Monsieur s'attardait sur la perfection d'une robe, il faisait descendre la responsable, la félicitait, l'embrassait et lui faisait un présent. Elle était folle de joie ! J'ai été moi-même comblée. Une broche *abeille* en diamants, un dé en or... » Citons également le témoignage de son mannequin Mounia, terrassée par une hépatite virale B à la veille de présenter sa première collection pour lui. Fleurs, corbeilles de fruits exotiques de chez Fauchon – « le nec plus ultra de la nourriture terrestre » –, appels téléphoniques quotidiens ou visite. « M. de Givenchy est venu me voir à l'hôpital Saint-Antoine. Sur le coup, j'ai trouvé cela formidable mais logique. Un peu plus tard, comprenant tout ce qu'il lui avait fallu d'efforts pour s'organiser, pour traverser Paris, même en Mercedes bleue avec chauffeur à casquette, pour affronter cette atmosphère de maladie et de mort toujours un peu sordide, j'ai pensé qu'il était vraiment " fair-play ", que sa distinction extérieure allait avec son âme. (...) Rien n'est « normal ». Rien ne m'était dû [3]. » Notons enfin qu'à l'occasion des fêtes de Noël, ses proches étaient inévitablement surpris par la délicatesse imaginative dont il faisait preuve à leur égard. « En 1981, il m'a fait le plus beau cadeau que j'ai jamais reçu, confie Janette Mahler. Connaissant la passion que j'éprouvais pour Chopin, Monsieur m'a offert un voyage à Varsovie afin de découvrir la ville où naquit mon compositeur favori. » Noël a très souvent été l'occasion de rassembler, à Megève ou au Jonchet, famille et amis sans attaches, comme Capucine ou Walter. Signe révélateur, le soir du réveillon, chaque chaise était drapée d'un pull en cachemire rouge en guise de bienvenue. « Un symbole de mon affection pour eux... le rouge, couleur de la vie, et une façon de les serrer dans mes bras tous en même temps. »

Plus officiellement, Hubert de Givenchy a toujours considéré comme un devoir de venir en aide à des œuvres caritatives dès qu'on le lui demandait. « Tenter de soulager à son échelle les infortunes de ce monde est une priorité de chaque instant. J'ai été moi-même si souvent secouru. » Soutien à divers asiles psychiatriques au Mexique, gala de bienfaisance à Londres au profit du *Save The Children Fund*, soixante-quinzième anniversaire de l'hôpital américain de Neuilly, soirées UNICEF avec Audrey, lutte contre le sida... « Tant d'amis ont été emportés par cette maladie. Une hécatombe sans fin, car chaque année la liste des victimes s'allongeait, surtout dans les sphères de la mode et des arts. Plusieurs membres de mon équipe à New

York ont ainsi disparu en très peu de temps. Jerry, qui décorait les vitrines, John Rizzuto, notre P.D.G., ou Kenny, responsable de la lingerie. J'allais leur rendre visite à l'hôpital, me comportant comme si l'avenir était encore riche de promesses. Une fois dehors, impossible de retenir mes larmes. Des épreuves effroyables, effroyables. C'est pourquoi je me suis toujours réfugié à la campagne afin de retrouver un peu de paix intérieure face aux déchirements de la vie. Jardiner est un remède à tous les maux.»

Au fil des saisons, il redessina le parc avec passion, travaillant d'après des photographies prises au cours de nombreux voyages mais aussi grâce à des manuels anciens. Ainsi, en hommage aux joncs qui donnent son nom au domaine, il fit *ganser* la pièce d'eau principale d'un motif de vannerie, selon une tradition du XVIIe siècle. Le cloître du monastère bénédictin de San Giorgio Maggiore, imaginé par Palladio sur une île vénitienne, fut une autre référence pour le couturier, qui fit replanter au Jonchet trente-six mille buis pour la seule partie centrale du parterre, plus vaste que l'original. Etant elle-même une autorité internationale en matière de jardins, son amie Bunny Mellon a joué un rôle déterminant dans l'agencement de la propriété. Elle est d'ailleurs à l'origine du potager, inspiré par celui de George Washington à Mount Vernon, en Virginie. Pavillon en bois, barrières blanches, et partout des fruits et légumes se mêlant aux fleurs. Tubéreuses et laitues, pivoines et radis, clématites et rhubarbe... A chaque visite, ses proches découvrent de nouvelles surprises. Artichauts sur *gazon* de persil, massifs de roses Iceberg ou Pierre de Ronsard – « mes préférées, aussi joufflues que des choux ! » –, bancs du verger conçus d'après ceux du château de lady Cawdor en Ecosse, orangerie-salle à manger d'été, abritant sa collection d'arrosoirs... sans oublier le cimetière des chiens où chaque pierre tombale est surmontée d'une statue de l'animal par Diego Giacometti, dont on retrouve partout le talent, jusque dans le robinet *merle* d'une fontaine. « Tout doit être raffiné et harmonieux, sans que l'on puisse jamais deviner l'effort et le temps nécessaires pour y parvenir », souligne le maître des lieux.

Ses convives reconnaissent combien être reçu au Jonchet est une expérience inoubliable, tant Hubert de Givenchy ne néglige aucun détail pour leur faire plaisir. Même les plaids en toile de Jouy des chambres à coucher sont doublés de cachemire. Quant à la piscine, il la fit disparaître derrière des murs de verdure afin de ne pas heurter la vue de ses convives lorsqu'ils admirent le paysage d'une fenêtre. « Bien sûr, ses maisons ont toujours été des lieux de civilisation très exceptionnels, mais contrairement à ce que l'on pourrait imaginer, les week-ends au Jonchet se déroulent dans un climat de simplicité absolue, explique le peintre Jean-Marc Winckler, qui fut présenté au couturier en 1978 par leur amie commune Liliane de Rothschild. Tout le monde est en jeans et bottes de caoutchouc ! Une atmosphère détendue, très *cosy,* car chacun est libre de ses mouvements. Hubert peut dessiner ou lire au coin du feu en écoutant de la musique, Bunny jardine, Philippe travaille de son côté. Nous faisons de longues marches ensemble, et Hubert, qui ignore le sens du mot " blasé ", éprouve toujours une joie aussi vive en découvrant sa maison de loin. " Jean-Marc, n'est-ce pas merveilleux d'avoir la place des Vosges en pleine campagne ? " Après le déjeuner, je chante des airs de Tino Rossi ou Charles Trénet, et Hubert – qui apprécie autant *Don Giovanni* que les mélodies des années trente – fredonne avec moi. D'ailleurs, cela est devenu un code entre nous. Le matin, à Paris, il me téléphone et sans dire un mot, il entonne la première mesure d'un succès de Tino Rossi. " Il pleut sur la route... " et j'enchaîne, du tac au tac, " dans la nuit, j'écoute... " Que de fous rires ! Sur le plan strictement professionnel, travailler avec lui est un privilège. Non seulement mes tableaux ont toujours été payés sans une seconde de retard, mais surtout, Hubert m'a recommandé à des amies susceptibles de faire appel à moi, comme Mercedes Bass, Claudine de Cadaval ou Jayne Wrightsman. Sa loyauté vous est acquise dès lors qu'il vous apprécie, y compris dans les heures moins glorieuses. A ce titre, j'ai été profondément impressionné par sa fidélité à l'égard de Cécile de Rothschild. Elle était très âgée, et délaissée, car beaucoup la fuyaient après avoir tant profité de sa générosité. Hubert n'a jamais cessé de lui

rendre visite et de la réconforter. Un exemple parmi bien d'autres. »
Chaque année, de nouvelles aventures artistiques sollicitaient le couturier. Décoration de l'hôtel Vista à Washington et de la banque Indosuez Nagoya à Tokyo, conception de la Laurel Givenchy pour le constructeur automobile Nissan, collections de tissus et de papiers peints pour Nobilis-Fontan, lancement d'une ligne de linge de maison, motifs de vaisselle... Sans compter les présentations haute couture et prêt-à-porter, et les diverses licences. Pourtant, en 1988, il accepta de céder sa griffe au groupe Louis Vuitton – Moët-Hennessy. « Je n'avais pas de dauphin, et le succès fluctuant des défilés, d'une saison à l'autre, était de plus en plus oppressant à assumer seul. J'ai donc été très soulagé de vendre. D'autant plus que j'avais la plus haute estime pour Henri Racamier, avec qui j'ai négocié personnellement les termes du contrat. Enfin être soutenu financièrement et pouvoir me consacrer exclusivement à la création. Malheureusement, il y eut très vite changement de propriétaire, et mon rêve s'est effondré. J'ai tant souffert... Après avoir travaillé sans interruption depuis l'âge de dix-sept ans, je n'aurais jamais imaginé une telle fin de carrière. Que d'humiliations ! J'ai tenu cinq ans, on ne sait comment », déclare-t-il aujourd'hui. « Hubert avait édifié l'empire Givenchy à travers le monde et soudain, rien ne lui était épargné. Budgets sans cesse révisés à la baisse, refus quasi systématique de tout ce qu'il proposait... un cauchemar. A croire que l'on faisait tout pour le chasser, explique Dominique Sirop. Et pourtant, Hubert continuait à accomplir des miracles. Un véritable tour de force, vu les circonstances ! » Il est vrai que les défilés ne paraissaient guère souffrir des conflits qui déchiraient l'avenue George-V. Que l'on songe seulement à la séduction vénéneuse de ces trench-coats en faille de soie dédiés à son amie Marlène Dietrich (printemps-été 1990) ou à l'exotisme fastueux de cette veste en lézard or tressé, portée avec une blouse de satin abricot et un pantalon turquoise (automne-hiver 1992-1993), pour en être convaincu. Au premier rang, des personnalités comme Fanny Ardant ou la cantatrice Wilhelmina Fernandez, venues rejoindre le groupe des

admiratrices du couturier, applaudissaient à tout rompre sans se douter un seul instant des tensions qui régnaient en coulisses.

A l'occasion du quarantième anniversaire de la griffe, en 1992, la France se décida enfin à organiser une rétrospective Givenchy à Paris, ville dont le couturier – alors âgé de soixante-trois ans – incarnait si bien l'esprit depuis toujours. « Dominique Sirop est venu me proposer une exposition consacrée à la carrière de ce grand artiste qu'est Hubert, raconte Catherine Join-Diéterle, conservateur en chef du musée Galliera. J'ai immédiatement accepté l'idée, mais de nombreux problèmes de budget se posaient à nous. Finalement, les licenciés japonais ont majoritairement assumé les frais, secondés par les parfums Givenchy. Je ne les en remercierai jamais assez car ce fut un véritable événement, à la fois pour le public et les médias. Nous avons rarement eu autant d'affluence. » Simone Vallette précise qu'« une atmosphère inoubliable régnait alors à la maison. Toutes les amies de Monsieur, qui avaient spontanément accepté de confier leurs robes préférées, sont venues du monde entier pour y assister. Que de déjeuners et dîners furent donnés en leur honneur. Un tourbillon de tendresse. » Lors de la soirée d'inauguration, mille trois cents privilégiés se pressèrent pour admirer les cent trente modèles retenus, appartenant à Audrey Hepburn, Jacqueline Kennedy ou Bunny Mellon. « Les vêtements terminés paraissent nés d'un coup de baguette : de l'air matérialisé, le cadeau d'une marraine-fée – comme si personne n'y avait touché, résumait Marie-José Lepicard dans le catalogue. Pour tenter d'expliquer le charme des collections Givenchy, il est impossible de ne mentionner rien que des circonstances sociales, intellectuelles, techniques. La grâce, la perfection constante, la justesse dans la mesure des volumes viennent des qualités de l'âme, aussi bien chez l'artiste que chez les amis et les collaborateurs qui entourent sa vie et son travail. Et bien qu'il soit désormais classique de dire qu'on ne fait pas de bonne littérature seulement avec de bons sentiments, je crois que la création, en matière de vêtements, exprime clairement une philosophie et un art de vivre, le naturel et la délicatesse des sentiments, la bonté, la liberté et la réserve du cœur [4]. »

Hubert de Givenchy et Audrey Hepburn accueillirent Claude Pompidou et Bernadette Chirac, Yves Saint Laurent et Ira de Furstenberg, les Guy de Rothschild et Alexis de Rédé, ainsi que les membres du clan – Philippe Venet, Marie-Charlotte Vidal-Quadras, Walter Lees ou Hélène Bouilloux-Lafont – au grand complet. Seuls Cristobal, Béatrice et Capucine manquaient à l'appel. « J'aurais d'abord préféré un hommage à Balenciaga, qui n'a toujours pas eu lieu à ce jour, mais il va sans dire que j'ai été très touché par la reconnaissance de mon pays, constate le couturier. Le fait de pouvoir superviser chaque détail de l'opération a été une joie supplémentaire car la liberté a toujours été mon oxygène, et j'en manquais alors singulièrement. Mise en place, éclairages, fond musical, choix des accessoires et des photos agrandies... En ces heures exaltantes, personne ne fut plus disponible qu'Anne-Lise Heinzelmann, l'une de mes talentueuses premières d'atelier. La rétrospective lui doit beaucoup et, par la suite, elle devint très vite mon bras droit. Nous avons travaillé – avec l'équipe du musée Galliera, qui a été extraordinaire – tard le soir et même les week-ends. Mais le succès nous a comblés. De nombreux visiteurs sont même revenus. Et pour la dernière fois, Audrey était à mes côtés. » Dans un entretien accordé à *Harper's Bazaar* afin d'évoquer cette ultime rétrospective, l'actrice résumait leurs relations en ces termes : « Notre amour, qui dure depuis quarante ans, sera éternel. C'est un amour des yeux et du cœur, où le respect se mêle à l'admiration. Il s'agit d'amitié dans sa forme la plus pure [5]. »

XVII

Adieux

« Ce qui ne me tue pas me rend plus fort. »
Friedrich NIETZSCHE.

Plus que jamais à partir de 1990 – soit deux ans seulement après la cession de la griffe au groupe Louis Vuitton-Moët-Hennessy –, les nouveaux propriétaires rejetèrent sans ménagement le style ciselé par le couturier pendant près d'un demi-siècle de règne, et Givenchy fut très vite confronté à des obstacles insurmontables, tant sur le plan humain que créatif. « Les financiers muselaient dorénavant le monde de la mode. Rappelons l'attitude monstrueuse de certains hommes d'affaires sans scrupules à l'égard de la grande madame Grès. Ne peut-on être efficace – leur terme favori – sans muflerie ? Elle a connu une fin horrible. Avec certains de mes confrères – comme Yves Saint Laurent, Emmanuel Ungaro ou Pierre Cardin –, nous avons tenté de lui porter secours mais il était déjà trop tard. Comment ont-ils osé la mettre à la porte de cette manière, à son âge ? Son courage devrait être cité en exemple, car elle ne s'est jamais plainte. J'ai été bouleversé lorsque madame Grès m'a demandé, très pudiquement, si nous pouvions lui fournir quelques grandes boîtes de la maison de couture afin de ranger les vêtements qu'elle continuait de créer chez elle. Peu de temps après, on m'a prévenu au studio qu'une dame âgée, coiffée d'un turban de jersey, m'attendait à la boutique. " Vous avez été si gentil avec moi que je tenais à vous offrir la dernière robe de ma longue carrière. " Même si mon sort fut infiniment plus clément, le quotidien n'en était pas moins devenu un enfer, révèle-t-il, d'une voix indignée. Cette lutte permanente me semblait d'autant plus dérisoire que, cette année-là, j'allais perdre Capucine. Face à de telles tragédies, votre sens des priorités se modifie en profondeur. J'aspirais à plus de sérénité. La stérilité de mes rapports avec la direction paraissait sans issue. »

« J'étais au Jonchet avec Hubert lorsqu'on lui a annoncé le suicide de Capucine, se souvient Walter Lees. Il a été terrassé, et je l'ai vu se décomposer sous mes yeux. Leurs relations pouvaient se comparer à celles d'une sœur et d'un frère, une complicité tendre et mouvementée, parce que Cap – si attachante mais souvent versatile en raison de ses multiples dépressions nerveuses – assumait difficilement les aléas de l'existence.» L'entourage du couturier insiste unanimement sur le fait qu'il la protégeait sans faiblir, acceptant ses brusques changements d'humeur avec une patience rare. « Pas une journée ne s'écoulait sans qu'elle n'appelât Monsieur au studio pour lui faire part de ses angoisses, précise Gilberte Thomassin. Il prenait toujours le temps de la réconforter de son mieux.» Janette Mahler confirme que « Capucine surmonta grâce à Monsieur plusieurs tentatives de suicide. Entre des amours déchirants et des cures de sommeil à répétition, on ignorait quelle catastrophe nous attendait encore. Hollywood l'avait contaminée. Elle prenait des pilules pour dormir, pour se réveiller, pour combattre ses démons.» Givenchy, qui n'oublia jamais combien elle l'avait affectueusement soutenu aux temps héroïques de la *Cathédrale*, l'emmenait en voyage, l'invitait à passer Noël à Megève ou à la campagne, et lui prêtait des robes – transgressant ainsi une règle d'airain – aussi souvent que Capucine le souhaitait, pour un nouveau film – citons seulement *L'Incorrigible* (1975) de Philippe de Broca – ou une soirée. « Nous l'avons vu juste avant sa disparition, rappelle Philippe Venet. Cap s'occupait de sa mère et s'inquiétait pour l'avenir. Tout la paniquait, elle avait la hantise de la pauvreté, de ne plus travailler. Les dernières années, on ne lui proposait plus que de petits rôles très mal rémunérés, alors que sa carrière avait si bien commencé. *La Panthère rose* ou *Guêpier pour trois abeilles* sont aujourd'hui de véritables classiques. Nous avons tenté de l'apaiser, mais elle était si imprévisible que le pire pouvait arriver d'une seconde à l'autre. Nous vivions avec cette peur en permanence. »

Lorsqu'il évoque son souvenir, Hubert de Givenchy est toujours submergé par l'émotion. « Bien sûr, Cap n'était pas facile, elle avait souvent plus de bas que de hauts, mais dès qu'une *éclaircie* balayait l'orage, personne ne se montrait plus sensible et adorable, avec un sens de l'humour ravageur. Pour beaucoup seule sa beauté comptait alors que ses talents foisonnaient. Cap a même été un vrai cordon-bleu. Mais dès que novembre revenait, elle était inévitablement submergée par ses terreurs et se réfugiait dans les barbituriques. Audrey, qui fut à la fois une amie intime et sa voisine en Suisse, lui téléphonait constamment pour prendre de ses nouvelles. Lorsqu'elle ne répondait pas, nous nous affolions, et Audrey – qui possédait le double de la clé de son appartement – se précipitait et la découvrait gisant inanimée dans un demi-coma. Il fallait l'hospitaliser immédiatement, jusqu'à la prochaine fois. Plus les années s'écoulaient, plus cela devenait éprouvant. La vieillesse la terrifiait car Cap n'était pas devenue la grande star qu'elle aurait voulu être. Malheureusement ses proches, comme Audrey, Roland de Chambure – qui s'occupait avec dévouement de ses finances –, Philippe ou moi-même, demeurions impuissants face à de telles appréhensions. J'avais beau lui répéter que nous ne la laisserions jamais seule, quoi qu'il arrivât, aucun argument ne parvenait à calmer son anxiété. De plus, sa vie privée fut souvent désastreuse, et sa liaison avec William Holden n'avait rien arrangé. Puis, au cours des dernières années, Cap a vécu une passion très poétique avec Nicky Philipps, un jeune aristocrate anglais qui descendait de Pouchkine. Un amour réciproque, très intense. Elle n'avait jamais été plus radieuse. Or la famille de Nicky – neveu de la reine d'Angleterre et frère de la duchesse de Westminster – craignait qu'il ne l'épousât. Une actrice, ayant l'âge d'être sa mère... Bref, Capucine s'est volontairement sacrifiée. Combien de femmes auraient eu la délicatesse d'inciter leur compagnon à partir afin de se marier avec une autre ? Ce choix l'a beaucoup fragilisée, et Cap a préféré mettre fin à ses jours en se défenestrant, au mois de mars 1990. Nicky, présent aux obsèques, s'est d'ailleurs suicidé à son tour un an après. Cap avait toujours dit vouloir reposer auprès de moi. Elle est donc inhumée au Jonchet. »

Cependant, aucune affliction ne fut plus profonde que celle causée par la disparition d'Audrey Hepburn. Ambassadrice de l'UNICEF, elle consacra les dernières années de sa vie aux enfants en détresse de par le monde. Ce combat, Audrey le préparait avec ferveur et compassion depuis sa retraite de Tolochenaz, non loin de Lausanne. « C'est une ravissante construction du XVIIIe siècle qui porte un nom merveilleux, *La Paisible,* rappelle Givenchy. Elle s'y sentait protégée. Tout était blanc, d'une telle fraîcheur. Quelques beaux dessins de fleurs, une volière, ses chiens en liberté, un jardin, une armoire où elle rangeait les confitures confectionnées avec tendresse... même le garage où étaient entreposées les récoltes de pommes de son verger – destinées chaque année à l'Armée du salut – embaumait. C'était la maison du bonheur, un endroit joyeux pour accueillir sa famille et ses amis, la réalisation d'un rêve qu'elle poursuivait depuis toujours. J'aimais tant la retrouver en Suisse. Après les tragédies qu'elle vivait à travers ses luttes pour l'UNICEF, Audrey s'y réfugiait auprès de Bob Wolders, pour qui elle éprouvait tant d'amour. Et puis, brutalement, le cauchemar. Je crois avoir été certainement le premier à m'alarmer : un jour, au cours d'un essayage, je constatai que son corps avait soudain changé, alors que ses mensurations étaient demeurées identiques depuis 1953. Très vite, Audrey a consulté un médecin en Californie qui a découvert deux tumeurs inquiétantes. Affolement de Bob et des enfants... Malheureusement, l'opération n'a pu la sauver. Un cancer foudroyant. Inutile de préciser que je passais des heures au téléphone pour obtenir de ses nouvelles. C'est alors que Sean m'a dit : " Tu sais, nous avons dû apprendre à maman qu'elle n'avait plus que trois mois à vivre. " La réponse d'Audrey est très révélatrice de sa personnalité. " Si Dieu m'accorde encore trois mois, je vais me battre pour rester le plus longtemps possible auprès de mes enfants. " Nous étions désorientés, mais je savais que pour elle, l'essentiel était de passer son dernier Noël à La Paisible. Dans la confusion générale, il fallait prendre très vite une décision. » Comme tous les proches du couturier, Janette Mahler vécut, heure par heure, ces instants déchirants à ses côtés. « Monsieur a immédiatement loué un avion afin qu'elle pût revenir en Suisse dans les plus brefs délais. Audrey était si fragile qu'il souhaitait lui épargner l'épreuve d'un voyage normal. Avec cette meute de journalistes prêts à tout pour un scoop ! » Le National Enquirer est allé jusqu'à corrompre un membre du personnel de l'hôpital Cedars-Sinaï de Los Angeles pour parvenir à ses fins. Grâce à Hubert, Audrey, qui ne pouvait se déplacer sans un goutte-à-goutte de morphine tant la souffrance était intense, put regagner l'Europe sans encombre. « *Thank you for the magic carpet* », lui écrivit l'actrice peu après. « Elle était tellement aimée que de nombreuses personnes – amis ou inconnus – me contactaient sans cesse pour recommander tel ou tel médecin capable de la sauver », précise le couturier.

Lorsque, enfin, Audrey arriva à Genève, son amie Doris Brynner – qui était venue la chercher – parvint à la soustraire à tant de curiosité malsaine. « De mon côté, j'étais prêt à la rejoindre à La Paisible aussi vite que possible. " Le voyage m'a épuisée et je ne veux pas que tu me voies dans un tel état. " J'eus beau protester, elle préféra attendre. Puis soudain, elle m'a téléphoné, un simple mot, " viens ". Je suis parti sur l'heure, poursuit Givenchy au prix d'un effort que l'on devine immense. J'ai cru mourir de chagrin en la voyant si vulnérable. Nous avons fait une promenade dans le jardin, par un temps froid et brumeux, et Audrey m'a montré les soixante rosiers blancs que je lui avais offerts pour son soixantième anniversaire. Epuisée, elle marchait très difficilement, et toujours avec sa perfusion. C'est alors que j'ai remarqué des photographes dans les arbres. Nous sommes rentrés très vite, et elle est allée s'allonger dans sa chambre. Je faisais mon possible pour la faire rire mais... Peu avant mon départ, Audrey a demandé à Bob d'aller chercher un manteau bleu marine qui m'était destiné. Elle l'a serré dans ses bras, y a déposé un baiser et m'a dit :

" Voilà, mon Hubert, aussi longtemps que tu le garderas, je te protégerai de tout mon amour. " J'ai longuement embrassé Audrey, tant il m'était difficile de la quitter, et une fois dans l'avion, je me suis effondré. Nous ne nous sommes plus jamais revus. » Quelques jours plus tard, le 20 janvier 1993, Audrey Hepburn disparaissait à l'âge de soixante-trois ans. « Un ange de plus auprès du Bon Dieu », devait déclarer Elizabeth Taylor peu après. Lors des obsèques, Hubert de Givenchy porta son cercueil au cimetière avec ses fils Sean et Luca, Robert Wolders, Ian – le frère de l'actrice – et Georges Muller, avocat et ami. « Audrey n'a pas oublié la promesse que je lui avais faite au Japon en 1983. Lorsque maître Muller m'a contacté, j'ai appris qu'elle m'avait bien nommé exécuteur testamentaire. Deux icônes et une très belle lettre – que je conserverai précieusement jusqu'à ma mort – accompagnaient ses dernières volontés. Audrey – avec qui je communique à chaque minute en pensée, encore plus intimement qu'avec ma mère, c'est dire... – sait que si ses enfants ont besoin de moi, je serai toujours présent pour eux. »

Hôtel Métropole Palace de Monaco, 4 décembre 1993. Une foule cosmopolite se presse dans les salons afin d'assister à la vente Givenchy – *Exceptionnel Mobilier Français Objets d'art et Orfèvrerie* – que beaucoup considèrent déjà comme l'une des plus importantes du XXe siècle, au même titre que celles de Jacques Doucet, lui aussi couturier et collectionneur inspiré. La maison Christie's n'a laissé aucun détail au hasard car il s'agit bien de l'événement de la décennie dans le monde des enchères. Somptueux catalogue en deux volumes enrichi d'informations inconnues – grâce à des experts aussi renommés que Patrick Leperlier ou Charles Cator –, exposition à New York ou à Paris – Hubert supervisa en personne la présentation des pièces retenues à la Fondation Bismarck, dans ce même salon chinois où son amie Mona l'avait si souvent reçu... Sans oublier une campagne de presse internationale menée tambour battant.

« Nous avions alors quitté la rue des Saints-Pères, car Capucine avait découvert qu'une partie de l'hôtel des ducs de Bauffremond, rue de Grenelle, était disponible. J'ai donc revendu la maison à Bernard Tapie, et m'y suis installé sans perdre un instant. Comme toujours, les travaux de restauration furent une aventure très excitante », raconte Givenchy. Le résultat était si éblouissant qu'il accepta d'ouvrir ses portes à l'académicien Maurice Rheims et au photographe Snowdon, émissaires de l'édition française de *Vogue* [1]. Pour la première fois, le public découvrit l'élégance de l'édifice – érigé au début du XVIIIe siècle par Pierre Boscry, l'architecte de la Chapelle des Lombards, rue des Carmes –, mais surtout de nouvelles facettes du *goût* Givenchy, mêlant mobilier Boulle, appliques Louis XV provenant du palais de Colorno, vases *noir-miroir* d'époque Kang-Xi ou siège Louis XVI à tapisserie d'après des cartons de Braque. Le talent dont il avait su faire preuve afin d'*harmoniser* tant de pièces exceptionnelles se révélait particulièrement saisissant dans le *salon vert* du premier étage, tapissé d'un velours vert bronze qui rappelait le damas des canapés. Dès lors, Givenchy avait été sans cesse sollicité par de nombreux magazines afin de laisser photographier son intérieur.

« En 1993, à soixante-quatre ans, mes désirs n'étaient plus les mêmes. La plupart des êtres que j'aimais le plus – maman, Cristobal, Capucine ou Audrey – avaient disparu, et Philippe, dont l'état de santé m'inquiétait, s'apprêtait à fermer sa maison de couture. Sans parler de Sandy, mon labrador préféré. Un jour, à la veille de partir pour Noël à Megève, j'ai réalisé qu'il était paralysé à partir des reins. Le voyage fut annulé sur l'heure car on diagnostiqua un début de myélite. Grâce à Mercedes Bass, madame Henry Kissinger m'a mis en contact avec le docteur Kay, qui est le meilleur vétérinaire de New York. Sandy fut sauvé de justesse, mais il était désormais incapable de gravir des escaliers. Je me suis immédiatement installé à ses côtés au rez-de-chaussée, qui n'était pas aménagé, où on me descendit un matelas et le plus strict nécessaire. J'ai campé pendant des jours, confiant seulement Sandy à un garde-malade merveilleux, monsieur Fonseca, le temps de préparer mon nouveau défilé. " Ce chien vivant, tu ne remonteras jamais au premier ", avait prédit Philippe. Ce qui explique ma décision de vendre. Pourquoi conserver un appartement aussi vaste rempli de beau mobilier si l'on n'en profite plus ? Je ne voulais pas me laisser posséder par mes possessions. D'autres devaient en profiter à leur tour. J'avais besoin de simplifier ma vie, et comprenais parfaitement ce que Coco Chanel m'avait dit des années plus tôt : " Un jour, tu verras, le luxe, c'est de dormir dans des draps repassés, d'avoir un service impeccable, une jolie vaisselle, un bon café. Savoir apprécier la moindre chose. " En souvenir de mon ami Emmanuel de Margerie, qui fut président de Christie's, je me suis décidé pour cette célèbre maison.»

A l'exception de l'armoire Boulle de Misia Sert, revendue séparément aux frères Kugel, Givenchy se sépara de plus de la moitié de ses collections – lui-même parle d'une *sélection* où seule l'émotion a droit de cité. Plusieurs records sont à signaler. Son bureau Boulle trouva acquéreur pour dix-neuf millions de francs – devenant ainsi le meuble français le plus coûteux après le coffret à bijoux de Marie-Antoinette créé par Carlin –, alors que le lustre de la maison de Hanovre s'envola pour vingt millions, ce qui en fait la pièce d'argenterie la plus chère du monde. « Il a été pour l'art des XVIIe et XVIIIe siècles un ambassadeur extraordinaire. Hubert a allié à son prestige de couturier un talent en matière de décoration qui est devenu une référence absolue aux quatre coins du globe. Certaines demeures fastueuses, particulièrement aux Etats-Unis, ont été ainsi agencées par mimétisme. La fascination qu'il exerce est un don du ciel pour les antiquaires. Tous mes confrères vous confirmeront qu'il est un porte-drapeau pour notre pays dans le monde. La vente chez Christie's en est un exemple parfait», explique Didier Aaron. «En plus de la qualité remarquable de l'ensemble, la provenance a beaucoup joué, poursuit Alain Demachy. Posséder une pièce de sa prestigieuse collection fut pour beaucoup d'acheteurs un label de reconnaissance. Ils ne risquaient pas le moindre faux pas, toujours si redouté.»

Avenue George-V, en cette même année 1993, le couturier devait sans cesse endurer de nouvelles offenses. Pas un affront ne lui fut épargné. « J'étais devenu un simple employé, il ne faut pas l'oublier, et aucune compréhension ne m'était manifestée, explique Givenchy. Entre la valse des directeurs – pour la plupart hostiles – qui ne restaient jamais très longtemps en poste, et certaines personnes au studio qui démolissaient à voix haute mon travail du matin au soir, l'atmosphère était irrespirable. Je n'avais même pas de chauffeur. Si, par hasard, je devais me rendre à l'aéroport pour un déplacement professionnel, le responsable des livraisons avait la gentillesse de m'accompagner. On m'a appris depuis que mes successeurs disposaient de deux ou trois chauffeurs. Sans même parler des mannequins... pas plus de quinze pour une centaine de modèles. Aujourd'hui, cinquante jeunes femmes aussi célèbres que Naomi Campbell présentent cinquante ensembles. Cependant, rien ne fut pire pour moi que le renvoi scandaleux d'Anne-Lise Heinzelmann. Ayant refusé à un nouveau directeur de fournir un patron de son atelier sans mon autorisation – ainsi que l'exige la tradition dans la haute couture –, elle fut congédiée en quelques secondes ! J'ai rarement été aussi furieux, mais malheureusement mes efforts pour la défendre ont été vains. Cette injustice me fit comprendre que je n'avais plus aucun pouvoir. J'étais bafoué en permanence, et mon enthousiasme naturel, un souvenir lointain. Tristesse et larmes s'inscrivaient désormais à l'ordre du jour. J'ai donc décidé de partir définitivement, même si cela représentait un véritable déchirement, la fin de ce qui avait le plus compté pour moi. »

Pour Janette Mahler, fidèle d'entre les fidèles, « le *feu sacré* avait disparu à jamais et son choix paraissait inévitable. D'autant plus que Monsieur avait été très affecté par le décès de Capucine et d'Audrey. Plus vulnérable que jamais, il devait en plus lutter contre des bulldozers. Ils n'ont même pas eu la correction de lui annoncer qui serait son successeur. Il fallait le voir pour le croire ! Alors qu'il lui avait été demandé de le désigner lui-même. Monsieur avait proposé Dominique Sirop, dont il admire le travail, mais on lui a répondu qu'un inconnu n'était pas souhaitable, talent ou pas. Il ne s'agissait plus de haute couture mais de spectacle, pour ne pas dire plus. » Hubert souligne combien son désenchantement était profond. « Au cours des six derniers mois, n'aurait-il pas été décent de me dire qui allait me remplacer ? Tant de rumeurs circulaient. En juillet 1995, à la veille de ma dernière collection, j'ai eu la surprise de recevoir un coup de téléphone de John Fairchild, me pressant de le recevoir immédiatement. Peu avant son arrivée, le directeur me demanda de n'en rien faire.

" Mais monsieur, cela est impossible, j'ai déjà accepté. "
Soudain, John fait son apparition et m'apprend de but en blanc que J. Galliano a été choisi pour assurer la relève. Il avait téléphoné en personne à la direction du *WWD* quelques heures plus tôt, confirmant que le contrat venait d'être signé ! Bien entendu, personne n'avait eu la courtoisie de m'en faire part. John Fairchild était d'ailleurs sidéré, car il pensait que cela n'avait rien d'un secret pour moi et désirait m'interviewer pour recueillir mes premières impressions. Le lendemain, après le défilé, j'ai trouvé en arrivant chez moi un communiqué de presse officiel de la maison annonçant l'arrivée de Galliano.»

Jamais départ ne fut plus remarqué. « Sa sortie a été un triomphe, et cela n'est pas donné à tout le monde », commente Janie Samet. Articles et reportages télévisés se succédèrent des semaines durant à travers le monde, détaillant à loisir le parcours de celui que le couturier Issey Miyake saluait comme « le plus extraordinaire gentleman que j'aie jamais rencontré et un maître suprême de la tradition [2] ». Un credo spirituellement résumé par Claude Arnaud dans les pages de *Vogue* [3] : « Givenchy s'obstine à défendre le Beau, le Bien et le Vrai. L'immuable trinité platonicienne lui sert de bouclier contre les boutefeux de la modernité, et de glaive contre les tueurs d'élégance.» Sa *collection-testament* – présentée le 11 juillet 1995 à 9 heures 30 au Grand Hôtel – déclinait sans ostentation ou effet théâtral la totalité des célèbres silhouettes Givenchy en quatre-vingt-dix-sept modèles. Paletots réversibles en lainage sur *tubes* de jersey... jupes-corolles *Sabrina*... Fourreaux de satin noir pour *Petit Déjeuner chez Tiffany's*... « Ses robes sont des protections contre le mal », avait coutume de dire Audrey Hepburn, dont le souvenir était omniprésent ce jour-là. Un défilé dédié à ses ouvrières – « mes fées » –, qui apparurent au final à ses côtés, ainsi que Janette. Sur l'air de l'*Hymne à la joie*, le public présent ovationna longuement Givenchy. On reconnaissait dans l'assemblée Bernadette Chirac, Pamela Harriman – ambassadeur des Etats-Unis à Paris, mais surtout cliente et amie depuis les années cinquante –, et les couturiers les plus renommés. Yves Saint Laurent, Christian Lacroix, madame Carven, Hanae Mori, Oscar de la Renta, Jean-Louis Scherrer, Valentino, Paco

Rabanne, Kenzo et bien sûr Philippe, qui avait mis fin à ses propres activités professionnelles en décembre 1994, pour raisons de santé. « J'ai été très touché par certains gestes d'amitié. Ainsi, Hélène Rochas, qui ne s'habillait qu'en Saint Laurent depuis des années, avait acheté un tailleur à la boutique pour cette seule occasion. Je m'en suis aperçu lorsqu'elle est venue m'embrasser en coulisses. Quelle délicatesse. J'ai mis un point d'honneur à maîtriser l'émotion qui me submergeait. Jusqu'à ce que Sean Ferrer vienne m'offrir un bouquet de roses cueillies le matin même en Suisse dans le jardin d'Audrey, qui me manquait tant ce jour-là. C'est alors que mes nerfs ont lâché, se souvient Givenchy. Les jours suivants, j'ai repris le chemin du studio car je disposais encore de trois mois pour préparer la dernière saison de prêt-à-porter. Il se trouve que je l'ai achevée avant le délai imparti... On m'a alors proposé de quitter les lieux plus tôt que prévu afin de *nettoyer* le bureau pour mon successeur ! Il est certain qu'une opération de *désinfection* s'imposait. Je ne suis pas amer, loin s'en faut, mais je tenais à raconter la vérité dans ce livre. A soixante-six ans, je débordais de nouveaux projets. Restaurer le Potager du Roi à Versailles avec le World Monuments Fund, consacrer du temps à l'*Esso*, association de lutte contre le cancer dont j'assumais la présidence avec Simone Veil, redessiner les jardins de la maison que je venais d'acheter à Saint-Jean-Cap-Ferrat... »

XVIII

De nouveaux défis

> « Monsieur, mon âme est d'un temps où l'on s'habillait bien. Tant pis pour vous si la vôtre est d'une époque où l'on s'habille mal. »
>
> Jules Barbey d'Aurevilly
> (s'adressant à un mufle).

« Créer est le maître mot de sa vie – qu'il s'agisse d'une atmosphère, d'une robe ou d'un jardin –, et ses maisons représentent une activité de création à part entière. Hubert utilise le passé pour construire l'avenir – le sien et celui des êtres qu'il aime – car contrairement à l'idée répandue, ce n'est en rien un homme passéiste, loin s'en faut. XVIIe siècle ou art contemporain, ses motivations restent les mêmes : culte de la beauté, recherche de la pièce rare qui va l'émouvoir, déclare Catherine Join-Diéterle. Son rapport à l'objet est d'ordre strictement inventif. Tableaux ou mobilier retrouvent grâce à lui une existence nouvelle et insoupçonnée au gré de son imagination, qui transforme tout ce qu'elle touche, même la nature. Le Jonchet en est l'illustration parfaite. Il s'agit en fait de gourmandise et de jouissance. Et de liberté, bien entendu, la liberté de la fortune qui confère le pouvoir de se tourner sans cesse vers de nouvelles quêtes, d'aller aussi loin dans ses désirs. Hubert est capable de remuer l'univers pour réaliser ses rêves. » Curiosité passionnée, persévérance – dès lors qu'une idée le stimule –, goût des défis, pouvoir de mobilisation... autant de dispositions précieuses pour mener à bien le nouveau projet dans lequel il s'était investi corps et âme dès son départ de l'avenue George-V. Exorcisme salutaire, chasse à la mélancolie... Comme toujours, le travail avait été la seule issue choisie par Givenchy.

« Versailles a été la page la plus glorieuse d'une civilisation à jamais disparue, déclarait Gérald Van Der Kemp en 1972, alors qu'il en était le conservateur. Versailles est devenu le conte de fées d'une société en régression, nostalgique de beauté, de gestes inutiles, de grandes et petites musiques [1]... » Une fascination que Givenchy éprouve depuis toujours pour le lieu et sa mémoire. « Ma définition d'un après-midi idéal? Y flâner d'un tableau à l'autre, et me ressourcer dans le parc. L'inspiration était inévitablement au rendez-vous. Plus tard, j'ai appris à découvrir Versailles en profondeur grâce à Gérald et Florence Van Der Kemp, qui furent les artisans d'une renaissance du château, et des amis très proches. Quel couple extraordinaire, si honteusement traité par notre gouvernement alors que pendant des années ils ont reçu à leurs frais afin de rencontrer des mécènes et de récolter des fonds pour de nouveaux travaux de restauration. Pas un geste de reconnaissance à leur égard... Assister à l'une de leurs soirées a toujours été une joie et un privilège, et je me souviens en particulier d'une nuit mémorable. Quelques semaines plus tôt, Gérald m'avait dit : " Une fois par an, fontaines et éclairages sont mis en marche afin de s'assurer de leur bon fonctionnement. Pourquoi ne pas en profiter pour organiser un dîner en l'honneur de madame Mellon ? " Bien entendu, Bunny fut enchantée à cette perspective, et elle m'a demandé immédiatement de lui créer une robe unique pour l'occasion. Le jour J, Florence nous a accueillis, ainsi que Walter, mais sans Philippe, qui était souffrant. En sortant de table, Gérald, son trousseau de clés à la main, nous a fait visiter les endroits les plus merveilleux, comme le boudoir de Marie-Antoinette, interdit au public. A minuit, nous sommes arrivés dans la galerie des Glaces et, comme par miracle, les fontaines se sont mises à jaillir. Une surprise extraordinaire pour Bunny, car personne ne lui avait dévoilé le secret. Elle ne savait comment remercier Gérald. Peu après, il fut contraint de quitter Versailles pour Giverny, et Bunny eut l'idée de lui remettre un chèque important lui permettant de faire appel à plusieurs jardiniers le temps de redonner toute sa splendeur à l'ancienne demeure de Monet. »

Créé entre 1678 et 1683 par Jean-Baptiste de La Quintinie sur ordre de Louis XIV, le potager du Roi fut longtemps une référence de premier plan dans l'histoire de l'horticulture. Enclos protégés par des écrans de maçonnerie afin d'abriter du vent les cultures les plus fragiles tout en accumulant la chaleur bienfaisante du soleil... Jardin *en biais* dont les murs construits *en oblique* permettaient l'étude de nouvelles expositions... *Figuerie* constituée de sept cents arbres en caisses, afin d'offrir au monarque son dessert favori pendant six mois de l'année... Culture des melons grâce à un système de châssis vitrés mis au point par ce jardinier précurseur – véritable prodige de la botanique – qu'était La Quintinie. Une leçon d'intelligence et de beauté jusque dans l'art de la taille, en boules, en palmettes horizontales, en cordons ou en croisillons. « J'ai découvert ce lieu il y a environ une trentaine d'années, à l'époque des Loges-en-Josas. Un jour de 1975 que Bunny Mellon y passait le week-end en ma compagnie, nous sommes allés faire le marché à Versailles, et je lui ai demandé si elle désirait visiter le potager du Roi. Bunny, qui possède la plus impressionnante bibliothèque privée du monde consacrée aux jardins – dont la totalité des herbiers des rois de France –, connaissait son existence mais ne s'y était jamais rendue. Sa joie était celle d'Alice sur le point d'entrevoir le Pays des merveilles. Nous avons poussé la grille, et découvert, sous une brume de novembre, ces huit hectares déserts dont les proportions admirables avaient été préservées en dépit de bien des ravages. A commencer par le pavage du bassin central recouvert de béton ! Par la suite, nous y sommes retournés régulièrement et Bunny a rassemblé une documentation de la plus grande érudition sur le sujet », se souvient Givenchy.

« Des années plus tard, je suis devenu – après mon ami Emmanuel de Margerie – président du World Monuments Fund pour la France. Ayant définitivement quitté l'avenue George-V, j'étais libre de me consacrer à cette organisation internationale qui a pour mission de protéger des chefs-d'œuvre de l'architecture dans le monde, comme la tour de Bélém à Lisbonne ou les temples d'Angkor Vat. J'ai donc proposé à Isabelle de Broglie et aux divers membres du comité de travailler à la restauration du potager du Roi, et tous m'ont suivi dans cette nouvelle aventure. Je débordais d'énergie, et Dieu sait que les priorités se bousculaient! Notre but était de lui rendre sa gloire d'antan et de le faire visiter au même titre que le château. Ce ne fut guère facile, car la désillusion succéda vite à l'enthousiasme. Pourtant, nous avions connu des débuts prometteurs puisque Bunny avait offert une maquette géante du potager tel qu'il était sous Louis XIV, et reconstitué d'après des gravures anciennes. C'est alors que des responsables du potager nous ont affirmé qu'il fallait remettre la grille en état avant de poursuivre notre tâche.»

Forgée en 1683 par Alexis Fordrin, elle était la seule grille d'origine qui subsistait encore sur le domaine. Grâce à des proches comme Mary Wells-Lawrence, Mercedes Bass, Lily Safra, Hubert Helbron – et l'aide du Mécénat français – ou Jayne Wrightsman, Givenchy parvint à rassembler les capitaux nécessaires pour entreprendre les travaux, confiés aux artisans de la fondation Coubertin, située dans la vallée de Chevreuse.

« Le résultat fut exceptionnel. Pourtant, selon monsieur Cuisinier, le responsable, il nous fallait maintenant restaurer le bassin principal, tuyauterie comprise! Cela n'avait plus rien à voir avec nos objectifs.» Givenchy fut à nouveau contraint de découvrir la somme recherchée. Le plus discrètement du monde, Paul Mellon accepta d'offrir le montant des travaux, en guise de cadeau d'anniversaire pour son épouse Bunny. Un présent particulièrement poétique puisque la vase et le ciment révélèrent une mosaïque en forme de gouttes d'eau d'une délicatesse rare.

« Le World Monuments Fund disposant de moyens financiers trop limités pour poursuivre notre tâche, nous avons décidé d'organiser une fête au cours de la nuit de la Saint-Jean 1996, afin de présenter l'endroit aux futurs donateurs. Comme je m'y attendais, rien ne nous fut épargné. A commencer par un interminable délai pour obtenir l'autorisation de planter une tente destinée à abriter les quelque quatre cents convives. Rappelons tout de même que nous avons travaillé bénévolement pendant des mois. Fort heureusement, le dîner fut un succès retentissant, car de nombreux amis nous ont porté secours. Bunny a dessiné les cerisiers miniatures placés sur chaque table, Pierre Ceyleron de ravissants lustres fleuris, madame Binion des pyramides de légumes et Philippe s'est occupé des nappes. Les vins et champagnes furent offerts par Claude Taittinger, Philippine de Rothschild et Gérard Valette, le frère de Simone. Et j'oublie bien des contributions. Avec sa générosité coutumière, Walter a fait don de serviettes indiennes découvertes à Venise, quant à moi, j'ai choisi les assiettes en céramique à Biot, et fait réaliser un foulard – reproduisant le plan du potager au XVIIe siècle – pour les femmes, et un chapeau de jardinier en paille pour les hommes.» Venus du monde entier, les invités furent comblés par tant de raffinement et d'imagination. «Lorsque le feu d'artifices a été tiré, nous avons eu l'impression que les robes brodées de toutes les collections Givenchy du passé illuminaient le ciel de millions de paillettes et de sequins», rappelle Janie Samet. Pourtant, dès les jours qui suivirent, Hubert de Givenchy, de plus en plus désenchanté, constata, la mort dans l'âme, combien ses efforts étaient peu récompensés. « Entre les mesquineries administratives et le fait que le World Monuments Fund avait décidé d'abandonner le potager à son sort pour se consacrer à d'autres projets, j'ai préféré démissionner sans plus attendre.»

Comme toujours en cas de crise, Givenchy trouva refuge dans l'une ou l'autre de ses maisons, véritables *cordons sanitaires* face aux agressions du monde extérieur. Au Jonchet, il retrouvait instantanément sa sérénité. Pas un conflit qui ne puisse trouver son dénouement dans un paysage aussi idyllique. «Je suis un paysan, mais un paysan chic, déclare-t-il d'un ton enjoué. Jardiner, marcher dans les bois avec les chiens, cueillir des fines herbes pour une salade ou des roses *Fée des Neiges* pour composer un bouquet... Voilà ce qui fait ma joie ici-bas.» Alors qu'il lit au coin du feu – son livre préféré ? les *Mémoires* de la comtesse de Boigne, qui, selon Sainte-Beuve, «eût été ministre si elle n'avait été femme » -, Simone et Hilda, aux fourneaux, préparent ses mets favoris, utilisant en priorité des produits du jardin. Suprême à la tomate parsemé de rondelles de truffes, jambon de Virginie - Givenchy les choisit à New York, au Meat Market de la Troisième Rue - cuit dans un mélange de sucre roux, de moutarde anglaise et de jus d'ananas, qui sera servi avec un riz sauvage dans lequel on a jeté une pluie de dés de foie gras... sans oublier la tarte aux poires caramélisées et sa crème fouettée. « Hubert est très exclusif, rappelle Walter Lees. Il n'est jamais plus à l'aise qu'en compagnie de deux ou trois proches avec qui la spontanéité est de rigueur. » Rien n'est d'ailleurs plus inattendu pour un œil extérieur que de découvrir Hubert, Philippe et Walter - inséparable trio de gentlemen aux cheveux blancs - se comporter comme trois collégiens faisant l'école buissonnière.

Au Jonchet, la convivialité s'exprime dans toutes ses nuances. Ainsi, Bunny Mellon y dispose-t-elle de sa propre chambre - prête à la recevoir à chaque instant -, où l'attendent son sécateur et des vêtements de jardinage. « Où que je sois dans le monde, je prie quotidiennement pour les êtres qui nous ont quittés, mais plus encore au Jonchet, dans le calme de la chapelle attenante à la maison. Maman, Cristobal - le crucifix qu'il m'a légué à sa mort ne me quitte pas -, Capucine ou Audrey sont à mes côtés quoi qu'il arrive, et cette pensée m'est un réconfort », déclare-t-il pudiquement, sans aucun sentimentalisme. Ce qui ne l'empêche nullement de succomber aux charmes de nouvelles amitiés. Au cours de ces dernières années, Givenchy est devenu particulièrement proche de K.K. Auchincloss, une élégante Bostonienne, dont l'humour abrasif et le raffinement discret ne pouvaient que le séduire. « Nous nous sommes rencontrés à New York, mais notre affection a grandi en Europe, raconte cette dernière. J'aime le retrouver à Paris et à Londres pour faire les antiquaires, car son savoir est inestimable, mais surtout au Jonchet, où il me reçoit avec sa générosité coutumière, dans la plus stricte intimité. Seuls Philippe et Walter sont généralement présents, ce qui est absolument idéal. Nous nous promenons dans la campagne tout en bavardant à bâtons rompus. Une tasse de thé, quelques heures de *chine* dans les environs... Rien de chichi. Hubert ne se contente pas d'aimer ses proches, il s'intéresse surtout à ce qu'ils entreprennent, aux projets qui motivent leur existence, ce qui donne lieu à des conversations passionnantes. J'avoue qu'il est un compagnon de rêve pour une femme. Hubert vous enveloppe d'une tendresse protectrice et son culte pour la beauté – il en dépend comme d'autres d'une drogue – est une illumination pour ceux qui ont le privilège de le partager avec lui. Il me rappelle ce chapitre du roman *Utopie* où Thomas More explique que seuls les êtres qui comprennent intimement, et d'une façon instinctive, les réalisations de Dieu les plus exceptionnelles ont un goût inné. Même si l'austère Thomas More n'a pas utilisé le mot goût, bien entendu! Mais le message est identique, il concerne l'élite de l'humanité.»

Surplombant la Méditerranée, le clos Fiorentina, une bastide du xviiie siècle aux murs ocre, est la plus ancienne maison de la presqu'île du cap Ferrat. Edifié sur les ruines d'un fort construit par Vauban – maréchal de France et ingénieur préféré de Louis XIV –, il compte parmi ses propriétaires successifs deux célèbres globe-trotters, l'illustrateur Ferdinand Bac et l'écrivain-paysagiste d'origine anglo-américaine Roderick Cameron. Jamais deux sans trois. L'infatigable voyageur qu'est Hubert de Givenchy possède aujourd'hui cette «ferme de vignerons», ainsi qu'il se plaît à l'appeler. « J'ai découvert ce lieu magique au début des années soixante, Rory Cameron m'y invitait souvent alors que je louais la villa Mes Rochers. Dès 1937-38, il s'était installé à la Fiorentina, une majestueuse demeure palladienne autour de laquelle il avait créé un jardin extraordinaire. Par la suite, Rory, qui louait souvent la Fiorentina, vivait alors au clos, situé à quelques mètres seulement, dans une atmosphère beaucoup plus intime. Il formait avec sa mère, lady Kenmare, un duo qui rassemblait chez eux la société la plus exclusive de l'époque», se souvient Givenchy. Le *goût Cameron* – très influencé par la princesse Elisabeth Chavchavadze, si injustement oubliée – fut une source d'inspiration inépuisable pour de nombreux décorateurs, à commencer par David Hicks. Tabatières de Meissen, coupe de jade où flottaient des nénuphars, tableaux anglais du xvie siècle, mobilier de Syrie Maugham en miroirs dorés et simples vanneries provençales se côtoyaient en une harmonie rare et constituaient un décor idéal pour Roderick et sa mère, une redoutable séductrice qui collectionnait les maris, riches et titrés, cela va sans dire.

« Je me souviens d'un dîner mémorable au mois de novembre, il y a trente-cinq ou quarante ans, un soir de tempête. J'attendais dans le salon lorsque soudain, scintillante de diamants, lady Kenmare fit son apparition – vêtue d'un déshabillé prolongé par une traîne de deux mètres –, un perroquet sur l'épaule ! Suivi par une meute de chiens, le majordome marocain – en costume traditionnel et fez sur la tête – nous a servis comme si de rien n'était. Seuls des candélabres et un feu de cheminée éclairaient la pièce, alors que dehors, les éléments se déchaînaient. Nous étions dans les *Hauts de Hurlevent*! Discuter avec eux nourrissait mon imagination, car chaque détail de leur existence était d'une délicatesse inouïe. Lady Kenmare dessinait jusqu'aux étiquettes de ses pots de confiture, mais aussi des tissus, comme cet imprimé panthère bleu-gris dans lequel je lui ai créé une robe du soir-sari. Rory est devenu très vite un intime. Nous nous sommes même rendus ensemble au palais de Monaco pour déjeuner avec la princesse Grace, et j'ai eu le bonheur de le recevoir chez moi à Paris et à la campagne. Comment aurais-je pu penser que le clos m'appartiendrait un jour ? Car, entre-temps, il l'avait revendu à Pierre Schlumberger. Cette maison est également très importante pour moi puisqu'elle est liée à mes amis Mary et Harding Lawrence, à qui lady Kenmare avait cédé la Fiorentina. Jusqu'à ce que je rachète le clos aux enfants Schlumberger, ils m'ont offert leur hospitalité chaque année, et Mary, qui fut également l'une de mes clientes préférées, nous a toujours reçus avec tendresse et générosité. Je les considère d'ailleurs comme des membres de la famille. Lorsque Mary a téléphoné pour m'annoncer que le clos était à vendre, j'ai immédiatement loué un petit avion pour m'y rendre avec Bunny et Simone sous une pluie diluvienne. L'endroit était à l'abandon, mais rien n'aurait pu m'empêcher de signer, pas même l'importance des travaux à engager. »

Aujourd'hui, après plusieurs saisons de *soins intensifs*, le clos Fiorentina est revenu à la vie. Fidèle à ce mélange de simplicité et de faste qui a toujours caractérisé ses intérieurs, Hubert de Givenchy n'a négligé aucun effort pour y parvenir. Une fois la maison restaurée, il a choisi – en accord avec le climat et l'artisanat local – tommettes et paille de Cogolin, boutis provençaux et encoignure Louis XV en laque noire et or, fontaine du XVIIIe siècle en porcelaine de Marseille et motifs Fortuny... sans oublier le heurtoir de la porte, sculpté par Diego Giacometti. Dès l'arrivée du printemps, le clan s'y retrouve pour des déjeuners enjoués à l'ombre de la terrasse, où l'on savoure un verre de bon vin, « le petit Jésus en culotte de velours », en attendant de passer à table. Régulièrement, de proches voisins – citons seulement Lynn Wyatt, qui séjourna longtemps à La Mauresque, ancienne villa du romancier Somerset Maugham, ou Lily et Edmond Safra, propriétaires de La Léopolda, où le jardin a été créé en hommage à Givenchy –, mais également des amis de passage, comme la princesse Liliane de Belgique ou Hélène Rochas, rejoignent Hubert, Philippe, Walter Lees – seul à bénéficier d'une chambre à son nom –, Hélène Bouilloux-Lafont ou Sylvia de Waldner. Tous ne tarissent pas d'éloges sur la splendeur des jardins en terrasses qui descendent sur trois niveaux jusqu'à la mer. Ahmed, le génie tutélaire du lieu, qui fut formé par Roderick Cameron, y est d'ailleurs si attaché qu'il préfère vivre loin de sa femme et de ses enfants, demeurés en Algérie. Tous les matins, à l'aube, il y travaille pieds nus avec une volupté intacte. « Ahmed m'a été d'un secours inestimable car j'ai voulu retrouver certaines plantes d'origine, Rory ayant ramené de ses périples à travers le monde des bulbes qu'il replantait dès son arrivée », souligne Givenchy. Chaque terrasse est un univers en soi. Les liaisons se font par des allées, dont l'une est bordée de mandariniers aux troncs recouverts de chaux blanche, ainsi que cela se pratique en Iran. Ailleurs, il faut se frayer un chemin parmi les glycines et les jasmins. « Le soleil joue constamment avec l'ombre, et j'ai sélectionné des fleurs aux couleurs très douces pour reposer les yeux de la lumière intense. Que de plaisirs différents ! » La vigne âgée de trois cents ans, les escaliers avec des balustrades Chippendale à la chinoise, les topiaires en forme d'œufs de Pâques, ou encore la *cour anglaise*, avec ses pots de menthe fraîche, de sauge et de basilic. Et bien sûr, le champ d'oliviers, sauvé du défrichement par Rory Cameron, qui protège la piscine des regards indiscrets.

« En mai 1997, alors que nous passions quelques jours au clos entre deux voyages, Hugues Joffre, président du directoire de Christie's, m'a téléphoné afin d'évoquer un projet de collaboration. Je l'ai invité à déjeuner à Saint-Jean-Cap-Ferrat, et à ma grande surprise, il m'a proposé la présidence du conseil de surveillance à Paris, rappelle Givenchy. Bien entendu, j'y ai longuement repensé à tête reposée, car une telle décision ne se prend guère à la légère. Mais plus j'évaluais les différents paramètres, plus cette perspective m'enthousiasmait. Une nouvelle carrière à soixante-dix ans! On n'a jamais tout dit, tout fait, tout appris, tout donné. » Sa nomination, à l'automne 1997, était intimement liée à l'ouverture prochaine du marché français des ventes aux enchères publiques. Célébré dans le monde entier en tant qu'artiste, collectionneur et chef d'entreprise, Givenchy – qui dispose également d'un carnet d'adresses prestigieux, fruit d'un demi-siècle de cosmopolitisme – possédait toutes les vertus requises pour relever ce défi. « Un coup de génie de la maison Christie's, commente Maurice Segoura. Ne s'agit-il pas d'un homme qui peut décrocher son téléphone et joindre les personnalités les plus inaccessibles dans la seconde? » Son glamour patricien allié à une véritable culture joua aussi en sa faveur, cela va sans dire.

« Ce qui compte avant tout pour moi c'est le dessin et l'architecture. Certains ébénistes de l'époque Louis XVI construisent leurs meubles comme des architectes. Leurs bronzes ont de la force. Je pense en particulier à Weisweiler, Roentgen, Leleu toujours très élégant, Garnier pour certaines choses et, à un degré peut-être moindre, Molitor [2] », déclarait-il en 1993 au moment de sa vente à Monaco. De telles déclarations, nombreuses au cours de ses interviews, donnent une idée précise de ses compétences en la matière. « M'occuper de l'iconographie et de la mise en page des catalogues, placer mobilier et objets avant leur dispersion dans un décor destiné à les mettre en valeur, suggérer de nouvelles contributions... voilà ce qui me passionne vraiment, déclare-t-il aujourd'hui. Pour l'instant, on me demande surtout de participer à des mondanités entre Paris, Londres et New York, mais je ne désespère pas. » Dès que son emploi du temps l'y autorise, Givenchy poursuit sa chasse aux antiquités d'un continent à l'autre, pour ses différents domiciles. Plus important encore, il participe à diverses œuvres humanitaires, que ce soient la lutte contre le cancer (ESSO) ou la protection de l'enfance (ENVOL). « Personne ne sait vraiment ce dont il est capable dans ce domaine, révèle Sylvia de Waldner. Chaque année, je passe une semaine à Lourdes afin d'accompagner de jeunes malades lors du pèlerinage, et dernièrement Hubert a insisté pour me rejoindre. Sa générosité a fait des prodiges. Dans des conditions très éprouvantes, il a pris soin d'eux avec tant de douceur que certains handicapés – qui bien sûr ignoraient tout de sa célébrité – manifestaient leur joie dès qu'ils le voyaient. C'était bouleversant. »

Moscou, 25 décembre 1997. A quelques mètres des tours du Kremlin, le théâtre du Bolchoï accueille sous la neige deux mille deux cents privilégiés, qui se sont arrachés en quelques heures les places disponibles à prix d'or. Au sommet du péristyle néoclassique illuminé, Apollon et ses étalons de bronze semblent participer à la liesse générale. En ce jour de Noël, l'événement a pour nom Hubert de Givenchy. « Quelques mois plus tôt, le banquier Paul Lepercq, mécène du Bolchoï, m'avait proposé – en accord avec Vassiliev, le directeur – de renouveler leur image en dépoussiérant *Giselle*, l'une des perles du ballet romantique, créée à Paris en 1841. A l'exception d'*Orvet*, la pièce de Jean Renoir, je n'avais jamais travaillé pour la scène, et j'ignorais plus encore comment vêtir des étoiles russes. Mais l'enjeu me séduisait. Un hommage à mes aïeux, *Papa* Séchan et Jules Diéterle. Philippe et moi sommes donc partis pour Moscou afin de visiter ce lieu incroyable, où le talent et la créativité côtoient une pauvreté de moyens qui vous serre le cœur. J'ai d'ailleurs décidé de participer bénévolement car il m'aurait paru indécent d'être rémunéré dans de telles circonstances. Dès mon retour, je suis allé étudier les croquis d'origine à la bibliothèque de l'Opéra Garnier, où je m'étais si souvent rendu pour Jacques Fath. Encore un signe du destin à déchiffrer. Puis une fois isolé au Jonchet, j'ai dessiné fébrilement pendant des jours.

Des centaines d'esquisses furent nécessaires avant de parvenir aux quatre-vingts costumes désirés. Dieu merci, mes suggestions furent acceptées avec chaleur, et après un délai assez long qui m'a fait craindre le pire, nous avons été priés de partir très vite pour la Russie. Malheureusement, les matériaux mis à ma disposition étaient si médiocres – le velours ressemblait à du carton – que j'ai pris la décision de solliciter mes anciens fournisseurs. » Bucol, Hurel, Gandini... Tous répondirent à son appel. Givenchy, qui fit cinq voyages de trois jours, revenait chaque fois avec des malles pleines de surprises, plumes d'autruche d'Afrique du Sud teintes par Lemarié ou cristal de Bohême offert par Swarovski. « Ateliers et danseurs étaient enchantés par nos trouvailles. Bien sûr, entre les divergences techniques et les problèmes de langue, rien ne fut facile, mais quelle excitation ! De mon côté, j'ai éprouvé un véritable coup de foudre pour Lunkina Nasvetlana – qui interprétait le rôle-titre – dont la grâce diaphane me rappelait tant Audrey. » Avec pour décor une forêt en dentelle or déchiquetée qui paraissait flotter dans l'espace, les costumes imaginés par Givenchy dans des tons vert bronze, rouges, brun cannelle – « illuminés de touches jaune œillet d'Inde » – et violets provoquèrent l'émerveillement du public présent. « Il avait triomphé de toutes les difficultés, et le résultat vous coupait le souffle », témoigne Walter Lees, qui prit de nombreuses photos sur place.

« Je n'avais pu me libérer pour la première, le 25 décembre, raconte Hubert de Givenchy. Nous sommes revenus quelques jours plus tard avec Claudine de Cadaval et Walter pour assister à une représentation au théâtre Marinski de Saint-Pétersbourg. Une fois de plus nos amis russes avaient déployé des trésors d'hospitalité pour nous accueillir. Concerts, ballets, visites... Accompagnés par Valérie Golovister, qui représente le Bolchoï à New York, nous avons même été admis dans l'une des ailes du palais de Pavlovsk où sont conservées les robes de la Grande Catherine et de la dernière tsarine, Alexandra Féodorovna. Depuis, Vassiliev m'a demandé d'habiller son épouse, la légendaire Maximova, pour un nouveau ballet, *Les Jardins de Villandry*, sur une musique de Beethoven. Actuellement, de nouvelles collaborations sont à l'étude. »

« Prendre sa retraite ? Mais cela n'a aucun sens pour Monsieur, conclut Janette Mahler. Croyez-moi, je n'ai jamais eu autant de travail de toute mon existence. Organiser son emploi du temps actuel est une tâche redoutable. Christie's, Bolchoï, comités divers, musée Balenciaga, hommages à Audrey Hepburn à travers le monde... Chaque jour apporte un nouveau projet. » A cœur vaillant, rien d'impossible.

NOTES

I

1. *Vogue* Paris, mai 1982.
2. Maurice Druon : *Les Rois maudits*, III : *Les Poisons de la Couronne*, Crémille & Famot, 1977, p. 133.
3. F. de Saint-Simon et E. de Sereville : *Dictionnaire de la noblesse française*, La Société Française du xxe siècle, 1975, p. 935.
4. Edmonde Charles-Roux : *L'Irrégulière ou mon itinéraire Chanel*, Grasset & Fasquelle, 1974, p. 476.

II

1. *Vogue Paris*, hiver 1945-46.
2. Valérie Guillaume : *Jacques Fath*, Ed. Adam Biro-Paris Musées, 1993, p. 58.
3. *Ibid.*, p. 185.
4. Susan Train (direction éditoriale) : *Le Théâtre de la Mode*, textes d'Edmonde Charles-Roux, Herbert R. Lottman, Stanley Garfinkel et Nadine Gasc, photographies de David Seidner, Ed. du May, 1990, p. 61.
5. *Vogue Paris*, hiver 1945-46.
6. Christian Dior : *Christian Dior et Moi*, Le Livre Contemporain Amiot-Dumont, 1956, p. 221.

III

1. Bettina Ballard : *In my Fashion*, David McKay Company, Inc., 1960, p. 88. Traduction de l'auteur.
2. *Ibid.*, p. 71. Traduction de l'auteur.
3. Musée de la Mode et du Costume, Palais Galliéra, *Givenchy : 40 ans de Création*, Ed. Paris-Musées, 1991, p. 144.
4. *L'Express*, 23 mars 1956.
5. Surnommé « le prince des modistes », Jean Barthet a toujours travaillé ses chapeaux comme de véritables sculptures. Sa clientèle internationale comptait aussi bien Jacqueline Kennedy que Catherine Deneuve et Françoise Dorléac, dont il créa les célèbres capelines dans *Les Demoiselles de Rochefort*.
6. Arthur Gold et Robert Fizdale : *La vie de Misia Sert*, Gallimard (Folio), 1981, p. 270.
7. *Vogue* Paris, mai 1949.
8. Nancy Mitford : *Love from Nancy – The Letters of Nancy Mitford*, edited by Charlotte Mosley, Sceptre Edition, 1994, p. 322. Avec l'aimable autorisation de la duchesse de Devonshire. Adaptation de l'auteur.

IV

1. Bettina : *Bettina par Bettina*, Flammarion, 1964, p. 78.
2. *Paris-Presse*, 13 novembre 1952.
3. Album du *Figaro*, décembre 1952.
4. *Vogue Paris*, février 1953.
5. *Town & Country*, février 1978. Traduction de l'auteur.
6. Christian Dior : *Christian Dior et Moi*, op. cit., p. 222.
7. *Aux Ecoutes*, été 1952.
8. Néanmoins, les collections de demi-saison, trop peu rentables, furent très vite abandonnées.
9. Traduction de l'auteur.
10. Un pseudonyme haute couture choisi par Germaine Lefèvre lorsqu'elle devint mannequin.

V

1. *Le Figaro*, 12 mars 1953.
2. *New York Herald Tribune*, 5 février 1953.
3. *Paris-Presse*, 5 février 1953.
4. Le 27 avril 1953, Suzy Parker apparaissait drapée dans une étole d'organdi et tapisserie, photographiée sur les collines de Chichaoua au Maroc, tandis que le 27 juillet, Brigitte Bardot, alors simple cover-girl, présentait une robe blanche de débutante.
5. Barry Paris : *Audrey Hepburn*, Belfond, 1997, p. 15.
6. *Ibid.*, p. 139.
7. *Ibid.*, p. 140.
8. *Ibid.*, p. 148.
9. *Paris-Presse*, 29 juillet 1953; *Midi libre*, 6 septembre 1953, etc.
10. Lucien François : *Comment un nom devient une griffe*, Gallimard, 1962, pp. 141-142.
11. Diana Vreeland : *D.V.*, edited by George Plimton and Christopher Hill, Random House, 1985, p. 139. Traduction de l'auteur.
12. Musée historique des tissus de Lyon : *Hommage à Balenciaga*, 1985-1986, p. 25.

VI

1. *Le Figaro*, 26 janvier 1954.
2. *L'Information*, 11 février 1954.
3. *Elle*, 20 septembre 1954.
4. *Ibid.*
5. *Elle*, 27 septembre 1954.
6. Press-book des archives Givenchy pour l'automne-hiver 1954. Sans références de publication.
7. Diana Vreeland, op. cit., p. 140. Traduction de l'auteur.
8. *Paris-Presse*, 3 février 1955.
9. *France-Soir*, 25 janvier 1955.
10. *L'Aurore*, 17 janvier 1955.
11. Barry Paris, op. cit., p. 125.
12. *L'Express*, 6 août 1954.
13. *Le Monde*, 30 août 1955.
14. *Semaine du monde*, été 1955.

15. *Paris-Presse*, 30 août 1955.
16. *Echo du dimanche d'Oran*, 4 septembre 1955.
17. Press-book des archives Givenchy pour l'été 1955. Sans références de publication.
18. Traduction de l'auteur.

VII

1. *L'Express*, 15 septembre 1960.
2. *Bulletin de Paris*, 22 mars 1956.
3. *L'Express*, 23 mars 1956.
4. *L'Express*, 8 mars 1956.
5. *Ciné-Revue*, 16 mars 1956.
6. Barry Paris, *op. cit.*, p. 166.
7. *Ibid.*, p. 167.
8. *Dimanche-Eclair*, 26 août 1956.
9. *Marie-Claire*, octobre 1956.

VIII

1. Barry Paris, *op. cit.*, p. 267.
2. *Otto Preminger*, documentaire allemand de W. Jacobson, M. Kœrber et R. Perraudin. 1998. 1 heure.
3. *Libelle*, 27 mai 1957.
4. *Marie-France*, novembre 1957.
5. *L'Echo du dimanche*, 2 février 1958
6. *Ibid.*
7. *Paris-Presse*, 11 mars 1958.
8. *The Observer*, 22 juin 1958. Traduction de l'auteur.

IX

1. *Northern News*, 15 janvier 1960. Traduction de l'auteur.
2. *Le Figaro*, 15 décembre 1959.
3. *Vogue Paris*, août 1965.
4. Ernestine Carter : *With Tongue in Chic*, Michael Joseph, 1974, p. 138. Traduction de l'auteur.
5. Musée historique des tissus de Lyon, *op. cit.*, p. 27.
6. *Ibid.*, p. 42.

X

1. Barry Paris, *op. cit.*, p. 214.
2. Cecil Beaton : *Cinquante ans d'élégances et d'art de vivre*, Amiot-Dumont, 1954, p. 122.
3. Barry Paris, *op. cit.*, p. 170.
4. *Elle*, 1er février 1993.
5. *Paris-Match*, 4 février 1993.
6. Oleg Cassini : *A thousand days of magic Dressing Jacqueline Kennedy for the White House*, Rizzoli, 1995.
7. *Noir et Blanc*, 20 janvier 1961.
8. *Paris-Jour*, 14 février 1961.
9. *L'Express*, 15 septembre 1960.

10. *Queen*, 14 septembre 1960. Traduction de l'auteur.
11. *Little wonder* : petite merveille.
12. *Look*, novembre 1961. Traduction de l'auteur.

XI

1. Barry Paris, *op. cit.*, p. 226.
2. *The Hollywood Fashion Machine*, AMC original productions, hosted by Jacqueline Bisset, written & produced by Marcia Ely, 1995. Adaptation de l'auteur.
3. Barry Paris, *op. cit.*, p. 128.
4. *Vogue Paris*, mars 1963.
5. Nancy Mitford, *op. cit.*, p. 212. Avec l'aimable autorisation de la duchesse de Devonshire. Traduction de l'auteur.
6. Ernestine Carter : *The Changing World of Fashion*, Weidenfeld & Nicolson, 1977, p. 77. Traduction de l'auteur.

XII

1. *Sunday Press*, 13 août 1967. Traduction de l'auteur.
2. *International Herald Tribune*, 2 février 1968.
3. *L'Officiel de la couture*, septembre 1968.

XIII

1. *Vogue Paris*, septembre 1969.
2. *WWD*, 19 février 1969. Adaptation de l'auteur.
3. *McCall Magazine*, juillet 1969. Traduction de l'auteur.
4. *Washington Post*, 2 février 1971. Traduction de l'auteur.

XIV

1. *Le Point*, 22 janvier 1973.
2. 26 janvier 1973.
3. David Heymann : *Pauvre Petite Fille riche*, Presses de la Cité, 1987.
4. *Le Provençal*, 26 juillet 1973.

XV

1. 10 novembre 1975.
2. *WWD*, 20 août 1976. Traduction de l'auteur.
3. AFP, 26 juillet 1978.
4. Mounia et Denise Dubois-Jallais : *Princesse Mounia*, Robert Laffont, 1987, pp. 92-93.

XVI

1. Voir à ce propos *The Andy Warhol Diaries*, edited by Pat Hackett, Simon & Schuster, 1989, p. 369, 3 avril 1981.
2. *Vogue Paris*, mai 1982.
3. Mounia, *op. cit.*, pp. 89-91.
4. Musée de la Mode et du Costume, Palais Galliera, *op. cit.*, p. 139 et p. 144.
5. Décembre 1992. Traduction de l'auteur.

XVII

1. *Vogue Paris*, mars 1987.
2. *Elle*, 17 juillet 1995.
3. *Vogue Paris*, juillet 1995.

XVIII

1. José Luis de Villalonga : *Gold Gotha*, Le Livre de poche, 1973, p. 303.
2. *L'Estampille - L'Objet D'Art*, janvier 1994 (n° 276).

BIBLIOGRAPHIE SÉLECTIVE

Catalogues et albums consacrés à Hubert de Givenchy

Christie's : *Exceptionnel Mobilier Français – Objets d'art et Orfèvrerie – Collection de M. Hubert de Givenchy*, Monaco, 4 décembre 1993.
Mohrt, Françoise et Lalane, Dorothée : *Givenchy, Maison Givenchy*, 1994.
Mohrt, Françoise : *Le Style Givenchy*, Ed. Assouline, 1998.
Musée de la Mode et du Costume, Palais Galliera, *Givenchy : 40 ans de création*, Ed. Paris-Musées, 1991.
Riley, Robert : *Givenchy : Thirty Years*, Shirley Goodman Resource Center, 1982.

Divers

Acosta, Mercedes de : *Here Lies the Heart*, Reynal & Company, 1960.
Ballard, Bettina : *In My Fashion*, David McKay, 1957.
Behrstock, Julian : *Countess Mona Bismarck*, The Mona Bismarck Foundation, 1989.
Bettina : *Bettina par Bettina*, Ed. Flammarion, 1964.
Cameron, Roderick : *The Golden Riviera*, Weidenfeld & Nicolson, 1975.
Carter, Ernestine : *With Tongue in Chic*, Michael Joseph, 1974.
— *The Changing World of Fashion*, Weidenfeld & Nicolson, 1977.
— *Magic Names of Fashion*, Prentice-Hall, 1980.
Casper, Joseph Andrew : *Stanley Donen*, Scarecrow Press, 1983.
Chariau, Joëlle (conception éditoriale) : *René Gruau*, Herscher, 1984. Avant-propos d'Hubert de Givenchy.
Clarke Keogh, Pamela : *Audrey Style*, Harper Collins, 1999. Préface d'Hubert de Givenchy.
Dœlnitz, Marc : *La Fête à Saint-Germain-des-Prés*, Ed. Robert Laffont, 1979.
François, Lucien : *Comment un nom devient une griffe*, Ed. Gallimard, 1961.
Grafton, David : *The Sisters : Babe Mortimer Paley, Betsey Roosevelt Whitney, Minnie Astor Fosburgh : The Lives and Times of the Fabulous Cushing Sisters*, Villard Books, 1992.
Guillaume, Valérie : *Jacques Fath*, Ed. Paris-Musées / Adam Biro, 1993. Préface d'Hubert de Givenchy.
Harris, Warren : *Audrey Hepburn – A Biography*, Simon & Schuster, 1994.
Higham, Charles : *Audrey – The Life of Audrey Hepburn*, Macmillan, 1984.
Hoog, Simone et Vié, Gérard : *Le Potager du Roy*, Ed. Art Lys, 1994.
Jouve, Marie-Andrée et Demornex, Jacqueline : *Balenciaga*, Ed. du Regard, 1988.
Kochno, Boris : *Christian Bérard*, Ed. Herscher, 1987.

Liaut, Jean-Noël : *Modèles & Mannequins 1945-1965*, Ed. Filipacchi, 1994.
Menkes, Susy : *Le Style Windsor*, Ed. du Chêne, 1987.
Mona Bismarck Foundation : *Mona Bismarck Cristobal Balenciaga Cecil Beaton*, 1994. Préface d'Hubert de Givenchy.
Mosley, Diana : *The Duchess of Windsor*, Stein & Day, 1981.
Musée historique des tissus de Lyon : *Hommage à Balenciaga*, 1985-1986. Préface d'Hubert de Givenchy.
Najar, Jean-Paul : *Denise Sarrault La Passante*, édité avec le concours des Amis de Denise Sarrault et du Centre de Documentacio i Museu Tèxtil de la ville de Terrassa, 1998. Préface d'Hubert de Givenchy.
Nolan, Maggi : *Champagne... and real pain Celebrities in Paris in the Fifties*, Mosaïc Press, 1998.
Paris, Barry : *Audrey Hepburn*, Ed. Belfond, 1997.
Sanchez, Léopold Diego : *Jean-Michel Frank*, Ed. du Regard, 1997.
Schiaparelli, Elsa : *Shocking Life* , J.M. Dent & Sons, 1954.
Skrebneski, Victor : *Five Beautiful Women*, Little, Brown and Company, 1987. Préface d'Hubert de Givenchy.
Snow, Carmel et Aswell, Mary Louise : *The World of Carmel Snow*, McGraw-Hill, 1962.
Tapert, Annette et Edkins, Diana : *The Power of Style*, Aurum Press, 1995.
Train, Susan (direction éditoriale) : *Le Théâtre de la Mode*, textes d'Edmonde Charles-Roux, Herbert R. Lottman, Stanley Garfinkel et Nadine Gasc, photographies de David Seidner, Ed. du May, 1990.
Walker, Alexander : *Audrey : Her Real Story*, Weidenfeld & Nicolson, 1994.

Principaux articles

Album du *Figaro*, décembre 1952.
Paris Presse, 13 novembre 1952.
New York Herald Tribune, 20 novembre 1952.
New York Herald Tribune, 5 février 1953.
Paris Presse, 5 février 1953.
France Soir, 30 mai 1953.
Elle, 27 juillet 1953.
Le Figaro, 8 février 1954.
Le Figaro, 8 juin 1954.
Elle, 20 septembre 1954.
Elle, 27 septembre 1954.
L'Aurore, 17 janvier 1955.
L'Express, 6 août 1955 (Françoise Giroud).
New York Herald Tribune, 7 août 1955.
Paris Presse, 30 août 1955.
Le Monde, 30 août 1955.
La Dépêche de la couture, décembre 1955.
L'Express, 8 mars 1956 (Madeleine Chapsal).
L'Express, 23 mars 1956.
Marie-Claire, octobre 1956.
Marie-France, novembre 1957.
The Observer, 22 juin 1958 (Cecil Beaton).
L'Express, 15 septembre 1960.

Life, 20 avril 1962.
Vogue Paris, décembre 1962.
Vogue Paris, mai 1963.
Vogue Paris, avril 1964.
Vogue Paris, avril 1965.
Vogue Paris, février 1967.
Vogue Paris, mai 1967.
International Herald Tribune, 2 février 1968.
Vogue Paris, septembre 1969 (Patrick Modiano).
Daily News Record, 20 mars 1970.
Time Magazine, 15 février 1971.
Le Figaro, 30 juillet 1971.
Harper's Bazaar, mars 1972.
Le Point, 22 janvier 1973.
Frisco Chronicle, 12 septembre 1974.
Town & Country, décembre 1974.
WWD, 20 août 1976.
Beverley Hills People, n° 1, vol. 6, 1976.
The New York Times, 13 septembre 1977.
Jours de France, 8 octobre 1977.
Town & Country, février 1978.
Los Angeles Times, 3 mars 1978.
WWD, 12 juin 1978.
Egoïste, 1978.
WWD, 31 janvier 1979.
Performing Arts, juillet 1979.
WWD, 12 septembre 1979.
Le Figaro, 16 septembre 1979.
L'Officiel de la couture, mars 1981.
Vogue Paris, mai 1982 (François-Olivier Rousseau).
Maison et Jardin, mars 1983.
W. Fashion Life, 16-23 décembre 1983.
Le Figaro, 14 mai 1984.
Madame Figaro, 16 mars 1985.
Vogue Paris, mars 1986 (Gérard-Julien Salvy).
Vogue Paris, mars 1987 (Maurice Rheims).
Le Figaro, 30 janvier 1987.
Le Figaro, 31 juillet 1987.
Le Figaro, 28 juillet 1989.
Paris-Match, 17 octobre 1991.
Point de Vue, 8 avril 1992.
Paris-Match, 4 février 1993.
Votre Beauté, mars 1993 (Dominique Paulvé).
Connaissance des Arts, novembre 1993.
Le Figaro Magazine, 27 novembre 1993.
Libération, 27-28 novembre 1993.
Le Monde, 4 décembre 1993.
Maison et Jardin – Vogue Décoration, décembre 1993-janvier 1994.
L'Estampille – L'Objet d'Art, janvier 1994.
Le Figaro, 29 juin 1995.

Vogue Paris, juillet 1995 (Claude Arnaud).
Madame Figaro, 8 juillet 1995.
Le Figaro, 12 juillet 1995.
Elle, 17 juillet 1995.
Paris-Match, 27 juillet 1995.
Maison et Jardin – *Vogue Décoration*, juillet-août 1995.
Le Figaro Magazine, 14 juin 1997.
Le Figaro, 18 décembre 1997.
Femme, avril 1998 (Gonzague Saint-Bris).
Le Figaro, 22 octobre 1998.
W, 11 novembre 1998.

REMERCIEMENTS

Ecrire ce livre a été pour moi une véritable chasse au trésor, ponctuée de joies et d'obstacles, comme il se doit. Je tiens donc à exprimer ma plus vive reconnaissance à tous ceux qui m'ont accompagné, et soutenu, dans cette nouvelle aventure :

M. Hubert de Givenchy, bien sûr, mais également M. Didier Aaron, Donna Marella Agnelli, Mme Nicole Arpels, Mme Jacqueline Aubry, Mme « K.K. » Auchincloss, Mme Annie Barbera, M. Roger-Nicolas Bauer, M. et Mme André Alavoine, Feu Christos Bellos, Mme Hélène Bouilloux-Lafont, M. Denis Bourgeois, Feu Christiane Bourlon, M. Gilles Brochard, Mme Edmonde Charles-Roux, Mme Cécile Cuillerier (Editions Belfond), M. Alain Demachy, M. Denis Dervieux, M. Bernard Devaux, la Duchesse de Devonshire, Mme Monique Domange-Laborie, Mme Victoire Doutreleau, M. et Mme Jacques Dransard, M. Emile Garcin, M. Tan Giudicelli, M. Hubert de Givenchy (Junior), M. Jean-Claude de Givenchy, M. René Gruau, Mlle Sandrine Guïoc, M. Eric Jansen, Mme Catherine Join-Diéterle, Mlle Mylène Lajoix, M. Walter Lees, Mme Agnès Léger, Mme Dorian Leigh, Mme Janette Mahler, Mme Dominique Marny, M. Bernard Minoret, Maître Monassier et Mme Langlois, L'Honorable Lady Mosley, Mme Maggi Nolan, Mme Eliane Orosdi, Mme Dominique Paulvé, M. Alberto Pinto, M. Bertrand Pizzin, Mme Viviane Porte, M. Stuart Preston, Mme Hélène Rochas, la Baronne Elie de Rothschild, Mme Sylvie Roy, Mme Jacqueline Rubio, la Vicomtesse Ruinart de Brimont, Mme Janie Samet, Mme Denise Sarrault-Najar, Mme Sao Schlumberger, M. Maurice Ségoura, M. Dominique Sirop, M. Victor Skrebneski, M. George Spitzer, Mme Ludmilla Tcherina, Mme Gilberte Thomassin, Mme Susan Train, Mlle Simone Valette, M. Philippe Venet, M. et Mme Gilbert Veyret, Mme Marie-Charlotte Vidal-Quadras, la Baronne Gérard de Waldner, M. Jean-Marc Winckler, Mme Lynn Wyatt et M. Kohle Yohannan.

Ainsi que mes parents, mon frère Ludovic et mon chien Bacchus !

CREDITS PHOTOGRAPHIQUES

Photo de couverture : © Skrebneski photograph.

Illustrations hors-texte :

Photo 1 : © D.R., collection André Alavoine.
Photos 2, 3, 4, 5 : © D.R., collection Hubert de Givenchy.
Photos 6, 9, 14 : © D.R., avec l'aimable autorisation des archives Givenchy, Paris.
Photos 7, 8 : © D.R., collection Marie-Charlotte Vidal-Quadras.
Photo 10 : © D.R., avec l'aimable courtoisie du Maryland Historical Society, Baltimore, Maryland.
Photo 11 : © D.R., collection baronne Elie de Rothschild.
Photo 12 : © D.R., collection Walter Lees.
Photo 13 : © collection Jean-Marc Winckler.

TABLE

AVANT-PROPOS 11
    I. ALBUM DE FAMILLE 15
   II. VIF-ARGENT, CYGNE NOIR ET TRIBUNAL 33
  III. LE GYNÉCÉE DE LA PLACE VENDÔME 49
  IV. LA CATHÉDRALE 69
    V. MUSE ET MENTOR 83
  VI. MAC-MAHON 20-39 101
 VII. L'ENFANT TERRIBLE DE LA HAUTE COUTURE 119
VIII. UN PARFUM D'*INTERDIT* 131
  IX. 3, AVENUE GEORGE-V 143
    X. PETIT DÉJEUNER CHEZ TIFFANY'S 157
  XI. PARIS-HOLLYWOOD 173
 XII. A CHACUN SON MAI 68 191
XIII. « BAUDELAIRE A TRÈS BIEN PARLÉ DE GIVENCHY... » 203
XIV. « C'EST DANS L'EXTRAORDINAIRE QUE JE ME SENS LE PLUS NATUREL... » 221
 XV. LOUIS XV AU STUDIO 54 235
XVI. LE TEMPS DES HOMMAGES 247
XVII. ADIEUX 265
XVIII. DE NOUVEAUX DÉFIS 277

Notes 291
Bibliographie sélective 297
Remerciements 301

www.ingramcontent.com/pod-product-compliance
Lightning Source LLC
Chambersburg PA
CBHW051629230426
43669CB00013B/2239